Erika Riemann
Die Schleife an Stalins

CW01467401

SERIE
PIPER

Zu diesem Buch

Spätherbst 1945 im thüringischen Mühlhausen: Erika Riemann ist vierzehn Jahre alt, als sie eines Tages mit ein paar
anderen Jugendlichen ihre gerade wieder hergerichtete
Schule besichtigt. Ihr Blick fällt auf ein Stalinbild genau an
jener Stelle, an der bis vor kurzem ein Hitlerporträt hing.
Mit dem Spruch »Du siehst ja ziemlich traurig aus«,
schreibt sie, »trat ich an das Bild heran und malte mit dem
Lippenstift eine kecke Schleife um den Schnauzbart«. Jemand muss sie verpfiffen haben, denn schon kurze Zeit
später beginnt für Erika Riemann eine achtjährige Odyssee
durch ostdeutsche Gefängnisse und Lager mit Stationen
wie Bautzen, Sachsenhausen und Hoheneck. Was es für sie
bedeutete, eine ganze Jugend hinter Mauern zu verbringen,
Prügel, Demütigung, Hunger und Depression auszuhalten
und nach der Entlassung zutiefst traumatisiert im bundes-
deutschen Wirtschaftswunder ihre Frau zu stehen – darüber kann sie erst heute berichten. Ein erschütternder Le-
bensbericht aus der jüngsten deutschen Vergangenheit.

Erika Riemann hat nach der Haftzeit
in vielen Jobs gearbeitet, zwei Ehen
geführt und drei Kinder zur Welt gebracht. Sie lebt in Hamburg und
arbeitet ehrenamtlich mit Organisa-
tionen zusammen, die sich mit der
Dokumentation ähnlicher Fälle be-
fassen.

Erika Riemann
mit Claudia Hoffmann
Die Schleife an Stalins Bart
Ein Mädchenstreich, acht Jahre Haft und die Zeit danach

Mit 6 Fotos

Piper München Zürich

Bildnachweis:
S. 7, 8, 171, 174: Foto-Bartloff
S. 172, 173: privat

Ungekürzte Taschenbuchausgabe
Piper Verlag GmbH, München
April 2004 (SP 4093)
März 2006
© 2002 Hoffmann und Campe Verlag, Hamburg
Umschlagkonzept: Büro Hamburg
Umschlaggestaltung: Cornelia Niere
Umschlagabbildung: Visum, Hamburg
Satz: Dörlemann Satz, Lemförde
Druck und Bindung: Clausen & Bosse, Leck
Printed in Germany
ISBN-13: 978-3-492-26165-4
ISBN-10: 3-492-26165-5

www.piper.de

Für meine Mutter und meine Kinder

Erika Grabe 1945 in
ihrer Heimatstadt Mühlhausen.
Das Artistinnenkostüm hatte
ihre Mutter für sie genäht.

Das Konfirmationsbild der Vierzehnjährigen
auf einem Tisch in der Wohnung der Mutter,
Anfang der fünfziger Jahre.

1

Manchmal denke ich mir Gemeinheiten aus. Ich könnte die Trockenhaube so heiß stellen, dass sie Brandblasen auf den Ohren bekommen, oder eine Mixtur anrühren, von der garantiert die Haare ausfallen. Wie ich diese alten Schachteln verabscheue, deren erwartungsvollen Blicken ich Nachmittag für Nachmittag im Spiegel begegne. Die meisten sind noch keine vierzig, aber ich bin vierzehn, und für mich sind sie alt.

Die Frau vor mir hat zum Glück ihre Konversationsversuche schon vor einer Weile eingestellt. Mechanisch graben sich meine Hände durch das lange Haar. Immer wieder wandert mein Blick durch das Schaufenster hinaus auf die kleine Straße mit den Fachwerkhäusern. Im Licht der Nachmittagssonne wirken die Menschen dort draußen beinahe glücklich.

Hier drinnen herrscht eine gespannte Atmosphäre. Der Herd am Ende des kleinen Schlauches arbeitet heute im Dauerbetrieb, um das Wasser zum Ausspülen der Haare zu erwärmen. Die drei Stühle waren den ganzen Nachmittag über besetzt. Die Luft ist feucht, fast tropisch.

»Erika, das reicht.« Ungeduld schwingt in der Stimme meines Chefs. Du kannst mich mal, denke ich und walke einen trotzigen Augenblick länger auf der Kopfhaut der Kundin herum.

Wir sind kein glückliches Gespann, Herr Glagow und ich. Er hat mich nur wegen meines Onkels als Lehrling angenommen. Der besaß ebenfalls einen Frisiersalon, musste ihn aber bei seiner Einberufung schließen.

Mich hat meine Mutter zu dieser Tätigkeit verdammt. »Mir ist ganz egal, ob du dazu Lust hast. Du kommst mir von der Straße herunter, sonst habe ich keine ruhige Minute mehr.« Was ich will, wurde gar nicht gefragt. Ich will Artistin werden, im Rampenlicht stehen, die Welt sehen. Der Damenwelt von Mühlhausen das Haar in kleinkarierte Wasserwellen zu legen ist so ziemlich die ödeste Vision der Zukunft.

Endlich türmt sich das frottierte Haar auf dem Kopf, und Herr Glagow übernimmt die Kundin. Zufrieden hantiert er mit den Lockenwicklern herum.

Ich nutze den ruhigen Moment und betrachte andächtig meine neue Frisur. Von rechts und von links werfe ich mir selbst kokette Seitenblicke zu. Ich wirke doch viel älter mit der neuen Wasserwelle. Vor wenigen Tagen durfte ich endlich die verhassten Zöpfe zu Grabe tragen. Am liebsten hätte ich mir die Haare ganz kurz schneiden lassen, aber Herr Glagow und meine Mutter steckten auch in dieser Frage unter einer Decke.

Das Läuten der Ladenglocke beendet meine Selbstbespiegelungen. Trotz ihrer russischen Uniform scheint die Frau mit den Gepflogenheiten dieser Tage vertraut zu sein. Sie drückt meinem Chef etwas Brennholz und ein kleines Paket mit Lebensmitteln in die Hand, bevor sie auf dem freien Stuhl Platz nimmt. Alle bezahlen hier in Naturalien. Geld ist im Sommer 1945 ganz aus der Mode gekommen.

Kurz darauf beugt sich die Kundin über das Waschbecken. Beinahe hätte ich den Topf mit dem Wasser fallen lassen vor Schreck. Der Nacken der Frau lebt. Entsetzt fahre ich vor dem Gewimmel von aufgeschreckt krabbelnden Läusen zurück.

»O nein, das mache ich nicht.« Etwas zu laut landet der Heißwassertopf wieder auf dem Herd. Drei fragende Augenpaare sind auf mich gerichtet. »Die ist völlig verlaust. Ich wasche der die Haare nicht.« Der Blick meines Chefs wandert zwischen dem Nacken und der Uniform der Frau hin und her. Schließlich schüttelt er bedauernd den Kopf. »Ich kann jetzt auch nicht. Du siehst ja, dass ich beschäftigt bin.« Mit diesen Worten zieht er sich ein wenig verlegen aus der Affäre.

Die Russin hat sich mittlerweile aufgerichtet und starrt mich mit fragend zusammengezogenen Augenbrauen an. »Sie müssen wieder gehen«, erkläre ich ihr. »Wir können Sie erst bedienen, wenn Sie entlaust sind.« Ich reiche ihr das Päckchen mit Brennholz und Lebensmitteln und halte auffordernd die Tür auf. Wie ein kalter Windhauch streift mich ihr Blick, als sie den Laden verlässt.

»Wenn das mal keinen Ärger gibt.« Der Satz meines Chefs hallt noch eine Weile unheilschwanger in mir nach.

2

Das Abendbrot steht bereits auf dem Tisch, als ich nach Hause komme. Meine kleinen Brüder jagen quietschend durch die enge Wohnküche, meine Mutter steht müde und blass am Herd.

So wenig ich mich sonst darum kümmere, was die Leute von mir denken, meiner Mutter gegenüber plagt mich stets ein unbehagliches Gefühl von Schuld. Als Älteste von uns vier Geschwistern sollte ich ihr wahrscheinlich im Haushalt zur Hand gehen und mich ein wenig um meine Brüder kümmern. Peter ist gerade fünf und Martin erst drei Jahre alt. Ich habe aber keine Lust auf Hausarbeit und Kindergeschrei. Meistens überlasse ich Inge, meiner zwei Jahre jüngeren Schwester, das Terrain. Wenn ich doch bloß ein Junge wäre!

Endlich sitzen alle um den Tisch. Mein Vater hat geschrieben. Seit er 1942 eingezogen wurde, werden seine Briefe stets feierlich verlesen. Inzwischen ist er in amerikanischer Gefangenschaft, aber vielleicht werde man ihn bald entlassen, verkündet er voller Hoffnung.

Ob er mir wohl Recht gegeben hätte?, geht es mir durch den Kopf, als ich von meiner Begegnung mit der verlausten Kundin berichte. Vielleicht hätte ich aber auch eine Tracht Prügel bezogen. Bei meinem Vater konnte man nicht sicher sein.

Wie meistens kann ich der Versuchung nicht widerstehen, die Geschichte ein wenig auszuschmücken. »Achtkantig habe ich die rausgeschmissen. So eine Schweinerei macht die nicht mit mir.« Meine Mutter nickt zustimmend: »Dass die Leute sich nicht schämen. Mit so was geht man doch nicht zum Friseur.«

»Du hättest mal sehen sollen, wie die Russin geguckt hat, als ich der ihr Paket wieder in die Hand gedrückt habe.«

Erschrocken blickt meine Mutter auf. »Ach Gott, Kind, das war eine Russin? Du hast eine Russin rausgeworfen?«

»Na, wenn es eine Deutsche gewesen wäre, hätte ich sie auch nicht bedient. Soll ich die Russen vielleicht besser behandeln?«

»Nein, natürlich nicht, aber ...« Hilflos schaut sie auf ihren Teller. »Hoffentlich kommt da nichts nach.«

Warum sind nur alle um mich herum so ängstlich? Bei meiner Mutter mag das ja noch in Ordnung sein. Mütter sind eben so. Aber meine Kameraden, die Gleichaltrigen, die sind genauso feige.

Wir wollten uns die neue Schule ansehen. Endlich sollte es wieder Unterricht geben. In den meisten Schulen sind noch Verwundete untergebracht, aber die Brückenstraße hat man schon geräumt.

Lärmend zogen wir durch das still daliegende Gebäude. Von dem strengen Geruch nach Desinfektionsmitteln abgesehen, hatte sich nicht viel verändert. Ein wenig gelangweilt beschlossen wir gerade wieder zu gehen. Da fiel mein Blick auf den Bilderrahmen. Bis vor kurzem beherbergte er den stets etwas grimmig dreinschauenden Adolf Hitler. Jetzt blickte ein anderer Diktator nicht weniger düster von dort auf uns herab. Die anderen waren meinem Blick gefolgt. »Das ist doch Stalin«, murmelte irgendjemand. Vielleicht war es der ängstliche Ton dieser Stimme, der mich herausforderte. In meiner Tasche machte sich plötzlich der kleine Lippenstift bemerkbar.

»Du siehst ja ziemlich traurig aus.« Mit diesem Spruch trat ich an das Bild heran und malte eine kecke Schleife um den Schnauzbart. Der Erfolg meiner Heldentat war mittelmäßig. Die Mutigeren meiner Kameraden lachten, andere schwiegen betreten oder schauten zu Boden.

3

Eigentlich ist es mir egal, wen die in ihren Bilderrahmen aufhängen. Ich interessiere mich nicht für Politik. Das einzige Mal, dass mein Großvater ernsthaft böse mit mir war, hatte mit Politik zu tun. Er hat sogar meinen Kopf in die Regentonne gesteckt, so wütend ist er gewesen. Dabei war ich mir in diesem Fall keiner Schuld bewusst. Ich fand die Nationalsozialisten und Hitler gar nicht so schlecht. Da gab es den BDM, wo es stets lustig zuging. Gymnastik, Lagerfeuerabende mit Gesang, Ausflüge, auf denen wir Heilkräuter gesammelt haben, alles in der Gemeinschaft mit Gleichaltrigen, mir hatte das gut gefallen. Natürlich wurden auch Reden gehalten, Warnungen vor der jüdischen Gefahr ausgesprochen, aber ich kannte keine Juden.
Ich kannte auch die Kinder nicht, die eines Tages in unserer Straße auftauchten. Die gelben Sterne an ihren Jacken lenkten unsere Spottlust in fest eingeimpfte Bahnen. Im Gänsemarsch hefteten wir uns an ihre Fersen. Ich natürlich wie immer allen voran. »Jude itzig, Nase spitzig, Arsch dreieckig, Jude speckig.« Wir hüpften den Kantstein im Takt dazu hinauf und hinunter. Als die Eindringlinge schließlich in wilder Flucht davonstoben, folgte ihnen unser lautes Gelächter, bis sie hinter der Straßenecke verschwunden waren.
Es war ein sonnendurchfluteter, friedlicher Nachmittag, als Frau Adler wenige Tage später den Garten meines Großvaters betrat. Ihr eben noch zielstrebiger Schritt geriet ins Stocken, als sie mich entdeckte. »Ich komme ein ander Mal wieder. Ich wusste ja nicht …« Schon wandte sie sich eilig zum

Gehen. Mein Großvater hatte bereits eine Tasche aus dem Haus geholt, die er jetzt achtlos stehen ließ. »Moment, Frau Adler, was ist denn los?« Seine Augen folgten ihrem Blick, der angstvoll in meine Richtung ging. »Kennt ihr euch?« Aber die Frage blieb zunächst unbeantwortet im Raum stehen.

Ich hatte tatsächlich keine Ahnung. Was hatte die Frau denn nur mit mir?

Die Miene meines sonst so gutmütigen Großvaters spiegelte inzwischen grimmige Entschlossenheit. »Ich will sofort wissen, was hier gespielt wird!« Er zog Frau Adler am Ärmel zurück in den Garten. Ich bekam nur Fetzen des Gesprächs mit. »Meine Kinder … aber sie ist ja selbst noch ein Kind … man darf sich nichts denken …« Schließlich wechselte die Tasche doch noch den Besitzer. »Keine Angst, Frau Adler, ich kümmere mich schon darum.« Endlich ließ mein Großvater den Arm der Frau los, und sie huschte ohne ein weiteres Wort durch die Gartenpforte davon.

Mir wurde mit einem Mal ganz kalt, als ich meinen Großvater auf mich zukommen sah. Mit einem Griff packte er mich am Nacken, und ehe ich noch begriff, wie mir geschah, steckte mein Kopf schon in der Regentonne. Immer wieder tauchte er mich dort ein. »Das ist nicht meine Enkelin. Die tut so etwas nicht. Sag mir, dass das nicht wahr ist!« Ich war schon halb erstickt, als sein Zorn sich endlich legte.

Später nahm er mich in den Arm. Er sprach lange und ernst zu mir, und das erste Mal, seit ich denken konnte, sah ich ihn weinen. Ich erfuhr, dass ich die Kinder von Frau Adler auf der Straße verspottet hatte. Frau Adler selbst war keine Jüdin, aber sie hatte einen Juden geheiratet und sich geweigert, die Scheidung zu beantragen. Bevor man sie enteignete, besaß sie die Näherei, in der meine Mutter lange Jahre gearbeitet hatte. Mein Großvater und später auch meine Mutter unterstützten die Familie mit Lebensmitteln. Juden bekamen keine Lebensmittelkarten, das hatte ich gewusst.

Wie sie sich und ihre Kinder ernährten, darüber hatte ich mir bis zum heutigen Tag allerdings keine Gedanken gemacht. Die Übergabe fand von Mal zu Mal mit größerer Vorsicht statt, denn natürlich war so etwas bei Strafe verboten. »Du kannst über die Juden denken, was du willst. Du kannst auch über mich erzählen, was du für richtig hältst. Die Entscheidung darüber liegt nur bei dir. Aber eines sollst du wissen. Wenn du bei deinem Verein darüber redest, werden sie mich abholen. Ich werde von hier verschwinden und mit großer Wahrscheinlichkeit nie wieder auftauchen. So, wie die Juden verschwinden, die man abholt. Auch die sieht keiner jemals wieder.«

Keine Menschenseele erfuhr jemals ein Wort von mir über dieses Gespräch. Ich verspottete auch keine Juden mehr. Ich liebte meinen Großvater, und ich wollte nicht, dass man ihn abholte. Aber darüber hinaus schob ich Zweifel und Unbehagen weit von mir. Ich ging weiter meinen Aktivitäten im BDM nach, und irgendwann vergaß ich den Vorfall einfach.

4

Es wird jetzt viel getuschelt. Hinter vorgehaltener Hand erzählt man sich Gräuelgeschichten über die Nazis, und natürlich will niemand etwas damit zu tun gehabt haben. Als Erste kamen die Amerikaner nach Mühlhausen. Die mochte ich lieber als die Russen, die jetzt hier sind. Die Amis waren einfach lustiger, und sie hatten Kaugummis und Schokolade. Aber irgendwann fuhren sie auf ihren Panzern und Lastwagen gen Westen, und die Russen hielten in Mühlhausen Einzug.

Seitdem besteht meine Mutter darauf, dass wir Mädchen nachts in der Abseite schlafen. Am Anfang habe ich dagegen protestiert. Erst seit wir meine Mutter eines Morgens blutüberströmt und bewusstlos vorgefunden haben, bin ich still. Von Vergewaltigung will sie nichts wissen. Sie besteht darauf, sie sei gestürzt. Aber die kleine Abseite scheint mir seitdem doch ein Ort der Geborgenheit zu sein.

Heute regnet es. Kaum jemand ist unterwegs. Der Salon bleibt leer, und die Minuten schleichen dahin. Wenn doch bloß einmal irgendetwas passieren würde. Alles scheint eher erträglich als diese Langeweile. Wenn das noch lange so weitergeht, wird Herr Glagow eine Putzaktion in Gang setzen, und dazu habe ich überhaupt keine Lust. Deswegen bin ich zunächst erleichtert, als zwei uniformierte Männer den Laden betreten.

»Du bist Erika Grabe, nicht wahr?« Die Frage wird freundlich vorgebracht. Eigentlich ist es auch gar keine Frage. Die wissen genau, wer ich bin.

»Ja, und?« Beinahe reflexhaft setzt Trotz bei mir ein. Wenn sie die Haare geschnitten bekommen wollen, sollen sie sich hinsetzen, sonst gibt es hier für sie nichts zu tun.

»Du musst mitkommen.« Der Ton ist immer noch verbindlich, die Mienen lassen allerdings keinen Widerspruch zu. Deswegen greife ich nach meiner Jacke, werfe ein ratloses Schulterzucken in die Richtung meines Chefs und verlasse, von den Männern eskortiert, den Laden.

Schweigend marschieren wir etwa zehn Minuten durch die Stadt. Hin und wieder begegnet mir ein bekanntes Gesicht, und ich spüre förmlich die verwunderten Blicke in meinem Rücken. Schließlich betreten wir die russische Kommandantur.

Eigentlich müsste ich mich als Hausherrin fühlen, so oft bin ich schon hier gewesen. Jetzt haben sich die Russen im Fritz-Saukel-Haus einquartiert, davor waren es die Amerikaner, und seit ich denken kann, fanden hier die meisten öffentlichen Veranstaltungen statt. Es riecht wie immer nach einer Mischung aus Aktenstaub und Bohnerwachs.

Wir betreten ein geräumiges Büro. Die pompösen Deckenleuchter und das Mobiliar künden noch von einstiger Nazipracht. Der Mann hinter dem Schreibtisch mustert mich eine Weile, ehe er in fließendem Deutsch feststellt: »Du wolltest also der Majorin das Haar nicht waschen?«

Ich schüttle schweigend den Kopf. Wenn er es ohnehin schon weiß, was fragt er denn dann noch.

»Warum? Hast du etwas gegen Russen?«

»Nein, aber gegen Läuse. Der Kopf Ihrer Majorin wimmelte nur so davon.« Jetzt, da ich weiß, woher der Wind weht, löst sich der kleine Angstknoten in meinem Bauch endgültig auf. Er wird meine Weigerung verstehen, davon bin ich nun beinahe überzeugt.

Er nickt auch immer noch freundlich zu seinen nächsten Worten. »Ich gebe dir die Gelegenheit, deinen Fehler wieder gutzumachen.« Er winkt einem meiner Begleiter zu, und ehe ich noch etwas erwidern kann, stehe ich schon wieder auf dem langen Gang. In dem muffigen Badezimmer, wenige Schritte weiter, sitzt bereits wartend die Majorin. Mein Begleiter hat sich breitschultrig vor der Tür aufgebaut. Niemand sagt ein Wort. Mir ist klar, was von mir verlangt wird, und es ist genauso eindeutig, dass es keine Ausflucht gibt. Also füge ich mich in das Unabänderliche. Voller Ekel wasche ich den verlausten Kopf.

Endlich bin ich damit fertig, aber anstatt in Freiheit finde ich mich kurz darauf in einem der Verschläge im Keller des Hauses wieder. Im schummrigen Licht erkenne ich, dass hier bereits andere eingesperrt sind. Heute Nacht bin ich das einzige weibliche Wesen hier. Zwei bekannte Gesichter mache ich aus. Günther kenne ich aus dem Fanfarenzug, und mit Helmut habe ich schon einmal eine Nacht in diesem Keller verbracht. Damals hatte man uns aus den Besuchern einer Kinoveranstaltung herausgegriffen und auf einem Lastwagen hierher gefahren. Am nächsten Tag mussten wir die Turnhalle putzen, eine kaum weniger unangenehme Aufgabe als die heutige Prozedur. Die meisten wissen nicht, warum sie hier sitzen. Sie glauben sich wahllos von der Straße weg verhaftet. Trotzdem hält sich die Angst in Grenzen. Ich hoffe bloß, dass ich nicht wieder zum Putzen geschickt werde. Ich finde, ich habe mein Soll erfüllt.

Im Morgengrauen treibt man einige von uns nach draußen. Dort wartet mit laufendem Motor ein Militärtransporter. Die jungen Soldaten, die uns auf die Ladefläche treiben, sind genauso verschlafen wie wir. Sie beantworten keine der Fragen, aber lassen uns ungehindert unsere Spekulationen anstellen, wohin diese Fahrt wohl gehen mag. Nach einigen Stunden in dem schaukelnden Wagen senkt sich Schweigen über uns.

Ein fauchendes Geräusch reißt mich aus meinem Dämmerzustand. Ein niedrigerer Gang wird eingelegt, eine scharfe Kurve rüttelt die Letzten wach. Auch unsere Bewacher nehmen eine pflichtbewusstere Haltung ein. Als der Wagen hält, haben sie mich bereits rechts und links untergehakt und in die Nähe der Plane bugsiert. »Du aussteigen!«, wird mir bedeutet. Alle Versuche eines Abschieds werden mit Knuffen und einem scharfen »Nix sprechen!« unterbunden. Schon wieder umklammern fremde Hände mit festem Griff meine Arme. Ich drehe noch einmal kurz den Kopf und sehe den Lastwagen wie ein letztes Stückchen Heimat durch den Torbogen verschwinden. In der plötzlichen Stille klingt das Vogelgezwitscher ungewöhnlich laut und aufgeregt über den Hof. Ich werde in das Gebäude gedrängt, und ehe ich noch etwas von meiner Umgebung wahrnehmen kann, schließt sich auch schon die nächste Tür hinter mir.

5

Habe ich überhaupt geschlafen? Ich fühle mich, als hätte ich kein Auge zugetan. In dem Büro, in das man mich gerade geführt hat, herrscht strahlender Sonnenschein. Instinktiv versuche ich mich im Schatten zu halten, denn vermutlich sehe ich grässlich aus. Seit mittlerweile zwei Tagen bin ich ungewaschen und ungekämmt, und wie ich rieche, möchte ich lieber nicht wissen.

Drei Männer in russischen Uniformen sitzen mir gegenüber. Der Rundliche scheint der Chef zu sein. Er mustert mich interessiert, aber nicht feindselig. Ein Strom russischer Worte richtet sich an die ältere Frau an seiner Seite. »Der Hauptmann möchte wissen, ob du das Bild des Genossen Stalin beschmiert hast?« Auf diese Frage bin ich nicht gefasst. Deshalb fallen mir auch keine Ausflüchte ein.

»Ach, der sah so traurig aus in seinem Rahmen. Da habe ich mit dem Lippenstift eine Schleife an den Bart gemalt. Es tut mir Leid.« Während die Dolmetscherin übersetzt, überlege ich fieberhaft. Woher wissen die das überhaupt? Ob das wohl ein schlimmes Vergehen ist? Erleichtert registriere ich das breite Lächeln auf dem Gesicht des Dicken, als die Dolmetscherin meine Worte übersetzt hat. Es folgt ein Wortwechsel zwischen ihm und dem jungenhaft wirkenden Mann zu seiner Linken. Obwohl ich kein Wort verstehe, habe ich den Eindruck, meine Lage wende sich zum Guten. Die Dolmetscherin mischt sich ein, und ihre Stimme klingt mütterlich. Den Ausschlag gibt dann wohl das dröhnende Lachen des Dicken. Es verbreitet fast so etwas wie Gemütlichkeit. Dann sagt er einen abschließenden Satz, der von einem belustigten Kopfschütteln begleitet wird. »Der Hauptmann weiß nicht, warum man dich hierher geschickt hat. Was du getan hast, war natürlich eine Dummheit. Also pass in Zukunft besser auf, wenn du den Drang zur Malerei verspürst.«

Zehn Minuten später sitze ich auf einer Bank in der Sonne und betrachte die verwinkelte Villa von außen. Auf meinem Schoß liegt ein Laib Brot, aus dem ich gedankenverloren ein Stück herausbreche. Das Brot hat man mir beim Abschied in die Hand gedrückt. »Wo bin ich hier überhaupt?«, hatte ich die Dolmetscherin noch gefragt. »Du bist in Ludwigslust«, lautete die lapidare Antwort. Ich rufe mir die Deutschlandkarte aus unserem Schulatlas ins Gedächtnis. Zwischen Ludwigslust und Mühlhausen, das müssen an die fünfhundert Kilometer sein.

Wie komme ich von hier nach Hause? Ich habe keinen Pfennig in der Tasche und, was noch schlimmer ist, keine Papiere. Ich könnte versuchen, mich per Anhalter durchzuschlagen, aber dann sollte ich mich bald auf den Weg machen. Es muss bereits Mittag sein, dem Stand der Sonne nach zu urteilen. Nur einen Augenblick lang noch die Sonne genießen. Ich bin schrecklich müde.

Ich werde wach, als mich jemand sanft an der Schulter rüttelt. Einer der Offiziere steht vor meiner Bank und schaut auf mich herab. Es ist der Jungenhafte. »Was machst du hier noch? Du solltest schleunigst nach Hause gehen!« Seine Frage, in fließendem Deutsch vorgebracht, klingt eher besorgt als ärgerlich.

Mit einem Mal wird mir ganz jämmerlich zumute, vielleicht weil er so freundlich zu mir ist. Vergeblich bemühe ich mich darum, meiner Stimme Festigkeit zu verleihen. Endlich gelingt es mir, ihm meine Situation klar zu machen. »Dass wir daran nicht gedacht haben«, brummelt er. Auf sein Geheiß hin begleite ich ihn zurück in die Villa.

»Warte hier.« Es dauert ziemlich lange, bis er wiederkommt.
»Hier hast du erst mal einen Passierschein. Ohne den wärst
du ohnehin schwerlich nach Thüringen gekommen.«
Er hält mir ein Dokument vor die Nase. Ein wenig skeptisch
nehme ich das Papier entgegen. Eigentlich müssten die mich
wieder heimfahren. Schließlich ist es nicht meine Schuld,
dass ich hier gelandet bin. In Anbetracht meiner Lage halte
ich mich lieber zurück und gebe lediglich zu bedenken:
»Aber ohne Geld und Fahrschein nützt der mir doch auch
nichts!«
Nachdenklich ruhen die blauen Augen des Mannes auf mir.
»Irgendwann geht sicherlich ein Transport in Richtung
Mühlhausen. Bis dahin müssen wir dich einfach irgendwo
unterbringen.«
Kurze Zeit später klingelt mein Beschützer an der Tür eines
repräsentablen Wohnhauses. Kreuz und quer durch das Städt-
chen bin ich seinen langen Schritten gefolgt.
Ein Junge, nur wenig älter als ich, öffnet uns die Tür.
»Ist dein Vater zu Hause?«
Wir werden eingelassen. Scheinbar kennt man meinen Begleiter hier. Bodo, so heißt der Blondschopf, bringt mich in
die Küche. Das Letzte, was ich von meinem Beschützer sehe,
ist sein breiter Rücken, bevor er hinter der Tür des Arbeits-
zimmers verschwindet.
Der Hausherr erscheint wenig später in der Küche. Er ignoriert meine Anwesenheit, winkt nur seinen Sohn heraus.
Kurz darauf trotte ich wieder jemandem hinterher. Hoffent-
lich sind wir bald da. Meine Füße tun weh, und ich bin mittlerweile so müde, dass ich im Gehen einschlafen könnte.
Endlich stehen wir vor einem schmalen dreistöckigen Haus.
Bodo verhandelt kurz mit der Frau, die uns öffnet.
Eine halbe Stunde danach falle ich in tiefen Schlaf.
Natürlich habe ich am nächsten Morgen Schwierigkeiten,
mich zu orientieren. Mein Blick wandert über Waschbecken,
Bett, Stuhl zur Dachluke der winzigen Mansarde. Kanal-

straße 10, tröpfchenweise tauchen die Bilder der letzten Tage wieder auf. Bodo, der übrigens wirklich nett ist, hat mich hier abgeliefert. »Bestimmt bist du bald wieder zu Hause, aber bis dahin kannst du hier wohnen. Ich komme morgen um zehn, und dann zeige ich dir die Stadt.«

6

Wie spät ist es jetzt eigentlich?

Zwar immer noch in denselben Kleidern, aber doch wenigstens frisch gewaschen, stelle ich diese Frage einem Passan-
ten, der durch die Kanalstraße eilt. Ich habe noch eine
Stunde Zeit, bis Bodo kommt. Es ist gerade neun Uhr. Auf
einer Bank, von der aus ich die Nummer zehn im Auge habe,
verbringe ich die nächste Stunde.

Meine arme Mutter. Es ist der erste ruhige Moment, seit man
mich aus dem Friseursalon abgeführt hat, und ich sehe sie so
deutlich, als stünde sie vor mir. Ich kenne die kleinen Falten
um ihren Mund, wenn sie sich Sorgen macht, und mittlerweile macht sie sich bestimmt Sorgen. Ich bin jetzt seit zwei
Nächten verschwunden. Herr Glagow wird wahrscheinlich
von meiner Verhaftung erzählt haben, aber ob man ihr auf
der Kommandantur etwas über meinen Verbleib sagt, bezweifle ich. Wenn ich ihr doch nur eine Nachricht zukommen lassen könnte. Aber weder Post noch Telefon funktionieren dieser Tage auch nur halbwegs zuverlässig, und
außerdem scheue ich davor zurück, meine Gönner um Geld
zu bitten. Schlimm genug, dass sie mich durchfüttern müssen. Ich besitze ja nicht einmal Lebensmittelkarten.

»Lange kann es ja nicht dauern«, tröstet Bodo mich, während ich das Brot verschlinge, dass er mir mitgebracht hat.
Mit dieser Prognose soll er leider Unrecht behalten. Die Tage
gehen ins Land, und nichts geschieht. Ich kenne Ludwigslust bald wie meine Westentasche. Bodo ist zum Glück ein
geduldiger Mensch. Es scheint ihm nichts auszumachen,

dass ich wie ein Schatten an seiner Seite klebe, im Gegensatz zu seinem Vater. Dessen missbilligendem Blick weiche ich so gut ich kann aus, aber da ich meine Mahlzeiten in seinem Haus einnehme, gelingt das nur selten.

Immerhin wird hier nicht gehungert, deshalb hält sich mein schlechtes Gewissen in Grenzen. Uniformierte gehen in diesem Haus ein und aus, und sie sorgen dafür, dass mir beim Blick in die Speisekammer stets das Wasser im Mund zusammenläuft. Nach den rauschenden Festen ist die Kammer allerdings auch regelmäßig leer. Auf jeden Fall steht Herr G. auf vertrautem Fuß mit der Besatzungsmacht. Er spricht fließend Russisch, und feiern kann er auch wie ein Russe. Meine Schmierereien, wie er es einmal genannt hat, stellen in seinen Augen ein Verbrechen dar. Von Kinderei will er nichts hören. »So was gehört hart bestraft. Man darf nichts durchgehen lassen. Sonst tanzen einem die Leute auf der Nase herum.«

Zwei Wochen lang habe ich Bodo nun auf Schritt und Tritt begleitet. Tagsüber schaue ich den Proben der kleinen Theatertruppe zu, in der er mitspielt. »Kannst du nicht irgendetwas? Du könntest dir doch dein Brot verdienen, indem du bei uns mitmachst.« Mein Herz macht einen kleinen Freudensprung bei diesem Vorschlag. Insgeheim habe ich schon darauf gehofft. Meine Träume von Zirkus und Rampenlicht erwachen zu neuem Leben. Mit Feuereifer stürze ich mich in die Arbeit. Die Truppe bricht wenige Tage später zu einer kleinen Tournee durch die umliegenden Dörfer auf, und endlich stehe auch ich auf den Brettern, die die Welt bedeuten. Bald besteht meine Welt aus Flickflack und Spagat, und als das Weihnachtsfest 1945 sich ankündigt, habe ich beinahe vergessen, dass ich in einem Provisorium lebe. Die Menschen verwöhnen uns mit Beifall und mit Lebensmitteln, aus denen üblicherweise unsere Gage besteht. Vermutlich liegt das nicht nur an unseren atemberaubenden Leistungen, sondern vor allem auch daran, dass die Menschen regelrecht ausgehungert nach Zerstreuung und Amüsement sind. Nach wie vor herrscht allabendlich Sperrstunde, und Tanz und Theater werden nur äußerst selten genehmigt. Unsere Truppe ist eine der wenigen, die eine Erlaubnis erhalten haben. Wahrscheinlich hat der gute Kontakt von Bodos Vater zu den Russen dazu beigetragen.

Am Heiligen Abend findet keine Vorstellung statt. Bodo feiert im Kreis seiner Familie, und ich verbringe die Christnacht ziemlich wehmütig in meinem Zimmerchen in der Kanalstraße. Bodo hat eine Kerze für mich ergattert, und im Schein des kleinen Lichts packt mich das Heimweh ganz unvorbereitet. Morgen ist mein fünfzehnter Geburtstag, und ich würde eine Menge dafür geben, zu Hause bei meiner Mutter und meinen Geschwistern zu sein. Das an den anderen Tagen so erhabene Gefühl, erwachsen zu sein, für mich selbst sorgen zu können, ja beinahe so etwas wie ein Bühnenstar zu sein, taugt plötzlich gar nichts mehr. Eigentlich bin ich doch noch ein Kind. Ich möchte in den Arm genommen werden, und bei der Erinnerung an den Geburtstagskuchen, den meine Mutter allen Widrigkeiten zum Trotz jedes Jahr backt, lassen sich die Tränen nicht mehr aufhalten.

Der Heilige Abend geht vorüber, und der 25. Dezember, mein Geburtstag, verschwindet genauso schmucklos in der Vergangenheit. Zum Glück wusste niemand Bescheid, denn darauf angesprochen zu werden, das hätte meine mühsam aufrechterhaltene Fassade wahrscheinlich zum Einsturz gebracht.

Zwischen den Jahren finden dann wieder Proben statt, und das reißt mich aus meinem Selbstmitleid. Wir geben Silvester eine Vorstellung in Ludwigslust, und es gibt eine Reihe neuer Nummern einzustudieren.

Die Silvesternacht bricht an. Als ich in der Kanalstraße vor die Tür trete, wirkt die Stadt wie ausgestorben. Auf der Hauptstraße taucht eine Horde johlender Soldaten auf. Ich drücke mich in einen Hauseingang, bis sie vorbeigetorkelt sind, und husche dann wie die wenigen anderen Zivilisten im Schatten der Hauswände entlang. Es ist nicht nur die klirrende Kälte, die uns veranlasst, unser Ziel für diese Nacht so schnell und so unauffällig wie möglich zu erreichen.

Die Aufführung begeistert die Leute. Das Publikum ist nicht verwöhnt, und wir ernten reichlichen Beifall. Trotzdem liegt das Theater keine zehn Minuten nach Ende der Vorstellung verlassen da. Auch wir müssen uns beeilen. Hastig wirft sich jeder seinen Mantel über. Im Davonlaufen wünscht man sich ein »schönes neues Jahr«, und schon hat die anbrechende Sperrstunde meine Ersatzfamilie in alle Winde zerstreut.

7

Am 2. Januar 1946 mache ich mich am frühen Nachmittag auf den Weg ins Theater. Ich bin ganz froh, dass nun wieder Alltag einkehren soll. Säße nicht irgendwo fünfhundert Kilometer entfernt meine Mutter in völliger Ungewissheit über mein Schicksal, ich wäre zufrieden mit dem Leben. Vor allem an den freien Abenden spüre ich ihre Angst um mich beinahe körperlich.

Die Wintersonne taucht die leeren Straßen in gleißendes Licht, sodass ich für einen Augenblick wie blind im Bühneneingang stehe. In der Garderobe schlüpfe ich in mein Trikot, und kurz darauf setze ich zum ersten Flickflack an. An der Verbindung zwischen zwei Elementen meiner Übung arbeite ich, bis ich schweißgebadet bin. Der Übergang sitzt immer noch nicht hundertprozentig, aber eine Männerstimme unterbricht meine Konzentration. »Du bist doch Erika Grabe?«

Das hat mich doch schon einmal jemand gefragt. Schlagartig verschlingen sich meine Eingeweide zu einem dicken Knoten direkt unter meinem Zwerchfell. Im Halbdunkel des Zuschauerraumes kann ich zwei Männer ausmachen. Einer trägt eine russische Uniform, auf deren Epauletten goldene Sterne aufblitzen, als er jetzt näher an die Bühne herantritt. »Wir haben noch einige Fragen.« Die anderen scheinen mit einem Mal weit weg zu sein. Um mich herum hat sich aus dem Nichts heraus ein Vakuum gebildet. Die beiden Männer begleiten mich in die Garderobe. Der mit den Sternen trägt eine dieser übergroßen Schirmmützen, die einen höheren

Status verraten. Ohnehin wirken die Gestalten in der engen Garderobe riesig. Mein Versuch, mich umzuziehen oder gar zu duschen, wird mit knapper Geste unterbrochen. »Das ist nicht nötig. Es dauert nicht lange.« So werfe ich mir nur den Mantel über mein durchgeschwitztes Trikot.

Wenig später komme ich an der Bank vorbei, auf der ich zehn Wochen zuvor so mutterseelenverlassen in der Herbstsonne gesessen hatte.

Dann betrete ich auch schon die verwinkelte Villa. Meine Begleiter führen mich direkt in ein Büro. Ich habe den Rundlichen erwartet oder den mit den freundlichen blauen Augen, aber die mich nun durchdringend mustern, sind alles Fremde. Vielleicht habe ich den Schmallippigen schon einmal im Haus des Bürgermeisters gesehen.

Neben dem anderen Mobiliar des Raums wirkt der kleine Hocker, der vor dem Schreibtisch steht, zerbrechlich. Auf ihm nehme ich Platz, dem Wink des Mannes in der Mitte folgend. »Sie wissen, warum Sie hier sind.« Bisher hat man mich stets geduzt, und dieses Sie ist vielleicht die greifbarste Bedrohung in der Äußerung meines Gegenübers.

Auf den Uniformen aller Anwesenden tummeln sich diverse Abzeichen, auf ihren Schultern funkeln Sterne. Ich fühle mich nackt in meinem dünnen Trikot.

Das Schweigen beginnt drückend zu werden, und ich kann eine Antwort nicht länger hinauszögern. »Ich weiß überhaupt nicht, warum ich schon wieder hier bin. Ihre Männer haben gesagt, sie hätten noch Fragen an mich. Alles, was es zu erklären gibt, muss doch schon in Ihren Protokollen stehen.« Die Dolmetscherin tritt in Aktion. Auch sie ein neues Gesicht.

Die Reaktion auf die Übersetzung erfolgt prompt. »Sehr bedauerlich, dass Sie uns nichts zu sagen haben. Wir werden Ihnen etwas Zeit geben, dann wird Ihnen sicher ein wenig mehr einfallen.« Auch diese Worte werden übersetzt. Die Stimme der Übersetzerin ist mindestens so kalt wie die Eiszapfen, die vor dem Fenster in der Abendsonne glänzen.

Der Schmallippige winkt mit seiner riesigen Pranke. Sofort packt mich der Soldat, der vor der Tür stand, am Arm und zieht mich aus dem Raum. Es geht durch Flure über eine Kellertreppe hinunter in die Katakomben der Villa. Dort werde ich an einen anderen Posten in einfacher Uniform weitergereicht. Der Griff, mit dem er mich in Empfang nimmt, ist behutsam. Ich begegne einem freundlichen Lächeln. Er kann nicht viel älter sein als ich. Kein Schatten eines Bartes liegt auf seinem Jungengesicht. Wenige Schritte weiter schiebt er mich durch eine Brettertür. Ein Schlüssel dreht sich im Schloss, und seine Schritte verhallen in der Ferne.

Das nächste Geräusch, das ich höre, kommt aus dem kleinen Kanonenofen in der Ecke meiner Unterkunft. Ein Scheit fällt mit leisem Fauchen in sich zusammen. Hier ist es warm, fast schon stickig. Ein Fenster gibt es nicht, aber mein Blick fällt auf eine schmale Pritsche mit einem Strohsack darauf. Sofort überfällt mich eine bleierne Müdigkeit. Ich rolle mich auf der Bettstatt zusammen, und wenige Sekunden später falle ich in einen tiefen Schlaf.

8

»Artistka, Artistka, aufwachen.« Eine freundliche Stimme reißt mich aus meinen wirren Träumen. Die Prozedur des Abends läuft in umgekehrter Reihenfolge ab. Der sanfte Posten reicht mich an den Groben weiter. Die Übergabe findet an der Grenze zwischen Ober- und Unterwelt statt. Man trennt die Welten hier streng voneinander. In den Wochen, die ich hier verbringen muss, werde ich nie einen Wärter aus den Katakomben über der Erde treffen. Andererseits bin ich in meinem Kellerkabuff vor meinen Peinigern sicher. Die Einzige, die die unsichtbare Demarkationslinie überschreiten darf, scheine ich zu sein, so wie in der Sagenwelt nur die Toten den Styx passieren können.

Wieder werde ich über erleuchtete Flure gezerrt.

In dem Büro sitzen dieselben Personen wie bei dem ersten Verhör. Sie haben sogar dieselben Plätze inne. Es scheint, als wäre ich gar nicht fort gewesen.

Die folgenden Verhöre zerfließen zu einer einzigen alptraumhaften Erinnerung. Der Ablauf ist immer der gleiche. Nachts werde ich geweckt. Kurz darauf nehme ich auf dem Hocker Platz. Meistens wird meine Anwesenheit zunächst ignoriert. Meine Peiniger tafeln und plaudern. Der stete Strom russischer Worte wird hin und wieder von aufbrandendem Gelächter unterbrochen. Die eisige Stimme der Dolmetscherin nimmt einen kehligen Klang an, je weiter die Nacht voranschreitet.

Irgendwann kommt unweigerlich jede Nacht der Zeitpunkt, an dem ich auf meinem Hocker nicht mehr gerade sitzen

kann. Sobald ich auch nur ein wenig in mich zusammen-
sinke, trifft mich der Gewehrkolben des Postens schmerzhaft im Rücken. Erst diese Bewegung scheint die vergnügte
Runde auf mich aufmerksam zu machen. Dann prasseln
plötzlich Fragen auf mich ein. »Wie alt bist du? Warst du im
BDM? Welche Sabotageakte habt ihr geplant? Seit wann ar-
beitest du in der Gruppe Werwolf mit? Wie heißen deine
Verbindungsleute?«

Bei den ersten Verhören gebe ich mir noch Mühe, die Fragen
zu verstehen und gewissenhaft darauf zu antworten. Später
bringe ich lediglich ein »Ja«, ein »Nein« oder »Weiß nicht«
heraus. Es scheint ohnehin egal zu sein, was ich sage. Es gelingt mir nie, zufrieden stellende Auskünfte zu geben. In
einigen Nächten gebe ich alles zu, ja, Werwolf, ja, BDM,
nein, Namen kenne ich nicht.

An besseren Tagen streite ich alles ab: »Ich weiß überhaupt
nicht, was Werwolf ist. Ich kenne niemanden, und mit Sabo-
tage habe ich auch nichts zu tun.«

Ein Punkt, auf dem sie beharrlich herumreiten, bleibt mein
Alter. »1928, da bist du geboren. Du bist siebzehn Jahre alt.«
In besonders müden Nächten entgleitet mir sogar mein
Geburtsdatum. So oft, beinahe gebetsmühlenartig, habe ich
nun gehört, ich sei 1928 geboren, dass ich es selbst fast glaube.

Am meisten fürchte ich die Nächte, in denen ich von Anfang
an im Mittelpunkt der Aufmerksamkeit stehe. Auch solche
werden immer wieder eingestreut. Dass ich vorher nie weiß,
was mich erwartet, ist vielleicht das Schlimmste daran.

Diese speziellen Verhöre beginnen in völliger Stille. Ich bemühe mich um kerzengeraden Sitz, während einer der Offiziere beständig meinen Hocker umkreist. Ab und zu bleibt
er stehen und zielt. Meist trifft er den Napf neben der Tür,
nur selten spuckt er daneben. Ich habe Mühe, meinen Ekel
zu verbergen, aber jede Regung zieht einen Knuff oder eine
Ohrfeige nach sich. Sonst wird die Stille nur unterbrochen,
wenn die Dolmetscherin »Der Major wartet« sagt.

Man liest mir meine Geständnisse vergangener Nächte vor. Es wird mit Papieren gewedelt. Ich soll unterschreiben. Manchmal bin ich kurz davor. Ich bin so müde. Für eine ungestörte Nacht würde ich beinahe alles tun. Aber jedes Mal, wenn ich das Bündel mit den russischen Schriftzeichen in der Hand halte, taucht aus irgendwelchen Tiefen meine alte Widerspenstigkeit auf. »Ich werde hier gar nichts unterschreiben. Und schon gar nicht dieses russische Geschreibsel, das ich nicht lesen kann. Da könnt ihr lange warten.«

Einer mit besonders vielen Sternen klopft seine Pfeife auf meiner Stirn aus. Glühende Asche regnet auf meinen Schoß herab, frisst sich durch die Kleidung. Unwillkürlich hebe ich die Hand, versuche die Glut wegzufegen. »Sitz still!« Ein harter Schlag ins Gesicht unterstreicht den Befehl.

Dann wieder Versprechungen. »Unterschreib einfach, dann hast du deine Ruhe. Wir lassen dich nach Hause gehen. Heute Nacht unterschreiben, morgen bist du zu Hause.«

Aber was sie auch tun, ich unterschreibe nicht. Meine Unbeugsamkeit hat wenig mit Heldentum zu tun. Es ist die Unwirklichkeit der ganzen Situation, aus der sich mein Widerstand speist. »Das geht vorbei, Erika. Das können sie nicht ernst meinen. Eine Fünfzehnjährige kann man auch nicht nach Sibirien schicken. Wenn ich das zu Hause erzähle, glaubt mir das keiner. Bald bin ich wieder zu Hause, und dann ist alles wieder gut.« Das Ganze kommt mir vor wie ein Abenteuer. Es ist ein scheußliches Abenteuer, aber ich fühle mich zu keinem Zeitpunkt wirklich bedroht. Die Wirklichkeit wird einsetzen, wenn ich das Buch zuklappe. Ich werde in meinem Bett aufwachen und lachen.

9

Meine Erlebnisse in der Unterwelt sind realer.

Ich stinke!

Mein Theatertrikot hat sich in einen übel riechenden Fetzen verwandelt. Ich werde zwar einmal am Tag in eine Art Waschraum geführt, aber viel lässt sich mit dem tröpfelnden Rinnsal kalten Wassers nicht ausrichten.

»Ich möchte ein Bad nehmen.« Immer wieder bettle ich bei meinen Bewachern um ein Bad. Aber außer Tröstungen erreiche ich gar nichts. Scheinbar sind sie nicht befugt, derartige Entscheidungen zu treffen. Ein unglücklicher Zufall bringt das Fass zum Überlaufen.

Eines Morgens wache ich auf, weil es zwischen meinen Beinen unangenehm naß ist. Du hast ins Bett gemacht, ist mein erster Gedanke. Aber die Scham verwandelt sich in Entsetzen, als ich aufspringe und eine Blutlache auf dem Strohsack finde. Ich schaue an mir herunter. Noch mehr Blut. Dunkelrote Tränen bahnen sich den Weg an meinen Beinen hinunter, ihre Quelle bleibt tief in meinem Körper verborgen. Ich verblute.

Beim Verhör letzte Nacht hatte es wieder Tritte und Schläge gehagelt. Vielleicht ist es dabei passiert, ist dabei irgendetwas kaputtgegangen. Mir ist sterbenselend. Ich rolle mich auf meinem Strohsack zusammen und verbringe die nächsten Stunden schwankend zwischen Hoffnung und der Erwartung zu sterben.

Als der Posten mich an diesem Tag in die Waschküche bringt, säubere ich mich notdürftig. Die Blutung hat nachgelassen, aber das Trikot weist zwischen den Beinen eine starre Kruste auf.

In der Nacht werde ich wie üblich in die Oberwelt zum Verhör geführt. Meine Angst hat sich inzwischen in Wut verwandelt. Ehe noch irgendjemand ein Wort an mich richten kann, presse ich voll wilder Entschlossenheit hervor: »Ich will ein Bad! Und etwas anderes anzuziehen will ich auch! Sonst sage ich hier gar nichts mehr.« Ich ernte lediglich Blicke unter hochgezogenen Augenbrauen und ein spöttisches »So, so«.

Am nächsten Morgen erhalte ich dann die Quittung. Ganz entgegen der Routine führt mein sanfter Wärter mich nicht in den Waschraum, sondern ich werde den Grobianen der Oberwelt übergeben. Fünf Uniformierte übernehmen mich, keine Sterne heute, keine Hüte, nur blaugraue Schiffchen über kantigen Bauerngesichtern. Sie scheinen einen besonders vergnüglichen Tag vor sich zu haben. Feixende Mienen und raues Gelächter begleiten unsere Prozession.

Wir landen in einer Waschküche, wo mir einer der Soldaten bedeutet: »Du baden, ausziehen.« Suchend schaue ich mich um. Einen kleinen Winkel, einen Wandschirm, irgendetwas muss es doch geben. Aber um mich herum sind nur gierige Blicke und erwartungsvoll grinsende Mienen. Ein auf Russisch hingeworfenes Kommando treibt mich zur Eile an.

Man stirbt ja nicht vor Scham, jedenfalls nicht sofort. Nur aus diesem Grund stehe ich schließlich nackt vor der Horde von Männern. Ich wage nicht aufzusehen, und so trifft mich der Strahl völlig unvorbereitet. Einer der Soldaten hält einen dicken Wasserschlauch in der Hand, dessen Öffnung direkt auf meinen Körper gerichtet ist. Das Wasser schießt mit enormem Druck hervor. Überall Wasser, meine Haut explodiert. Sie brennt, als hätte man mich durchgeprügelt, gleichzeitig ist mir eiskalt. Ein Strahl in die Kniekehlen wirft mich aus dem Gleichgewicht, und ich stürze auf den Steinfußboden. Das Letzte, was ich wahrnehme, ist das Johlen und

Pfeifen der Männer, bevor mich Bewusstlosigkeit aus dieser Situation erlöst.

Immer noch nackt und am ganzen Körper von blauen Flecken übersät, finde ich mich später auf meinem Strohsack wieder. Eigentlich will ich mich nicht bewegen. Schließlich ist es die Neugier, die mich aus meiner Erstarrung löst. Neben der Tür an einem Nagel hängt etwas Blaues. Bei näherem Hinsehen entpuppt es sich als ein Kleid. Unter den gegebenen Umständen sogar ein ziemlich hübsches Exemplar. Es ist lang, mit einem gekräuselten Volant, und vor allem ist es sauber.

Meine Finger fahren über den weichen Stoff, ich stecke meine Nase in eine Falte und sauge den Geruch von Sauberkeit in mich ein. Mit ungeahnter Macht überfällt mich der Wunsch, hübsch auszusehen. Sei nicht kindisch, Erika, mahnt eine Stimme in meinem Kopf, aber sie hat keine Chance. Mit den Händen fahre ich mir durchs Haar, bis es allmählich zu Locken aufspringt. Mit Feuereifer und mit Hilfe meiner Zähne trenne ich anschließend den Volant ab. Dann streife ich das Kleid über. Es sitzt ganz passabel, soweit ich das ohne Spiegel beurteilen kann. Zu guter Letzt binde ich aus dem Volant eine Schleife und befestige sie in meinem Haar. Dann setze ich mich auf meine Pritsche und warte darauf, zum Verhör geführt zu werden, als sei ich mit einem Tanzstundenpartner verabredet.

Schleifen bringen mir einfach kein Glück. Ich habe kaum den Raum betreten und sitze noch nicht auf dem obligaten Hocker, da klatscht es auch schon rechts und links, dass mir Hören und Sehen vergeht. Die Schleife landet auf dem Boden, und ein Schwall russischer Beschimpfungen ergießt sich über mich. Die Dolmetscherin schweigt gnädig, beschränkt sich darauf, mich voller Verachtung anzustarren.

Ein anderes Problem taucht auf.

Seit man mich hier eingesperrt hat, habe ich keinen Stuhlgang mehr gehabt. Am zweiten Tag hatte ich nach meinem Wärter gerufen, damit er mich zur Toilette führt.

Bereits auf dem Flur schlug mir der Geruch entgegen, und als ich dann in dem winzigen Lokus stand, hätte ich mich beinahe erbrochen. Ich starrte auf einen Berg verschieden alter Exkremente, die sich in dem Schlund der Porzellanschüssel türmten. Auf dem Rand sah man deutlich die Spuren von Stiefeln. Offenbar benutzten meine Posten dieses Örtchen auch und zwar nach russischer Gepflogenheit im Stehen. Die Wasserspülung war schon länger außer Betrieb. Das Rohr endete ziellos irgendwo an der Wand. Nur der Jahreszeit war es zu verdanken, dass es hier nicht von Fliegen wimmelte. Auf jeden Fall wäre ich lieber gestorben, als hier irgendein Geschäft zu verrichten.

Ich äußere nie mehr den Wunsch, zum Klo gebracht zu werden. Gelegentliche Bauchschmerzen ignoriere ich, mein kleines Geschäft verrichte ich über dem Abfluss im Waschraum.

»Musst du nicht zum Klo?« Dem freundlichsten meiner Bewacher ist offenbar aufgefallen, dass ich nie darum bitte, zur Toilette zu dürfen. »Nein, muss ich nicht.« Einige Male lässt er sich mit dieser Antwort abspeisen, aber eines Tages werde ich von ihm in ein weiß getünchtes Zimmer voller medizinischer Geräte gebracht.

Eine uniformierte Frau tritt kurz darauf ein. Es muss die Ärztin sein. Sie fuhrwerkt auf meinem prallen Bauch herum, als wolle sie aus Teig einen Laib Brot formen. Für ihre Grobheit würde ich ihr am liebsten in die Hand beißen, aber statt dessen beiße ich die Zähne zusammen. Vor der werde ich mir keine Blöße geben.

Immer noch schweigend beendet sie ihre Arbeit. Ich darf mich anziehen und bin glücklich, als ich wieder in meinem Verschlag ankomme.

Die Ruhe währt allerdings nur kurz. Ich habe mich gerade auf der Pritsche ausgestreckt, als sich Schritte nähern. Mit einem Mal drängen sich mehrere Personen in der kleinen Zelle. Die Ärztin ist eine davon.

Später kauere ich in der hintersten Ecke meiner Zelle. In meinem Bauch herrscht ein kreischender Aufruhr, meine Gedärme drohen zu platzen. Wie ein verwundetes Tier suche ich nach einem Versteck, einem Ort, an dem ich wenigstens vor Blicken geschützt sterben kann. Der Drang, mich zu entleeren, wird immer heftiger, und schließlich gibt es kein Halten mehr. Mein Körper gibt die Exkremente unzähliger Tage zusammen mit dem Wasser, das man in mich hineingepumpt hat, von sich. Ein, zwei Atemzüge lang genieße ich die plötzliche Erleichterung, die relative Ruhe in meinen Eingeweiden. Doch dann fällt mein Blick auf den Haufen unter mir. O Gott, was habe ich getan! Wenn die wiederkommen und das hier sehen. Das muss weg!

Wild suchen meine Augen die Zelle ab, bis sie an dem Kanonenofen hängen bleiben. Ohne zu zögern, öffne ich die Klappe, und dann schaufle ich mit beiden Händen den verräterischen Berg hinein. Was ich von mir gegeben habe, ist trocken, fast so wie alte Kuhfladen.

Mein Herz pocht immer noch laut, als ich endlich auf meiner Pritsche sitze. Von dem Wasser ist nur noch eine längliche Pfütze übrig, der Rest ist in der Hitze des Ofens bereits verschwunden. Ich lege mich hin, plötzlich hundemüde.

Wenn ich allerdings die Augen schließe, überrollen mich die Bilder. Die vielen Menschen in meiner Zelle. Ich muss mich entblößen, werde von zweien festgehalten. Das Brennen in meinem After, als ein Schlauch eingeführt wird. Ich reiße die Augen wieder auf. Das Entsetzen bleibt.

Ein Rütteln an meiner Schulter holt mich aus tiefstem Schlaf. »Musst du nicht zur Toilette?« Sofort beginnt mein Herz zu rasen. Mein Blick richtet sich suchend auf die Ecke hinter dem Ofen.

Gott sei Dank, es ist keine Spur mehr zu sehen.

»Nein, ich muss nicht. Lass mich in Ruhe.«

»Wenn du musst, Artistka, dann brauchst du nur zu klopfen. Ich komme gleich und bringe dich hin.«

Es ist der Junge ohne Bartwuchs, den ich von allen hier unten am liebsten mag. Dass ich nicht zum Klo will, scheint ihm Sorgen zu bereiten. Er steht noch einen Augenblick unentschlossen in der Tür, aber als ich mich demonstrativ zur Wand drehe, zieht er unverrichteter Dinge davon.

Die Szene soll sich an diesem und auch am nächsten Tag noch etliche Male wiederholen. Immer wieder öffnet sich die Tür, und ich werde besorgt gefragt, ob ich nun nicht zum Klo gebracht werden will. Irgendwann reißt mir der Geduldsfaden. »Was habt ihr denn nur alle? Ich muss nicht zum Klo. Ich werde schon klopfen und Bescheid sagen.«

Als sich die Tür ein weiteres Mal öffnet, liegt mir die Antwort schon auf den Lippen. Diesmal stellt man mir jedoch keine Fragen, sondern ich werde durch den Keller nach draußen gebracht. Zack, hocke ich auf der Ladefläche eines Transporters, und nach kurzer Fahrt betrete ich mit einer Mischung aus Neugier und Angst ein unbekanntes Gebäude.

Wieder stehe ich in einer Arztpraxis. Die blinkenden Schränke jagen mir einen Schauer über den Rücken. Was haben sie jetzt wieder mit mir vor?

Unter den Uniformierten, denen ich dann gegenüberstehe, kenne ich nur das Gesicht der Ärztin. Von der Diskussion verstehe ich kein Wort, nur die Ratlosigkeit auf ihren Gesichtern ist nicht zu übersehen. Nachdem jeder der Anwesenden auf meinem Bauch herumgedrückt hat, nimmt die Unterhaltung an Lautstärke zu. Ein befriedigendes Ergebnis findet man offenbar nicht. Ich ahne bereits seit einer Weile, worin das Problem der Ärzte und auch meiner Wachposten besteht. Sie können sich nicht erklären, dass ich nach ihrem Überfall keinen Stuhlgang hatte. Wo ist die Sache geblieben?, scheinen sie sich zu fragen.

Sollen sie mich doch als medizinisches Wunder betrachten. Ich werde ihnen jedenfalls nicht bei der Lösung dieser Frage behilflich sein.

Meine Schadenfreude findet ein jähes Ende bei dem Anblick, der sich mir im Nebenraum bietet. Ein Ding beherrscht den Raum, eine Mischung aus Krankenliege und Stuhl. Gurte zum Festschnallen springen mir bedrohlich ins Auge.

Sie darf es nie erfahren! Meine arme Mutter. Sie hatte immer solche Angst, dass eine ihrer Töchter vergewaltigt wird. Was dabei genau passiert, wussten wir nicht, aber nachts in der kleinen Abseite haben meine Schwester und ich uns dunkle Vermutungen zugeraunt. Aber so haben wir uns das nie vorgestellt. Meine entblößte Position auf dem Monster lässt mich vor Scham die Augen schließen. Vor Angst ist jeder Muskel meines Körpers angespannt. Grobe Handgriffe reißen meinen Leib dort unten auf. Brennender Schmerz treibt mir den Schweiß auf die Stirn. Tränen suchen sich ihren Weg unter geschlossenen Lidern hindurch.

Meine Beine tragen mich nicht, als man mich endlich abgeschnallt hat und ich absteigen darf.

In meine Zelle zurückgekehrt, kauere ich mich mit angezogenen Knien auf mein Bett. Ich denke an meine Mutter und komme mir entsetzlich klein und verlassen vor.

Die Anrede ist neu, mit der ich in dieser Nacht zum Verhör abgeholt werde. »Zelischka, es geht los, aufstehen.« Das klingt nicht unfreundlich, eher wie ein zärtlicher Kosename. Später wird mich dieser Name allerdings auch anzüglich, verbunden mit diesem typisch dröhnenden Männerlachen, verfolgen. Zelischka ist die russische Bezeichnung für Jungfrau, aber das erfahre ich auch erst viel später.

10

Es kündigen sich ungewöhnliche Ereignisse an.

Ich darf baden, ein richtiges Bad nehmen, auch Seife zum Haarewaschen liegt bereit. Träge liege ich im heißen Wasser, und zum ersten Mal seit Wochen spüre ich meinen Körper auf eine angenehme Weise. Mitten in dieses Wohlgefühl hinein bohrt sich die hartnäckige Frage: Warum? Diese Vergünstigung muss etwas bedeuten, aber was?

Wilde Hoffnungen flattern aus dunklen Tiefen empor. Ich wusste es ja immer, irgendwann kommen sie zur Besinnung. Irgendwann entpuppt sich das Ganze als Irrtum. Ich werde entlassen.

In der Nacht wache ich zur üblichen Verhörzeit auf. Der Mensch stellt sich auf jeden Rhythmus ein, auch auf den verrücktesten. Aber alles bleibt ruhig. Keine Schritte, kein Knarren der Zellentür. Gierig schnappt meine Hoffnung auch nach diesem Bissen.

Als ich dann noch, gegen jede Gewohnheit, bei Tag in die Oberwelt gebracht werde, wittere ich im wahrsten Sinne des Wortes Morgenluft.

Kleine Sonnenflecken tanzen auf Tischen und Wänden. Tausend nächtliche Verhöre habe ich hier über mich ergehen lassen, trotzdem erkenne ich den Raum kaum wieder. Die Schreibtische sind zu einem Hufeisen zusammengeschoben und mit rotem Fahnentuch bedeckt.

Langsam gewöhnen sich meine Augen an die Helligkeit, und aus den dunklen Konturen werden Gesichter.

Die drei Männer in der Mitte habe ich noch nie gesehen.

Schwer behangene Uniformen und überdimensionale kreis-
runde Mützen demonstrieren ihren hohen Rang.

Rechts sitzt einer in einfacher Uniform hinter einer Schreib-
maschine. Sogar den Eiszapfen hat man durch eine andere
Dolmetscherin ersetzt, die den linken Platz einnimmt. Im
Mittelpunkt der ganzen Szene steht ein Stuhl. Bei seinem
Anblick wird mir trotz aller Hoffnungen nun doch mulmig.
Er steht dort so einsam, so ungeschützt. Die gesamte Auf-
merksamkeit der Anwesenden scheint auf diesen Platz ge-
richtet.

Aber mir bleibt nichts anderes übrig. Voller Unbehagen habe
ich mich gerade gesetzt, da treten zwei Posten hinter mich.
Unwillkürlich schaue ich mich um. Die beiden starren stoisch nach vorn, aber die Maschinenpistolen, die sie neben
sich aufgepflanzt haben, sind Bedrohung genug.

Die Verhandlung beginnt. Ich bin zwar die Hauptperson,
aber von dem, was hier vorgeht, bekomme ich wenig mit. Es
wird nur Russisch gesprochen, und so bin ich meinen Beobachtungen überlassen. Angesichts der ernsten, fast schon
feindseligen Mienen am Richtertisch hat es mein Optimismus schwer. Immer wieder blättert man raschelnd in meiner
Akte. Die ist mittlerweile zu beachtlichem Umfang angewachsen. Was da wohl drin stehen mag, frage ich mich nun
doch besorgt. Einige meiner Geständnisse tauchen jetzt
brennend wieder an der Oberfläche auf. »Na, dann bin ich
eben Werwolf«, ist ein solcher Satz. Während vor mir mein
Schicksal verhandelt wird, überfällt mich bittere Reue.
Schließlich klammere ich mich an der Tatsache fest, dass ich
ja nichts unterschrieben habe.

Dann kommt Bewegung in das Geschehen. Ich habe die beiden Posten hinter mir keine Sekunde lang vergessen. Auf
einen Wink hin packen sie mich an den Schultern. »Aufstehen!« Es ist das erste Wort der Dolmetscherin.

Der Schreiber zieht das Papier aus der Schreibmaschine. In
feierlichem Ton verliest er, was dort geschrieben steht. Ich

begreife noch immer nichts, aber diese wenigen Zeilen werden mir anschließend übersetzt.

»Das Tribunal hat Sie verurteilt zu zehn Jahren Zwangsarbeit in Sibirien.«

Ob der Bedeutung ihrer Worte macht die Dolmetscherin eine Pause. »Gründe für das Urteil sind Beleidigung der Roten Armee und Werwolftätigkeit.« Wieder kurze Stille, bevor sie fragt: »Haben Sie das verstanden?«

So ein Affentheater, ist mein erster Gedanke.

Auch der zweite Gedanke stellt sich leider als Irrtum heraus.

»Zehn Monate, dann muss ich ja bald entlassen werden. Ich sitze doch bestimmt schon über ein halbes Jahr hier.«

Die Frau zeigt keine Gefühlsregung, als sie mich korrigiert.

»Zehn Jahre, Sie sind zu zehn Jahren verurteilt.«

Diese Auskunft beweist mir, wie absurd die ganze Veranstaltung ist. Lächerlich, völlig lächerlich der Zirkus hier.

Wie immer soll ich dann unterschreiben. Da sind sie eigen. Und wie sonst auch besteht das Geschriebene ausschließlich aus russischen Hieroglyphen.

»Das mache ich nicht. Ich weiß nicht, was da steht, und ich unterschreibe das nicht.« Jetzt werden sie richtig wütend. Einer der Richter schreit mir mit donnernder Stimme etwas entgegen, auch aus den aufgerissenen Mündern der anderen ergießen sich russische Beschimpfungen über mich. Die Posten hinter mir treten unruhig von einem Bein aufs andere. Ich kämpfe nun doch mit meiner Angst. Der Krach nimmt bedrohliche Ausmaße an.

Irgendwann tritt Stille ein. Alle Blicke sind erwartungsvoll auf mich gerichtet. Ich schüttle nur den Kopf, die Lippen fest zusammengepresst. Es wird kurz beraten. Dann kritzelt die Dolmetscherin einen kleinen Zettel, den mir der Posten vor die Nase hält. Zehn Jahre Sibirien, steht dort auf Deutsch.

Ich halte einen Stift in der Hand, ein Schubs mit dem Gewehrkolben in den Rücken unterstreicht die Aufforderung:

»Unterschreiben!«

Ich setze meine Unterschrift unter den Zettel.

Die Tinte kann noch nicht trocken sein, da trifft mich schon wieder der Gewehrkolben. »Ruki nasad!« – Hände auf den Rücken. Zum ersten Mal höre ich dieses Kommando. Unter Stößen und Puffen bugsiert man mich zur Kellertreppe.

Dort werde ich in Empfang genommen, aber heute ist man alles andere als sanft und freundlich. Der Griff ist grob und das Schweigen eisig.

Stille. Es bricht eine beinahe unerträgliche Stille über mich herein. Die Außenwelt hat mich offenbar gelöscht aus ihrem Ablauf. Es finden keine Verhöre mehr statt, niemand will irgendetwas von mir.

Zweimal am Tag stellt einer der Posten die übliche Wassersuppe in meine Zelle. Wortlos. Zelischka und Artistka scheinen gestorben zu sein, und auch ich beginne mich zu fühlen, als sei ich bereits tot.

Unheimlicher noch als das Schweigen außen ist die Tatsache, dass in meinem Inneren die gleiche Grabesruhe herrscht.

Keine Angst, keine Hoffnung, keine Wut, da ist nichts.

Mein Verstand umkreist dieses Urteil viele Male, kann aber den Sinn nicht entschlüsseln. Zehn Jahre Zwangsarbeit in Sibirien, dass ist einfach nicht real. Genauso gut hätte man mich dazu verurteilen können, auf dem Mond Zwiebeln zu ernten.

Um zu fühlen, dass ich überhaupt noch am Leben bin, nehme ich endlose Wanderungen durch meinen kleinen Verschlag auf. Fünf Schritte hin, fünf Schritte zurück. Gedichte fallen mir ein. Ich sage eines nach dem anderen auf, froh, wenigstens meine eigene Stimme zu hören.

11

Die Zellentür öffnet sich, und man drückt mir ein Bündel in die Hand. Das Trikot und meine Jacke. Noch vor wenigen Tagen hätte ich diese Dinge als Zeichen für meine Entlassung gedeutet, hätte Hoffnungen daran geknüpft. Auch jetzt halte ich die Kleidungsstücke für ein Vorzeichen, aber ich habe Zweifel, ob es ein gutes ist.

Ich ziehe mich um, und dann sitze ich auf der Pritsche und warte.

Es ist mein Lieblingswärter, der schließlich eintritt. Aber selbst in seinem Gesicht lese ich nichts als Verachtung und Missbilligung. Ich muss die Hände auf den Rücken legen, und heute werden sie sogar dort zusammengebunden. Bevor wir die Oberwelt erreichen, belehrt er mich noch darüber, dass es den Gefangenen bei Strafe verboten ist, miteinander zu sprechen.

Auf dem Hof schlägt mir die eiskalte Morgenluft entgegen. Gefesselt stehe ich hilflos vor dem Transporter, aber gleich greifen mehrere Hände nach mir, und wie ein Stück Vieh werde ich auf die Ladefläche geworfen. Der Versuch, mich aufzurichten, wird mit barschen Kommandos beantwortet. Mit Schlägen und Tritten bringt man mich in die gewünschte Position. Ich muss knien und mit der Stirn den Boden berühren. Es dauert, bis ich es wage, einen Blick auf meine Umgebung zu riskieren. In der Dämmerung mache ich drei andere Gefangene aus, alle in derselben entwürdigenden Haltung. Ich hebe den Kopf, um besser zu sehen, aber sofort hagelt es erneut Schläge und Beschimpfungen.

Der Wagen setzt sich in Bewegung, und es bedarf meiner ganzen Aufmerksamkeit, nicht umzufallen. Über die Dauer dieser Fahrt kann ich nichts sagen, sie kommt mir endlos vor. Der Zustand der Straßen, über die wir dahinrollen, muss katastrophal sein, denn der Transporter springt und bockt wie ein wütender Stier unter mir. Aber all diese Schrecklichkeiten verlieren sich in der eisigen Kälte. Bald beginne ich am ganzen Körper zu zittern, so bitterkalt ist mir. Ich habe das Gefühl, zu einem einzigen Eisblock erstarrt zu sein. Beim nächsten Schlagloch werde ich in tausend Stücke zerspringen.

Zum ersten Mal halte ich es für möglich, dass ich bei diesem Albtraum umkomme. Das ist kein Spaß mehr. Die meinen es wirklich ernst, und wenn ich hier auf ihrem Laster verrecke, schert das niemanden.

Der Wagen hält, das Motorengeräusch verstummt.

Stimmen dringen an mein Ohr, blendendes Sonnenlicht fällt in den Wagen. Wieder zerren Hände an mir, laden mich wie einen Kartoffelsack auf einem Hof ab. Meine Beine geben unter mir nach, und hätten mich nicht zwei kräftige Arme unter den Achseln gepackt, wäre ich dort, wo man mich ausgeladen hat, liegen geblieben. Nun schleifen sie mich zu einer Tür. Ich versuche mich nach meinen Leidensgenossen umzusehen, aber ich entdecke nur Soldaten in Unterhemden. Überall braun gebrannte muskulöse Schultern, es muss ein Sommer gewesen sein, von dem ich nichts bemerkt habe.

12

Wieder ein Keller, wieder eine Pritsche, eine andere Tür, die sich hinter mir schließt, das gleiche Schweigen, das mich umgibt. Erst als ich aus wirren Träumen erwache, registriere ich die Veränderungen. Das Zentrum meiner neuen Umgebung baumelt an der Decke. Es ist eine Glühbirne, deren grelles Licht diesen traurigen Ort Tag und Nacht anstrahlt. Gemessen an diesem Loch hier war meine Zelle in Ludwigslust eine Luxusherberge. Hier ist es unmöglich, fünf Schritte zu gehen, nicht einen, man kann sich überhaupt nicht bewegen. Eine Schlafstelle aus drei Brettern und ein kaum fußbreiter Streifen daneben, das ist alles.

Was nun, Erika?

Ich hocke in der hintersten Ecke und starre gegen die Tür. Die Stille um mich herum ist angefüllt mit feinem Rauschen. Allmählich unterscheide ich einzelne Laute. Irgendwo stöhnt jemand, ein monotones tiefes Brummen, so als habe man einen Bär in Ketten gelegt. Schritte nähern und entfernen sich, Türen knarren und fallen zu, Schüssel klirren, ich glaube, eine Männerstimme zu hören. Es sind menschliche Geräusche, aber die Menschen, die sie verursachen, bleiben unsichtbar in unerreichbarer Ferne.

Ich habe ihm nichts entgegenzusetzen, dem Schmerz, der mich plötzlich anfällt. Tränen spülen alle Dämme aus Hoffnung, Optimismus und Humor fort.

Am Anfang finde ich noch Worte für mein Elend. Ich kann nicht mehr, ich kann nicht mehr. Mutter, hol mich hier heraus, bitte. Später verlieren auch sie sich in Sinnlosigkeit.

Noch später weicht alles der Erschöpfung. Meine Vergangenheit, meine Zukunft, Mutter, Geschwister, diese Dinge hören einfach auf zu existieren.

Eine Tasse Tee und eine Scheibe Brot werden mir hereingereicht. Ich esse, ich trinke, ich starre die Tür an. Irgendwann öffnet sie sich, und es gibt Kascha, eine Graupensuppe aus Wasser, dann wieder Tee, diesmal ohne Brot. Tee mit Brot, Kascha, Tee ohne Brot, zweimal am Tag zur Toilette, auf diesen Rhythmus reduziert sich meine Existenz. Ich bin so leer.

Manchmal treffe ich auf dem Gang zur Toilette andere Gefangene, kahl rasierte Männer in verdreckten Wehrmachtsuniformen. Einige sprechen mich an. »Was machst du denn hier?«, werde ich gefragt. »Du bist doch noch ein Kind.« Aber ehe mein ausgedorrtes Hirn eine Antwort findet, haben die Wachen uns längst in verschiedene Richtungen gezerrt.

Sie tun mir nichts. Die Wachen behandeln mich gleichbleibend sachlich. Aus den Fernen des Kellers höre ich Nacht für Nacht Schläge und Schreie, aber in meinem Vakuum verlieren solche Geräusche ihre Bedeutung.

Eines Morgens fühle ich dann doch etwas. Ein unerträglicher Juckreiz reißt mich aus dem Schlaf. Das grelle Licht der Glühbirne beleuchtet meine Arme. Überall rote Pusteln und Beulen, einige davon aufgekratzt und blutig.

Es kribbelt am ganzen Körper. Mein Blick folgt den Händen. Die Knöchel bilden eine einzige juckende Schwellung. Auch die Schenkel, der Bauch sind übersät mit roten Punkten.

»Ich bin krank!« Ich klopfe wie wild an die Brettertür. »Ich habe Masern, ich bin krank.«

Ich halte dem herbeigeeilten Posten meine Arme entgegen. Aber er scheint mein Entsetzen nicht zu teilen. »Klopi, sind Klopi«, tut er die Sache mit einem Schulterzucken ab.

»Ich will einen Arzt. Du musst mich zu einem Doktor bringen.« O Gott, ich habe irgendeine Krankheit, und hier versteht mich niemand. Klopi, was soll denn Klopi sein?

Weil ich keine Ruhe gebe, werde ich schließlich von zwei Soldaten in einen Sanitätsraum gebracht. Die beiden Burschen grinsen von einem Ohr zum anderen. Meine Sorge dient ihnen als Quelle unendlichen Vergnügens. Immer wieder dröhnt ihr Gelächter durch die Gänge. Man übergibt mich anderen Uniformierten. Aus dem Kauderwelsch höre ich lediglich das Wort Klopi heraus. Auf einen Wink hin ziehe ich mich, diesmal bereitwillig, aus. Mit spitzen Fingern stopft man meine Kleidungsstücke in einen Sack. Dann stehe ich hustend mitten in einer Puderwolke. Als sich der feine Staub gelegt hat, drückt mir einer der Männer frische Wäsche in die Hand. In den riesigen Schlüpfer passe ich dreimal hinein, aber er ist sauber, und das allein stellt einen unermesslichen Luxus dar.

Später in meiner Zelle löst sich das Rätsel auf. Während meiner Abwesenheit hat man die Suppe auf den Boden gestellt, und nun sehe ich, was Klopi heißt. Um die Schüssel herum huschen scharenweise Wanzen hin und her. Einige haben den Rand bereits erklommen und in den wässrigen Graupen den Tod gefunden. Ich beobachte den Zug der kleinen Tiere eine Weile. Sie kommen aus den Ritzen der Holzwände und krabbeln zielstrebig auf ihr Ende zu.

Vielleicht habe ich es bisher nicht bemerkt, aber ich bin die Ursache großer Belustigung für meine Bewacher. Erst jetzt fällt mir ihr ständiges Gejohle und Gelächter auf. Kaum bitte ich darum, zum Klo gebracht zu werden, schlagen sie sich auf die Schenkel vor Spaß.

Auch heute klopfe ich an die Tür und sage mein Sprüchlein wie jeden Tag auf: »Jub twoju mat.« – »Ich möchte aufs Klo.«

Ein unbekanntes Gesicht erscheint, und der Mann mit den Sternen auf den Schultern grinst überhaupt nicht. Im Gegenteil, seine Lippen sind schmal vor Zorn, seine Augen funkeln mich wild an. »Was haben Sie da eben gesagt?«, fragt er mich in perfektem Deutsch. Ich wiederhole die Worte, die mir mittlerweile schon ganz geläufig sind.

»Wer hat Ihnen das beigebracht?«, herrscht der Offizier mich nun an. Ich zucke nur die Schultern. Ich kenne keine Namen.

Den Posten, die wenig später an mir vorbeimarschieren, ist das Grinsen vergangen. Keiner schaut mich an, alle starren betreten zu Boden. »Der«, ich zeige auf einen in der Reihe. Die Stimme des Offiziers klingt beinahe sanft, als er mir auf dem Rückweg in die Zelle erklärt: »›Ja chotschu na ubornuju‹ heißt ›Ich möchte zur Toilette.‹ Das andere sprechen Sie bitte nie wieder aus.« Auf meine Frage nach der Bedeutung schüttelt er nur den Kopf. »›Ja chotschu na ubornuju‹, sagen Sie nur das.« Der Mann sieht traurig aus, als er die Tür hinter sich schließt.

Der Posten, der mir die verhängnisvollen Worte beigebracht hat, sieht nicht traurig, sondern zerschlagen aus. Seine Lippe ist geschwollen, sein linkes Auge ebenso. Ohne sichtbare Gemütsregung bringt er mich am nächsten Tag zum Klo.

13

Außerhalb meiner vier Wände entsteht wieder einmal Unruhe. Türen schlagen, Soldatenstiefel poltern, schlurfende Schritte folgen ihnen, das Geraune schwillt an.

Ich denke mir nicht viel dabei. Seit ich hier bin, gab es schon einige Male solche Geräusche da draußen. Anschließend trat jedes Mal völlige Stille ein. Mit mir hat das nichts zu tun. So glaube ich jedenfalls, bis die Stiefel dann vor meiner Tür Halt machen.

»Sachen packen und mitkommen!«

Ich habe nichts zum Packen. Außer dem, was ich am Leib trage, besitze ich nichts. Obwohl mir das Ritual inzwischen bekannt ist, klopft mir das Herz doch bis zum Hals. Von zwei Soldaten eskortiert, geht es durch Kellergänge nach oben. Das Ziel ist wie immer der Hof. Der übliche Lastwagen steht bereit. Auch diesmal müssen mich die Männer auf die Ladefläche heben, ich bin einfach zu klein, um es selbst zu schaffen.

Sibirien. Wie ein Gespenst kreist das Wort über unseren Köpfen. Einer hat es ausgesprochen, der gemeinsamen Angst einen Namen verliehen.

Aber noch ist es nicht so weit. Diese Fahrt endet für alle in Brandenburg. Zum ersten Mal betrete ich ein richtiges Gefängnis. Hier geht es geordnet zu. Man hat Erfahrung im Umgang mit Gefangenen. Ich lande in einer Einzelzelle, etwas anderes kenne ich schon gar nicht mehr. Ich staune über die Perfektion, die ich vorfinde. Die Pritsche ist hochklappbar, die Tür kein Brettergebilde, sondern eine Stahltür mit einem Spion in Augenhöhe. Sogar eine Kloschüssel entdecke ich, und sie ist sauber.

Auf den Gängen herrscht ein ständiges Kommen und Gehen. Unzählige Füße marschieren vorbei, ständig werden Türen geöffnet und geschlossen. Es geht zu wie auf einem Verschiebebahnhof.

Am Morgen des dritten Tages endet die Brandenburger Episode. Von allen Seiten treibt man jetzt Häftlinge auf den Gefängnishof. Ich werde nach rechts geschubst, dorthin, wo sich bereits eine Schar von Frauen gesammelt hat. Die sehen ja aus wie Vogelscheuchen, geht es mir durch den Kopf, aber ein kurzer Blick an mir herunter lässt gar nicht erst Hochmut aufkommen. Ich passe gut dazu in meinem merkwürdigen Trikot. Im Gegensatz zu mir halten die meisten einen Koffer oder Beutel fest umklammert.

»Wie heißt du?« – »Woher kommst du?« Fragen und Antworten schwirren hin und her. Nach meiner monatelangen Sprachlosigkeit wird mir ganz schwindlig davon. Aber dann bricht ein unaufhörlicher Redestrom aus mir heraus. »Ich komme aus Mühlhausen, ich weiß gar nicht, weshalb ich hier bin. Zehn Jahre Zwangsarbeit in Sibirien, das ist mein Urteil.«

Ich rede und rede und spüre eine ungeheure Erleichterung. Es ist mir beinahe egal, ob mir überhaupt jemand zuhört. Allein die Dinge auszusprechen formt aus den diffusen Schatten in meinem Gehirn greifbare Wirklichkeit. Zwischen diesen anderen Frauen werde auch ich wieder zu einer Person. Sie haben offenbar gesehen, dass ich nichts besitze. Bald halte auch ich ein kleines Bündel mit Reichtümern in der Hand. Eine Jacke, ein Unterhemd, ein Stück Seife.

Inzwischen hat sich der Hof gefüllt. Dicht an dicht drängen sich die Wartenden. Uniformierte marschieren auf. Koffer werden geöffnet, Körper abgetastet. Danach sind die Bündel kleiner oder gänzlich verschwunden. Alles, was die Aufseher für überflüssig halten, wird beschlagnahmt. Auch mein

Stück Seife hat sich in Luft aufgelöst. Eine Uhr oder gar Schmuck besitzt nun niemand mehr.

Schließlich kommt Bewegung in die Menge. Wir werden auf Armeelaster verladen. Die Fahrt endet kurz darauf am Güterbahnhof. Wie eine hungrige Raupe wartet dort ein Zug. Wagen reiht sich an Wagen bis zum Horizont. Die Luken sind weit geöffnet. Kommandos ertönen von allen Seiten, Knüffe und Püffe werden ausgeteilt. Die Herde stolpert verängstigt auf die schwarzen Öffnungen zu.

Kaum haben wir uns in unseren Waggon gepfercht, schließt sich auch schon die Luke hinter uns. Geduckt hocke ich zwischen anderen Frauen. Ein Koffer drückt in meinem Rücken, ein Bein baumelt dicht neben meinem Gesicht.

Meine Augen brauchen eine Weile, bis ich mich im Halbdunkel orientieren kann. Auch die anderen tasten tolpatschig nach einem Platz für sich und ihr Bündel.

Plötzlich werden erneut Kommandos laut, diesmal jedoch in deutscher Sprache. »Die letzte Reihe dort, jede sucht sich jetzt eine Pritsche! Die anderen bleiben ruhig sitzen.« Es entsteht ein vorübergehendes Geschiebe, das aber tatsächlich auf die hintere Ecke beschränkt bleibt. Da ist jemand, der es gewohnt ist, Befehle zu erteilen, und mit Organisationstalent scheint sie auch ausgestattet zu sein. Nach erstaunlich kurzer Zeit hat wie durch ein Wunder jede Frau einen Platz. Ich finde mich auf einer der untersten Pritschen wieder. In drei Etagen übereinander liegen wir wie die Sardinen in der Büchse.

»Das Kommandieren liegt denen eben im Blut«, raunt meine Nachbarin mir zu. Ich verstehe nicht. Leise und beinahe ängstlich flüstert sie: »Na, das sind doch die KZ-Wärterinnen. Alle zum Tode verurteilt. Solche wie die haben uns den Schlamassel eingebrockt, und jetzt liegen sie alle wieder oben. Kennen sich eben aus mit Transporten.«

Bei diesen Worten erinnere ich mich an ein kleines Grüppchen auf dem Gefängnishof. Während alle anderen sich eng aneinander drängten, umgab diese fünf, sechs Personen so etwas wie eine unsichtbare Mauer.

So unheimlich mir diese Frauen nach dieser Mitteilung sind, die Organisation unserer Hälfte des Waggons haben sie fest im Griff. In geordneter Reihenfolge gehen wir Wasser schöpfen aus dem großen Fass in der Mitte des Wagens, und ebenso systematisch verrichten wir unsere Notdurft über einem Loch im Boden des Waggons. Sogar dafür, dass wir dabei vor den Blicken der Männer geschützt sind, ist gesorgt.

Der Posten ist mit dem Aufhängen des Tuches zunächst nicht einverstanden.

Er sitzt, das Gewehr auf dem Schoß, in der Mitte des Wagens, und beobachtet misstrauisch jede Regung hinter den vergitterten Hälften. Die Anbringung des Blickschutzes führt zu einem heftigen Wortwechsel zwischen ihm und einer der Wärterinnen. Die drahtige Frau scheint aus Granit zu bestehen. Breitbeinig steht sie hinter dem Gitter und schnauzt den Posten an, als sei er der Gefangene. Seine Stimme nimmt fast einen bittenden Ton an, und schließlich wird das Tuch etwas niedriger gehängt. Unsere Köpfe bleiben sichtbar, aber wir haben wenigstens einen winzigen Rest unserer Intimsphäre gewahrt. Nach bestandenem Kampf zieht sich die Frau in ihren Adlerhorst zurück.

Der Zug hat sich bisher nicht vom Fleck bewegt. Bis auf ein stetes Gewisper kehrt allmählich Ruhe ein. Begierig sauge ich die geflüsterten Schicksale der anderen in mich auf. Der Irrsinn der letzten Monate erhält dadurch zumindest einen Funken Normalität. Die meisten sind wegen Lappalien hier. Ein unbedachtes Wort, ein Witz, ein missgünstiger Mensch reichen aus, um in diesem Viehwaggon zu landen. Mit meinen zehn Jahren Zwangsarbeit stehe ich noch vergleichsweise gut da.

»Ich habe zwanzig Jahre.«

»Ich fünfundzwanzig.«

Die Zahlen, die durch die Dunkelheit geraunt werden, bleiben unwirklich.

Eine sagt: »So lange brauch ich mich nicht zu quälen. Ich bin zum Tode verurteilt.«

Wir stehen immer noch. Es ist jetzt vollkommen dunkel. Die Kälte der Nacht lässt mich näher an meine Nachbarin rücken. Irgendwann setzt sich der Zug in Bewegung, und das gleichmäßige Rattern wiegt mich in den Schlaf. Ich träume schlecht. Einmal glaube ich zu ersticken, ein anderes Mal weckt mich ein Ellbogen in meiner Magengrube.

Krachend wird die Tür aufgerissen. Der Lufthauch, der bis in meinen Winkel dringt, scheint mir das Köstlichste zu sein, was ich je geatmet habe. Ein Fass wird aufgeladen, und in die Morgenluft mischt sich ein beißender Geruch. Viel zu schnell wird die Luke wieder zugeschoben, und im Dämmerlicht halte ich kurz darauf einen Fisch und ein Stück Brot in der Hand. In mir tobt ein Kampf zwischen Hunger und Ekel. Meine Nachbarin hat bereits den halben Hering vertilgt, als sie mich anstupst: »Iss, Mädchen! Was anderes kriegst du nicht.« Der bohrende Hunger gewinnt schließlich die Oberhand.

Ich verliere jedes Zeitgefühl. Die Welt reduziert sich auf den Wechsel zwischen Halbdunkel und völliger Finsternis, zwischen dem Ächzen und Rattern, wenn unser Gefängnis fährt, und dem unruhigen Gemurmel, wenn es wieder einmal Ewigkeiten lang irgendwo stillsteht. Meine Gelenke sind so steif, dass ich inzwischen Mühe habe, mich über dem Loch hinzukauern, um meine Notdurft zu verrichten. Manchmal löst eine zufällige Berührung rasende Wut in mir aus. Ich brauche Platz und Luft. Aber beides gibt es hier nicht.

14

Wieder einmal verlangsamt der Zug sein Tempo und kommt schließlich kreischend zum Stehen. Der Posten hält sein Gewehr fest umklammert, ungewohnte Geräusche dringen von außen in unsere Lethargie. Wir haben irgendein Ziel erreicht. Luken werden donnernd aufgerissen. Das Donnern nähert sich schnell unserem Waggon. Bald kann man einzelne Stimmen aus der Vielzahl der gebrüllten Befehle unterscheiden. Die Aufseherinnen über mir haben bereits ihr Bündel in der Hand. Die Drahtige blickt in Richtung der Luke, als könne sie ihr Schicksal mit einem stechenden Blick in die Flucht schlagen.

Mein Gehirn arbeitet, als hätte es während der endlosen Fahrt Rost angesetzt. Viel zu schnell folgen die Kommandos aufeinander. Ehe ich begreife, wie ich dorthin gelangt bin, stehe ich in einer geordneten Kolonne. Nicht nur meine Beine protestieren gegen die plötzliche Anforderung. Immer wieder verschwindet ein Kopf aus der Reihe, weil einer der Häftlinge auf das Pflaster gesunken ist. Die Nebenstehenden greifen den Zusammengebrochenen unter die Arme und schleifen sie mit sich, als der Zug sich in Bewegung setzt. Wer nichts zu tragen hat, muss die Hände auf dem Rücken halten. Unsere Blicke bleiben gesenkt. Jeder, der den Kopf hebt, läuft Gefahr, von den Schlagstöcken und Gewehrkolben, die hungrig ein Ziel in der Menge suchen, getroffen zu werden.

»Wilkommen in Torgau« stand auf einem Schild am Bahnhof. Ich fühle mich nicht gemeint. Der Widerhall unserer

Schritte lässt mich enge Gassen und Häuser erahnen. Sanfte Steigungen rufen schmerzliche Illusionen in mir wach. Liegt nicht ein vertrauter Geruch nach Herbstlaub in der Luft? Bin ich nicht mit meiner Schwester an der Hand über dieses Kopfsteinpflaster zur Schule geeilt? Ich riskiere einen Seitenblick, und das Fachwerk der Häuser macht die Täuschung fast perfekt. Wo immer auch Torgau liegt, es könnte auch Mühlhausen sein.

Die Straße steigt steil an. Kurz darauf kommt die Kolonne ins Stocken. Um mich herum heben sich die Köpfe, auch ich will jetzt sehen, wo wir sind.

Feindselig trotzt sie dem Sanftmut der Hügel. Grau und wehrhaft ragen die Türme der Festung Torgau in den bleiernen Himmel. Eben kam mir unser Marschzug noch endlos vor, jetzt im Angesicht der Türme schrumpft er zu einer Schar zerlumpter Ameisen. In einiger Entfernung drängen sich die ersten Reihen durch ein Nadelöhr. Die geordneten Reihen zerfallen. Wimmelnde Menschlein streben der Zugbrücke entgegen, von hinten nur noch halbherzig von ihren Bewachern angetrieben.

Neben mir taucht ein Mann auf. Ich kenne ihn nicht. »Mädchen, hier, für dich. Du wirst das nötiger brauchen. Mir nehmen sie es ohnehin gleich weg.« Im Gedränge drückt er mir einen Koffer in die Hand.

Ich frage noch: »Was ist das? Sag mir deinen Namen.«

»Bin beim Hamstern erwischt worden. Ich heiße …«

Der Name geht im Gedränge unter. Auch mein Dank erreicht meinen Gönner nicht mehr. Die Menge hat ihn bereits verschluckt.

Im Gehen öffne ich den Koffer. Wahre Schätze kommen zum Vorschein, eine Wolldecke, Handtücher, Frauenunterwäsche. Sogar ein Paar Schuhe ist dabei.

In das Summen der Leiber um mich herum mischt sich jetzt ein neues Geräusch. In die Betrachtung meiner Kostbarkeiten versunken habe ich nicht bemerkt, wie nah ich der Festung gekommen bin. Gerade passiere ich den Wassergraben. Direkt vor mir komponieren Tausende Füße einen schleppenden Rhythmus. Klock, klock. Sie zwingen die hölzerne Zugbrücke, eine seltsam melancholische Melodie zu singen. Einen Moment lang reihe ich mich ein in die Musiker, dann stehe ich in dem einschüchternden Festungshof. »He, hallo, ihr da.« Ich muss den Kopf in den Nacken legen, um all die vergitterten Augen der Türme zu erfassen. Wie Affen hängen die Menschen um die Maueröffnungen, um uns mit Johlen und Schreien zu begrüßen. Wenige Posten sorgen nun wieder für Ordnung. Sie scheinen das Geschrei gar nicht zu hören. Mit gelangweilten Gesten verteilen sie Männlein und Weiblein auf die verschiedenen Seiten des Hofes. Plötzlich entsteht Bewegung, als würde Wind über ein Kornfeld fahren. Wie von Geisterhand werden wir in die Hocke getrieben, und Minuten später kauern wir dicht an dicht auf unseren Fersen.

Die Posten ragen nun als Riesen aus dem Meer der Köpfe heraus. Quälend langsam vollzieht sich die anschließende Prozedur. Jeder der Hockenden wird gründlich gefilzt, bevor er in der Festung verschwindet. Auf der Seite der Männer lodert hier und da Widerstand auf. Mit Schlägen und Tritten werden die einzelnen Flämmchen erstickt, ehe ein Feuer daraus werden kann.

Unsere armseligen Besitztümer werden einer weiteren Begutachtung unterzogen, und selbst jetzt findet sich noch Überflüssiges. Ich halte den Atem an angesichts der Begehrlichkeit, mit welcher der Uniformierte die Wolldecke mustert. Einen Teil der Handtücher und Unterwäsche hat er bereits seinem Beutel einverleibt. Die Decke schwebt auch schon über dem gierigen Schlund, aber dann lässt er sie doch in den Koffer zurückgleiten.

Auf unsicheren Beinen trete ich ein in die Dunkelheit der Festung. Drinnen überfällt mich ein unbeschreibliches Getöse. Das Klappern von Blechgeschirr, ein Gewirr von Rufen hallt tausendfach verstärkt von den Mauern wider. »Weitergehen!« Unwillkürlich bin ich stehen geblieben. Der Gewehrkolben im Rücken treibt mich unmissverständlich vorwärts. Treppen und noch mehr Treppen. Dieser Bau scheint bis in den Himmel zu reichen. Es geht vorbei an offenen Zellen, hinter deren Gittern Menschen hin und her wimmeln.

Endlich haben wir unser Ziel erreicht. Schlüsselgeklingel, ein unsanfter Schubs, und dann stehe ich mit meinem Köfferchen in der Hand in einem der zahllosen Käfige. Abschätzende Blicke kribbeln mir auf der Haut.

»Lieber Gott, mach ein Loch im Boden, in dem ich verschwinden kann.« Aber der Boden öffnet sich nicht.

»Ich bin Erika. Zehn Jahre Sibirien.« Der Bann ist gebrochen. Viel zu eng ist der Kreis der Frauen um mich geschlossen. Ihre Fragen prasseln auf mich ein. »Was gibt es Neues draußen?« – »Weißt du etwas über …?« – »Was hast du denn da in deinem Koffer?« Als deutlich wird, dass ich außer den allgegenwärtigen Latrinenparolen nichts berichten kann, wendet sich die Aufmerksamkeit schnell dem abgewetzten Koffer zu.

»Schluss jetzt!« Eine grauhaarige Frau löst sich aus der Menge. »Ich heiße Susanne Hübner und bin die Stubenälteste. Du kannst diese Pritsche nehmen.«

Aufatmend ziehe ich mich in mein neues Reich zurück. Aus dem Halbdunkel meines Winkels heraus mustere ich vorsichtig meine Umgebung. Nach den Monaten der Einzelhaft ist es mir zu laut, zu voll, und das ständige Hin und Her geht mir auf die Nerven. Meine Zellengenossinnen haben ihre Aufmerksamkeit zum Glück wieder den Ereignissen auf dem Hof zugewandt. Sie drängen sich in wabernden Trauben vor den vergitterten Fenstern, die in das dicke Mauerwerk eingelassen sind. Nur die Toilette – die einzige – in der Ecke des Raums erfreut sich ähnlicher Beliebtheit. An den Kacheln hinter dem Toilettenbecken entdecke ich etwas Sonderbares. Unzählige kleine Lappen setzen sich zu einem seltsamen Muster zusammen. Das Rätsel löst sich, als eine der Frauen die Toilette benutzt. Sie nimmt eines der Läppchen von der Wand, gebraucht es wie Papier, spült es anschließend aus, und klatscht es dann wieder an seinen Platz. Wenigstens weiß ich nun schon, wie das funktioniert.

Immer wieder werden weitere Neulinge gebracht, aber ich bin bald zu müde, um neugierig zu sein.

15

Eine sonderbare Art von Alltag hält Einzug. Hunger wird zum Urzustand. Früher, in einer anderen Welt, gab es Morgen, Mittag und Abend. Hier unterscheidet man stattdessen verschiedene Phasen von Hunger. Manchmal tobt er in den Gedärmen, sodass alles andere bedeutungslos wird. Nach der Wassersuppe am Mittag grummelt er wie ein schlafendes Tier nur leise vor sich hin. Gegen Abend erwacht er knurrend zu neuem Leben, und in der Nacht vertreibt er den Schlaf oder schleicht sich in die Träume ein. Wir träumen vom Essen, wir reden davon. Der Austausch von Rezepten ist die Lieblingsbeschäftigung meiner Leidensgenossinnen. Ich kann dazu nicht viel beitragen, und bei den meisten anderen Themen geht es mir ähnlich. Ich bin zum Zuhören verurteilt, und das fällt mir schwer. War ich doch immer eine, die gern große Reden geschwungen hat, die im Handumdrehen zum Mittelpunkt und zur Vorreiterin in jeder Gruppe wurde. Hier bin ich das Küken, ahnungslos in jeder Hinsicht.

In den ersten Tagen sondere ich mich ab. Diese zerlumpten Wesen, alle bis aufs Skelett abgemagert, müssen ja durchweg Kriminelle sein. Wie sonst sollten sie hier landen? Die Frage, wie ich da hineingeraten konnte, verwirrt mich stets aufs Neue. Erst die Berichte über Verhaftungen und Urteile locken mich langsam aus meiner Isolation.

»Ich habe nur einen Witz weitererzählt. Das war alles.« Die Augen von Anneliese blicken stumpf, während sie erzählt. »Ich hatte nur noch ein paar Tage zu arbeiten. Ich war ja im achten Monat. Da kommt Hilde und fragt mich: Hast du schon mal Stalinspeck gegessen? Ich sage natürlich nein. Hilde konnte sich kaum halten vor Lachen. Kannst du auch gar nicht. Das Schwein lebt ja noch. Der Witz ist derart blöd, aber damals fand ich ihn lustig.« Anneliese schüttelt noch jetzt den Kopf.

»Jedenfalls bin ich rüber in die Montage und habe denen den Witz erzählt. Nächsten Tag haben sie mich abgeholt. Vor dem Fabriktor haben sie auf mich gewartet. Fünfundzwanzig Jahre Zwangsarbeit in Sibirien.« Einen Augenblick ist es ganz still. »Mein Kind haben sie mir weggenommen.« Die Worte fallen leise wie Schneeflocken. Anneliese weint nicht. Die KZ-Aufseherinnen sehe ich noch ein einziges Mal wieder. »Guckt mal, Kinder, was da draußen passiert!« Der Ruf lässt uns alle um die Fenster drängeln. Gerade schafft man eine kleine Schar Häftlinge auf den Hof. Die Männer sehen zum Gotterbarmen mager und niedergeschlagen aus. Sie werden in einer Ecke zusammengedrängt, wo sie sich, von barschen Befehlen und Schlägen angetrieben, nackt ausziehen müssen. Plötzlich taucht eine Gruppe von Frauen auf. Kein Muskel zuckt in ihren Gesichtern. Sie gönnen ihren Bewachern keinen Blick. Die Augen auf ein fernes Ziel gerichtet, schreiten sie kerzengerade auf eine andere Ecke des Hofes zu. Zwei von ihnen erkenne ich wieder. Es sind die KZ-Aufseherinnen, die mit mir im Waggon waren. »Die bringen sie nach Sibirien. Weiß der Himmel, warum die sich solche Mühe mit denen machen. Wenn's nach mir ginge, hätten sie sie gleich an Ort und Stelle erschossen.« Ich glaube, der Kommentar kam von Gerda. Ich starre weiter wie gebannt auf den Hof, während hinter meinem Rücken eine heftige Diskussion ausbricht.

»Was bist du denn für eine? Man weiß ja gar nicht, ob die überhaupt rechtmäßig verurteilt worden sind. Die können genauso gut unschuldig sein. Das sollten wir hier doch am besten wissen.«

»Nun tut doch nicht so, als hättet ihr keine Ahnung, was die in den KZs getrieben haben«, meldet sich eine dritte Stimme. »Von denen ist keine unschuldig.«

»Die haben doch auch nur ihren Dienst getan. Was hätten sie denn machen sollen? Das kam doch alles von oben. Hitler hat uns das eingebrockt.«

Ein Wort gibt das andere, aber ich höre bald nicht mehr zu. Meine Gedanken wandern in die Vergangenheit. Ich muss an Großvater denken, an die Tasche voller Lebensmittel, an die Angst, die wie ein Schatten über den Treffen mit Frau Adler lag. In meinen Ohren hallen seine Worte nach: »Ich würde verschwinden wie die Juden. Die kehren auch niemals wieder zurück.«

Konzentrationslager. Niemand spricht dieses Wort aus. Auf zwei Buchstaben gekürzt, scheint man den Schrecken besser handhaben zu können. Die Fäden laufen bei den Frauen da unten zusammen. Was haben sie getan? Was hätten sie meinem Großvater angetan, wäre er ihnen in die Fänge geraten? Auf einem Transport hat einer der Männer von Vernichtungslagern gesprochen. Ich kann mir bis jetzt nichts darunter vorstellen.

Unten entsteht Bewegung. Lastwagen sind vorgefahren. Die Männer streifen hastig ihre Hosen über. Die Wachen brüllen nervös irgendwelche Befehle. Lediglich die sechs Frauen stehen wie Salzsäulen, offenbar unberührt von dem Getriebe um sie herum. Erst als sie wegen ihrer gefesselten Hände unbeholfen wie Käfer auf die Ladefläche krabbeln, verlieren sie etwas von ihrer Unnahbarkeit. Dann setzen sich die Wagen in Bewegung und entschwinden kurz darauf meinen Blicken.

Mit ihnen vergeht das Gefühl von Schuld und Verstrickung, die Leere, die Unausgesprochenes hinterlässt.

Die Luft in unserer Zelle lässt sich wieder leichter atmen.

Aber in die Erleichterung mischt sich zumindest bei mir der Eindruck von Schutzlosigkeit. Immerhin hatten diese

Frauen meinen Peinigern Widerstand entgegengesetzt, hatten auf bestimmte Weise auch Stolz, Mut und Stärke symbolisiert.

Klappern kündigt den Wagen mit der mittäglichen Suppe an. Auf dieses Zeichen hin ergreifen einige von uns die großen Blechschüsseln und reihen sich dann hinter den Gitterstäben auf.

Mittlerweile erkenne ich schon am Geräusch, ob der Koch einen großzügigen Tag hat. Dann hört man ein kurzes, dumpfes Platsch in den Näpfen. Dünnes Plätschern bedeutet wenig Graupen und eine Nacht voll grimmigen Hungers. Heute klingt die Suppe ziemlich dumpf, und kurz darauf sitze ich mit den fünf Frauen meiner Schüsselgemeinschaft im Kreis. Trotz meines Hungers kriege ich kaum etwas herunter. Es wird immer schlimmer. Der Reihe nach setzen die Frauen den Trog an den Mund. Jeden Tag gellt mir das Schlürfen und Schmatzen lauter in den Ohren. Bin ich dann an der Reihe, ist meine Kehle zugeschnürt, und mein Magen rebelliert.

Wenn es so weitergeht, verhungere ich hier. Aber alle Vernunft ist gegen den Ekel machtlos. Die Rettung aus diesem Dilemma fällt mir in Gestalt eines Spucknapfes in die Hände.

Die Wachen spucken, wo sie stehen und gehen, aber diese Angewohnheit bewahrt mich vor dem Hungertod. Auf dem Weg in die Waschräume schnappe ich mir einen der herumstehenden Näpfe. Ich schaue nicht hin, als ich den Inhalt in die Kloschüssel entleere. Mein gesamtes Waschwasser benutze ich, um ihn wie besessen zu putzen. Trotzdem kann ich seine ursprüngliche Bestimmung nicht vergessen. In die Zelle zurückgekehrt, kratze ich den Putz von der Wand und scheuere damit weiter in dem Napf herum.

Aber am nächsten Tag halte ich meine Trophäe dem Posten mit der Suppe entgegen. Sein Gesicht verzieht sich bei dem Anblick des Spucknapfes zu einem breiten Grinsen. Dass ich

aus einem solchen Gefäß essen will, scheint ihm ein beson-
deres Vergnügen zu bereiten. Er langt ein zweites Mal in seinen Kübel, und mein kleiner Napf ist nun randvoll. In einer
Ecke esse ich in Ruhe alles auf, und zum ersten Mal, seit ich
in Torgau bin, habe ich das Gefühl, satt zu sein.

Der Essensverteiler gönnt seinen Kameraden offenbar auch
einen Spaß, denn in den ersten Tagen meines Spucknapfes
erscheinen gegen Mittag regelmäßig ihre Köpfe vor dem
Gitter unserer Zelle. Sie zeigen mit Fingern auf mich, und
noch eine Weile, nachdem sie verschwunden sind, hört man
ihr dröhnendes Gelächter.

Mein Hunger ist größer als meine Scham. Sollen sie doch lachen. Ich will nicht verhungern, und ich werde über sie lachen, wenn ich hier raus bin. Mein Triumph wird darin bestehen, dies hier überlebt zu haben.

16

Der Alltag erinnert uns daran, dass wir am Leben sind. Das monatliche Baderitual ist an der Reihe. Zu zehnt werden wir ins Badehaus geführt. In einem kahlen Vorraum müssen wir uns ausziehen. Wer ein Handtuch besitzt, kann sich glücklich schätzen, die anderen bekommen einen Fußlappen und ein Stück Schwimmseife in die Hand gedrückt. Dann geht es im Gänsemarsch zwischen den feixenden Posten in den Duschraum. Ich bin zum ersten Mal dabei. Vor Scham weiß ich kaum, wohin ich das Handtuch zuerst halten soll. Die Frage löst sich nach wenigen Schritten in Luft auf. Einer der Männer will mehr sehen, und mit einem Griff bin ich mein Handtuch los. »Zelotschka …!« Unter dem üblichen Gegröle taucht auch mein Name aus fernen Tagen wieder auf. Zwei der älteren Frauen, deren Körper weniger Gier bei den Posten auslösen, schieben sich schützend vor mich. Sie ertragen die Tritte und Püffe stoisch, bis wir endlich die Duschräume erreicht haben.

Der monatliche Spießrutenlauf heizt offenbar den Appetit der Männer an. In den Tagen danach geschieht es überdurchschnittlich häufig, dass einer von ihnen mit hungrigem Blick die Zellentür aufreißt.

Es ist zwar verboten, Gefangene zu vergewaltigen, aber die Strafen scheinen nicht drastisch genug zu sein. Selbst auf diesem Gebiet existiert eine Routine. Meist abends, wenn auf den Gängen der Festung Ruhe eingekehrt ist, ist es so weit. »Du, mitkommen!« Manchmal haben sie dabei eine bestimmte Frau im Auge, oft scheint es ihnen egal zu sein. Fast immer geben sie sich mit derjenigen zufrieden, die sich ihnen freiwillig anschließt, und es findet sich immer eine unter uns. Niemand spricht es aus, aber die Erleichterung über diese Art der Arbeitsteilung ist deutlich spürbar, wenn wieder einmal Posten und Begleiterin die Zelle verlassen haben. Der Lohn für diesen Liebesdienst besteht in allerlei Sonderrationen oder kleinen Vergünstigungen.

Eine, die sich besonders häufig zur Verfügung stellt, ist Stella. Sie ist nur wenig älter als ich. Ich finde sie wunderschön mit ihrem kastanienbraunen, langen Haar. Ich möchte gern ihre Freundin sein, aber es ist nicht einfach, sich ihr zu nähern. Sie scheint von einer Art Vakuum umgeben. Alle anderen schwatzen miteinander, man kennt das Urteil und die Vorgeschichte, von Stella weiß niemand etwas. Den größten Teil des Tages verbringt sie damit, auf ihrer Pritsche zu sitzen und in eine unsichtbare Ferne zu starren. Geheimnisse haben schon immmer einen unwiderstehlichen Reiz auf mich ausgeübt, und Stella hütet ihres wie einen Schatz. Außerdem besitzt sie jede Menge irdischer Schätze. Sie hat immer Tabak, ihre Brotrationen werden stets reichlich bemessen, neulich tauchte sogar ein fast ungetragenes Paar Schuhe bei ihr auf. Die hat sie mir geschenkt, weil sie ihr beim besten Willen nicht passten.

»Geh nicht mit der.« Fiete zieht mich in eine ruhige Ecke. Stella hat sich gerade einem der Posten angeschlossen und die Zelle verlassen. »Das schadet dir nur, wenn du zu oft mit der zusammen bist.«

Jede andere hätte ich aufbrausend zum Teufel gejagt. Ich bin zusammen, mit wem ich will, hätte ich erwidert. Aber Fiete ist immer so nett zu mir, ein echter Kumpel. »Kopf hoch, meine Kleene«, hat die gebürtige Berlinerin mich schon so manches Mal aufgemuntert. Ihr fehlt jede Bösartigkeit, und wenn sie so etwas sagt, muss es einen Grund geben. »Aber wieso? Was habt ihr alle gegen Stella?«

Fiete wählt ihre Worte sorgfältig, bevor sie mir erklärt: »Keiner weiß nichts Genaues. Kann auch alles ganz harmlos sein. Aber auffällig ist es schon. Immer, wenn sie abends rausgeht, ist kurz darauf Durchsuchung. Und die wissen immer, wonach sie suchen müssen. Außerdem hat keine so viele Sonderrationen wie Stella. Da denkt man sich dann seinen Teil.«

Das glaube ich einfach nicht. Fieberhaft suche ich nach einem Argument, mit dem ich diesen Verdacht vom Tisch fegen könnte, aber leider fällt mir keines ein. Fiete hat nicht Unrecht mit ihren Beobachtungen. Ich schweige, und Fiete streicht mir ganz sachte über die Schulter.

»Muss alles nicht stimmen. Aber trotzdem. So was springt über wie Ungeziefer, und man wird es genauso schwer wieder los. Wer weiß, wie lange wir hier noch absitzen müssen, und mit so einem Ruf im Gepäck hast du es schwer.«

Als Stella mir am nächsten Morgen eine Zigarette anbietet, greife ich zu, aber meine Unbefangenheit ihr gegenüber ist unwiederbringlich verloren.

Wie um Fietes Worte zu untermauern, findet prompt wieder eine Razzia statt. Die Zellentür springt auf, ein Trupp Uniformierter verteilt sich über die Zelle, während wir in einer Ecke zusammengedrängt dem Schauspiel zuschauen. Viele Verstecke gibt es nicht, deshalb fördern grobe Hände innerhalb kurzer Zeit all unsere kleinen Schätze zu Tage. Gebunkerte Brotrationen, eine Nähnadel, ein Löffel, für uns sind diese Kostbarkeiten verloren.

Mit klopfendem Herzen verfolge ich die Suche. Diesmal habe auch ich etwas zu verbergen. Ich hatte eines meiner Handtücher gegen einen Bleistiftstummel eingetauscht.

Es muss der Triumph im Blick des pickeligen Kerls sein, der meine Sicherungen durchbrennen lässt. Als er mit breitem Grinsen meinen Bleistift über seinem Kopf schwenkt, packt mich eine unbändige Wut.

»Was fällt euch Mistkerlen eigentlich ein? Wer seid ihr denn, dass ihr glaubt, uns alles wegnehmen zu dürfen?« Ich schimpfe und schreie und scheitere natürlich bei dem Versuch, meinen Bleistift zurückzuerobern. Der Posten macht zwar ein verdutztes Gesicht, aber schlimmstenfalls trägt er einen blauen Fleck am Schienbein davon. Ich dagegen werde sofort von eisernen Griffen umklammert. Ehe ich noch meinen Ausbruch bereuen kann, haben zwei der Soldaten mich in den Keller geschleppt.

Karzer, sie werden mich in den Karzer sperren, denke ich. Doch dann tritt der Soldat, den ich angegriffen habe, ein. Die anderen entfernen sich, scheinbar will man ihm meine Bestrafung überlassen.

Das genüssliche Lodern in seinen Augen verheißt nichts Gutes. Mit einem Mal habe ich Todesangst. Der kann mich hier unten erschlagen, und kein Hahn wird jemals danach krähen.

Aber er erschlägt mich nicht. Stattdessen treibt er mich auf eine geschlossene Tür zu. Als ich direkt an der Türfüllung stehe, schließt er mit einer raschen Bewegung die andere Seite der Doppeltür. Schlagartig ist absolute Finsternis um mich herum. Ich bin so fest eingeklemmt, dass ich kaum die Finger rühren kann.

Als Erstes überfällt mich Luftnot. Ich ersticke. In diesem engen Spalt kann gar kein Sauerstoff sein. Nachdem ich ein Meer von Panik durchquert habe, stelle ich fest, dass ich immer noch atme. Er wird die Tür gleich wieder öffnen. Er hat seinen Spaß gehabt, bald muss ihn die Sache doch langweilen. Diese Hoffnung trägt mich eine Weile. Aber nichts geschieht. Kein Laut dringt in meinen Käfig. »Der ist weggegangen.« Ich erschrecke über das dumpfe Geräusch meiner eigenen Stimme. »Hilfe! Holt mich hier raus. Ich bin hier!« Eine Zeit lang bin ich beschäftigt mit dem Versuch, mich bemerkbar zu machen. Irgendwann geben meine zitternden Knie nach, und ich rutsche ein wenig tiefer. Es können höchstens Zentimeter sein, denn mehr Bewegungsfreiheit bietet dieses Gefängnis nicht.

Ich muss pinkeln. O Gott, ich muss mal. Es gibt nichts mehr

außer dem zunehmenden Druck in meiner Blase. Dieser riesige Ballon in meinem Bauch wird gleich die Türfüllung sprengen. Mein Körper verliert jede Proportion. Irgendwann platzt der Ballon, und ein warmes Rinnsal läuft an meinen Beinen herunter. Aus der Wärme wird Kälte, Zeit hat keine Bedeutung mehr. Ich beginne zu schweben, oben, unten, alles löst sich auf. Ich schlage meinen Kopf gegen die Tür. Der Schmerz bringt ein wenig Orientierung zurück. Aber dann wird mein Kopf zu schwer. Ich kann dieses Riesending auf meinem Hals nicht mehr in Bewegung setzen.

Ein Geräusch holt mich noch einmal zurück in die Welt. Schüsse, sagt eine ferne Erinnerung aus einer anderen Zeit. Das waren Schüsse. Vielleicht haben sie mich erschossen. Vielleicht bin ich tot. Habe ich mir immer ganz anders vorgestellt, aber das ist jetzt ja auch egal. Alles ist egal.

17

Da sind Hände. Hände unter meinen Achseln, die mich zerren, später Hände, die mir die verkrusteten Kleider vom Leib streifen. Mein Körper wird auf eine Pritsche gelegt. Jemand wäscht mich. Derselbe Mensch beträufelt meine Lippen mit Wasser. Von meiner fernen Warte aus beobachte ich das Geschehen. Habe ich noch etwas damit zu tun? Bin ich vielleicht doch nicht tot?

Ich bin im Krankenrevier gelandet. Das beständige Stöhnen rechts und links von mir geleitet mich allmählich zurück in das Reich der Lebenden. Als mein Bewusstsein wieder einsetzt, stelle ich fest, dass mir zwei Tage und eine Nacht fehlen. So lange muss ich zwischen den beiden Türen eingesperrt gewesen sein. Es dauert, bis ich akzeptiere, dass dieses spröde, vertrocknete Stück Fleisch mein Körper ist. Er funktioniert, aber das bedeutet auch, ich muss weiterleben. Als die Erstarrung weicht, versinke ich in einem Ozean von Tränen. Sie rollen über mein Gesicht, gespeist aus einer einfach nicht versiegenden Quelle. Es gibt keinen Grund, keine Worte für den Schmerz. Eine unendliche Trostlosigkeit liegt grau und schwer über mir, und meine Fantasie reicht nicht aus, mir irgendeinen anderen Zustand vorzustellen.

Nach acht Tagen kehre ich in meine Zelle zurück. Zögernd versuche ich zu erzählen, was geschehen ist. Aber bereits nach wenigen Worten verzerren sich die Gesichter um mich herum zu Masken des Unglaubens. Augenbrauen schnellen in die Höhe, Mundwinkel zucken verdächtig, ich bilde mir ein, murrende Laute des Zweifels zu hören. Schließlich reduziere ich die Geschichte auf nackte Fakten. »Sie haben mich zwei Tage und eine Nacht zwischen eine Doppeltür gesperrt. Es war schrecklich.« Was ich dort erlebt habe, begrabe ich tief in meinem Innern an einem Ort, wo ich es selbst bald nicht mehr finden kann.

Neue Schrecken bahnen sich an. Die Begehrlichkeit in den Augen der Posten ist nicht mehr zu übersehen. Abends halte ich mich grundsätzlich im Hintergrund, und bisher ist der Kelch, einen der Soldaten begleiten zu müssen, an mir vorübergegangen. Aber immer häufiger zischt mir ihr »Zelischka« entgegen, wenn ich ihnen meinen Spucknapf hinstrecke. Eines Mittags ertönt dann auch das Kommando: »Zelischka, mitkommen!«

Es ist helllichter Tag, und die grölende Horde spricht gegen ein intimes Tête-à-tête. Unter Gejohle werde ich die Treppen nach oben getrieben. Oben angekommen, stehe ich mit dem Rücken zur Wand. Es gibt kein Entkommen vor ihren grapschenden Pranken, aber bald genügt ihnen das nicht mehr. Im Chor wird eine Parole intoniert. Sie sprechen Russisch, aber ein Missverständnis ist ausgeschlossen. »Ausziehen, ausziehen!«

Schon machen sich Hände an meinen Knöpfen zu schaffen. Meine Kleider fliegen zu Boden, dann stehe ich den Männern nackt gegenüber. In einem letzten Versuch, mich zu schützen, schließe ich die Augen. Ich will die Gier und die Lust, mit der sie sich an meiner Hilflosigkeit weiden, wenigstens nicht sehen. Deswegen bemerke ich die Blechschüssel auch nicht gleich, die von irgendwoher auftaucht. Ehe ich noch recht begreife, wie mir geschieht, kauere ich bereits in dem Essensgefäß. Von vielen Armen gepackt, erhebt sich das Behältnis mit mir in die Luft. Ich werde hin und her geschwenkt und sause dann unter dem Gejuchze der Männer in rasender Fahrt den Treppenabsatz hinunter.

Am Ende der Treppe nimmt mich ein anderer Trupp in Empfang. Die Sache scheint den Jungs mordsmäßigen Spaß zu bereiten. Immer höher lassen sie mich fliegen, mit immer wilderem Schwung geht es auf die nächste Treppe. Hin und wieder überschlägt sich mein Gefängnis, und ich kugele Hals über Kopf die letzten Stufen hinab.

Längst sind mir Hören und Sehen vergangen. Nur flüchtig registriere ich im Vorbeiflitzen die tausend Augen des Männertraktes. Dort hängen sie an den Gittern, und auch ihnen verschafft meine Demütigung offenbar Genuss. Von allen Wänden der alten Festung scheint das Prusten und Johlen widerzuhallen.

Irgendwann bin ich ganz unten angelangt. Tiefer geht es nicht mehr.

Einer wirft mir meine Sachen hin, die anderen zerstreuen sich, immer noch lachend.

Ich bin kaum in der Lage, mich anzuziehen. Meine Hände zittern derart, dass mir der Soldat beim Schließen der Knöpfe behilflich sein muss.

Ein weiteres Mal lande ich mehr tot als lebendig in meiner Zelle. Die Frauen lassen mich bald in Ruhe, mein Schweigen bildet eine unüberwindliche Mauer zwischen mir und ihnen. Mit welchen Worten ließen sich auch die Scham und die Demütigung beschreiben, die ich empfinde.

Wenige Abende später torkelt erneut einer der Posten in die Zelle. Er ist offenbar nicht auf eine beliebige Frau aus, sein Blick sucht nach jemand Bestimmtem. Ich mache mich so klein wie irgend möglich, aber es hilft nichts. Wieder muss ich hinaus, muss ihm folgen. Diesmal sind die Absichten sonnenklar, selbst in meiner Unerfahrenheit habe ich eine Vorstellung, was mich erwartet.

Auf dem Weg in seine Unterkunft suche ich fieberhaft nach einem Ausweg. Mein Gezeter hallt laut in den leeren Gängen des Gefängnisses. Charlie, so heißt der Kerl, treibt mich mit Tritten voran. Mit Schlägen versucht er mich zum Schweigen zu bringen. Mit einem Mal kommt uns ein Mann

74

entgegen. Er trägt keine Uniform, spricht den Soldaten aber auf Russisch an. Es folgt ein erregter Wortwechsel zwischen den beiden. Ich verstehe nichts, nur ein Wort fällt mehrfach: Syphilis, aber auch damit kann ich nichts anfangen. Im Laufe der Unterhaltung weicht die Begierde aus den Zügen meines Entführers, und an ihre Stelle tritt eine angeekelte Miene. Endlich lässt er sogar meinen Arm los, den er bis dahin umklammert hielt. Noch halb im Zweifel mustert er mich nun, als hätte ich Pest und Cholera in mir vereint. Schließlich stößt er eine Salve russischer Beschimpfungen aus und überlässt mich dem anderen Mann. Der gibt mir einen schmerzhaften Tritt in den Hintern und treibt mich nun seinerseits vor sich her. Es geht in die entgegengesetzte Richtung. Ich habe zwar um Rettung gebetet, aber ob der Tausch für mich von Vorteil ist, bezweifle ich angesichts des finsteren Blicks neben mir.

Dann stehen wir in der Krankenstation. »Setz dich!« Kaum hat sich die Tür hinter uns geschlossen, schaut mein Begleiter gleich wesentlich freundlicher.

»Tut mir Leid, der Tritt«, erklärt er mir in fließendem Deutsch. »Aber es musste schon echt aussehen, der Kerl hat mir sowieso nur halb geglaubt.«

Es stellt sich heraus, dass mein Retter selbst Gefangener ist. Ihn hat man zu zehn Jahren verurteilt, weil er mit einer Deutschen befreundet war. Seine Freundin befindet sich ebenfalls als Häftling in Torgau, und er ist ein wenig enttäuscht, als ich den Kopf schüttle. »Nein, den Namen habe ich nie gehört. In meiner Zelle sitzt sie nicht.«

»Sie haben mich als Arzt eingeteilt, also kann ich dich hierbehalten. Dann bist du fürs Erste sicher.« Seine väterliche Freundlichkeit und sein Angebot, mich zu beschützen, kommen so unverhofft, dass ich mit den Tränen kämpfe. Er erinnert mich an meinen Großvater, und solche Erinnerungen sind Gift für die Fassade, mit der ich mich gegen die Außenwelt gewappnet habe. »Dem Soldaten habe ich gesagt: Lass mal lieber die Finger von der, die hat Syphilis. Ich wollte sie gerade abholen, um ihr eine Spritze zu geben.« Ich weiß nicht, was Syphilis ist, und er erklärt es mir. Dann erläutert er mir seinen Plan: »Ich werde dir eine Spritze geben. Es ist nicht gefährlich, aber du wirst einige Tage hohes Fieber haben. Ich muss mich absichern, falls er doch noch einmal nachhakt.«

Ich bin mit allem einverstanden. Die Vorstellung, ein Weilchen in der Obhut dieses Mannes zu verbringen, wiegt ein wenig Fieber schon auf.

Aus dem bisschen Fieber wird dann allerdings eine Reihe von Tagen, die nebelhaft an mir vorüberziehen. Ich liege hinter einer spanischen Wand, manchmal weiß ich, wo ich bin, dann wieder fehlt mir jede Orientierung. Ab und zu spüre ich Hände, die mich waschen oder mir etwas Flüssigkeit einflößen. Von jenseits der Wand höre ich gelegentlich Stimmen oder Stöhnen, und diese Laute nehme ich mit in meine wirren Fieberträume.

Nach ein paar Tagen sinkt das Fieber. Trotzdem bleibe ich wie die Made im Speck auf meiner Pritsche liegen. Ich kann mir keinen Ort in diesem Bau vorstellen, an dem es mir besser ginge. Doch die Freude währt nur kurz.

Mein Freund erscheint eines Abends, die Augenbrauen sorgenvoll emporgezogen. »Es wird wieder ein Transport zusammengestellt. Du bist nicht mehr krank genug, wir können dich nicht hierbehalten. Es gibt nur einen Ausweg. Du musst als Pflegerin auf der Station bleiben.« Seine Stimme lässt diese Alternative beinahe wie eine Drohung klingen.

Was soll schon dabei sein? Ich verstehe seine Sorge nicht.

»Klar, dann bleibe ich hier und arbeite auf der Station«, erkläre ich vorlaut wie so oft.

Am nächsten Morgen wird mir dann schnell klar, warum mein Beschützer gezögert hat, mir diesen Vorschlag zu unterbreiten.

In dem halbdunklen Raum liegen etwa zehn Männer auf

nackten Bretterpritschen. Ein bestialischer Gestank schlägt mir entgegen. Es riecht, als würden diese elenden Häufchen Mensch hier bei lebendigem Leib verwesen.

Mit aller Kraft unterdrücke ich meinen Impuls, auf dem Absatz kehrtzumachen. Ich verschließe meine Ohren vor dem beständigen Stöhnen und Jammern. Ich trete an eine der Pritschen heran. Das, was dort liegt, treibt mir die Tränen in die Augen. Ich will es nicht sehen, dieses Skelett, diesen kläglichen Überrest eines Menschen. Der Blick des Mannes ist in weite Ferne gerichtet. Er schaut nicht mehr in diese Welt, in der er in seinem eigenen Kot langsam zu verfaulen beginnt.

Auch ich will damit nichts zu tun haben. Fluchtartig verlasse ich den Raum. Bloß weg hier!

»Das schaffe ich nicht. Ich kann nicht!« Zielstrebig bin ich in das Sprechstundenzimmer gerannt. Dieser Ort ist am weitesten entfernt von den Schrecken des Isolierraums. Mein Freund ist mir gefolgt und hat nun hinter dem Schreibtisch Platz genommen. Mich hält es nicht auf dem Stuhl. Ich brauche Bewegung. Meine Beine wollen rennen, meine Lungen gieren nach Luft, nach reiner Luft, wie es sie in freier Natur gibt. Ich möchte den weiten Himmel über mir sehen, einen fernen Horizont und Bäume, die stoisch und unberührt einfach dastehen. Aber ganz gleich, in welche Richtung ich mich wende, nach drei Schritten ist Schluss.

»Ich mach das nicht. Ich will hier raus. Schick mich einfach zurück in meine Zelle oder nach Sibirien. Mir ist das alles egal, nur das hier nicht!«

Der Arzt lässt mich eine Weile schimpfen und hin und her stapfen, ehe er sagt: »Du musst. Es ist deine Chance zu überleben. Versuch es morgen noch einmal. Es wird schon gehen.«

Es geht, aber der Preis ist hoch.

Es sind überwiegend Typhus- und Ruhrkranke, die ich zu pflegen habe. Einer hat Gesichtsrose. Dort, wo ich in dem

Klumpen rohen Fleisches die Lippen vermute, träufle ich ab und zu etwas Wasser hinein.

Ich reinige die Männer notdürftig von ihren Ausscheidungen. Ganz nebenbei mache ich mich so auch mit der männlichen Anatomie vertraut. Ich habe ja noch nie einen nackten Mann aus der Nähe gesehen.

Unter den Frauen war natürlich auch viel von Sexualität die Rede. Ich hatte dann stets die Ohren gespitzt, war dieses Thema doch zu Hause völlig tabu gewesen. Nach allem, was ich aufgeschnappt hatte, war ich neugierig auf diese fremden Wesen, die eine solche Anziehungskraft auf meine Zellengenossinnen ausübten. Aber hier in dieser Hölle wandelt sich die Neugier in Ekel. Insgeheim schwöre ich mir, mich nie, niemals mit einem Mann einzulassen.

Jeden Morgen betrete ich nach einem tiefen Atemzug das Jammertal. Wer hier landet, ist dem Tod geweiht. Trotzdem tue ich, was ich kann, aber viel ist es nicht. Wenigstens ich will überleben. Ich bekomme dafür Sonderverpflegung. Sie schicken mich nicht auf Transport. Wie ein Mantra sage ich mir diese Sätze auf, bevor ich an die Arbeit gehe.

Abends weine ich mich in den Schlaf. Denk nicht an morgen, Erika. Jetzt darfst du schlafen, jetzt bist du satt, alles andere zählt nicht.

Bisher gab es irgendwo einen Gott für mich, an den zu denken hin und wieder ein Trost war. In diesen Nächten verwandelt er sich zunächst in einen Schurken, um dann gänzlich aus meinem Universum zu verschwinden. Wer dies hier zulässt, verdient nichts als Hass. Mein Kinderglaube scheint mir nur noch lächerlich. Wie konnten meine Eltern mir bloß so ein Ammenmärchen auftischen. Es gibt keinen Gott, keine Gerechtigkeit. Gut und Böse sind nur leere Worte. Das Einzige, was zählt, ist, diesen Tag zu überleben. Und letztendlich ist vielleicht sogar das egal.

Ich weiß nicht, wie lange ich diesen Dienst durchgehalten hätte. Die Erlösung kommt diesmal von außen.

Mein Beschützer wird abgelöst, die Mannschaft der Krankenstation ausgewechselt. Alle Patienten, die irgendwie kriechen können, werden zurückverlegt. Auch mich schickt man wieder in meine Zelle.

Die anderen schauen mich an wie eine Erscheinung. Irgendjemand murmelt erstaunt: »Die lebt ja noch.« Meine Pritsche ist belegt, meine Sachen sind verteilt. Als ich nicht wieder aufgetaucht bin, hat man mich für tot gehalten.

Die Aufregung lässt mich unberührt. Gleichgültig nehme ich meine Decke entgegen. Auch alle anderen Gegenstände kehren nach und nach zu mir zurück. Einigen steht die Peinlichkeit ins Gesicht geschrieben, als sie mir meine Schätze wiedergeben. Am liebsten möchte ich ihnen zuschreien, wie egal mir das alles ist. Aber selbst das scheint mir zu viel der Mühe.

18

»Mama! Mama!« Die verzweifelte Stimme eines Jungen dringt durchs Fenster bis in unsere Zelle. Innerhalb von Sekunden drängeln sich alle um die kleine Öffnung zum Hof. Hildes Ellbogen bohrt sich in meine Rippen. Sie schubst, wie es sonst gar nicht ihre Art ist. Aber der da ruft, ist ihr Sohn. »Junge, hier, hier bin ich.« Unten hat man wieder einmal eine armselige Schar zusammengetrieben. Lastwagen stehen schon bereit, die Männer zu verschlucken und fortzuschaffen, vielleicht nach Russland, vielleicht aber auch nur in das nächste Gefängnis. Keiner weiß es.

Immer noch eine will das Familiendrama mit eigenen Augen sehen. Die Pritsche am Fenster erzittert unter dem rudernden Knäuel von Armen und Beinen. Mit einem Mal rummst es, und das hölzerne Gestell geht mitsamt dem Gewusel darauf zu Boden.

Einen Augenblick herrscht Stille. Nur mühsam lösen sich die Ersten aus dem Berg von Leibern und zersplitterten Planken. Von draußen stürmt auch schon ein Trupp Wachen herbei. Das Krachen muss auf dem ganzen Stockwerk zu hören gewesen sein.

Wie durch ein Wunder ist niemandem etwas Ernsthaftes passiert. Ein paar blaue Flecken, etliche Splitter, das ist alles. Unsere Zelle bietet jedoch ein Bild der Verwüstung.

Die gesamte Holzkonstruktion an der Fensterwand ist zusammengebrochen, etliche Schlafplätze sind unbrauchbar.

Unter unseren Bewachern entspinnt sich eine heftige Diskussion. Offenbar suchen sie nach einer Unterbringung für uns, was in der überfüllten Festung keine leichte Aufgabe ist. Wir stehen derweil stramm und bemühen uns, kein Grinsen sehen zu lassen. Schließlich müssen wir unsere Bündel schultern, und man treibt uns über Gänge und Treppen. Erleichtert registrieren wir, dass man uns nicht einfach auf die anderen Zellen verteilt.

Wir landen im Kirchensaal unter dem Dach der Festung. Natürlich gibt es hier weder Klo noch Kübel, und für unsere Notdurft werden bald darauf mehrere mit Karbid gefüllte Fässer hereingerollt.

Ich mache es mir mit Gerdie, Anneliese und Stella in einer Ecke des großen Raums gemütlich. Auch ohne Pritschen und Strohsäcke schlafe ich in dieser Nacht wunderbar. Den anderen geht es ebenso. Nicht einmal der ekelhafte Gestank aus den Fässern vermag unseren Schlaf zu stören. Es dauert eine Weile, bis wir darauf kommen, dass es an den Wanzen liegt. Es gibt hier keine. In dem Holz der Pritschen wimmelte es nur so von den lästigen Vampiren. Kaum wurde abends das Licht gelöscht, krabbelten sie aus den Ritzen und fielen über uns her. Hier im Kirchensaal haben wir die erste Nacht seit langem ohne die quälenden Blutsauger verbracht. Unser Glück währt nur wenige Tage.

Eines Morgens ertönen von allen Seiten Kommandos. »Sachen packen! Mitkommen! Dawai, dawai!«

Wie üblich werden Fragen nach dem Wohin nicht beantwortet. Hektik und Gerenne, das Abführen in kleinen Gruppen, das Filzen unserer Körper und Bündel, all das ist mittlerweile beinahe Routine. Die Zeichen sprechen eine deutliche Sprache. Es geht wieder einmal auf die Reise.

Ziel unbekannt, vielleicht Sibirien, mir ist das ziemlich gleichgültig. Wovor soll ich mich auch fürchten? Was können sie in Russland mit uns anstellen, was sie hier nicht auch schon tun? Im Gegenteil: Es erfüllt mich eine Art erwartungsvoller Spannung. Es geht voran, es passiert etwas. Vielleicht habe ich das Arsenal der Möglichkeiten bald erschöpft.

Ein zweites Mal überschreite ich die hölzerne Zugbrücke. Doch heute habe ich die Festung Torgau im Rücken.

Ich trage immer noch mein abgeschabtes Köfferchen mit mir herum, meine Kleidung ist dieselbe, nur ich bin eine andere. Nebelhaft erinnere ich mich an die Ängste beim Anblick der hohen Türme. Kurz flackern die naiven Hoffnungen in meinem Gedächtnis auf, die Illusionen, die ich im Gepäck mit mir herumtrug. Das kann nicht wirklich sein, das können sie nicht machen, lange werde ich nicht hierbleiben.

Inzwischen weiß ich es besser. Sie können alles machen. Einige von uns sind tot, andere irgendwo im fernen Sibirien gelandet, der Rest schlurft einem ungewissen Ziel entgegen. Der Unterschied scheint mir denkbar gering.

»Auf Wiedersehen in Torgau«, grüßt uns ein Schild, kurz bevor wir den Bahnhof erreichen. Das Lachen Einzelner schmeckt gallebitter in meinem Mund.

Die Viehwaggons warten schon auf uns. Ich weiß gar nicht, ob ein bekannter Schrecken größer oder kleiner ist als ein unbekannter. Das Grauen der Herfahrt wird wach. Beinahe glaube ich den Gestank der Fischfässer zu riechen, meine Füße werden zu Blei. Ich will da nicht rein! Aber von rechts und links fahren jetzt Gewehrkolben und Knüppel in unseren Zug. Mit aufforderndem »Dawai, dawai« und blanker Gewalt macht man uns Beine.

Ich bin eine der Ersten und erkämpfe mir diesmal einen Platz an einem der Lüftungsschlitze. Das bleibt aber der einzige Trost während der nächsten acht Tage. Stickige Hitze am Tag, eisige Kälte in den Nächten, lastende Stille, wenn der Zug im Niemandsland zwischen A und B stehen bleibt, das Ächzen und Rattern, wenn er sich wieder in Bewegung setzt, ich versuche das alles zu verschlafen. Meistens ist es nur ein Dösen, immer wieder unterbrochen von bedrückenden Träumen oder dem plötzlichen Donnern der Türen, wenn neue Fässer auf- und abgeladen werden.

Auch dieser Transport erreicht irgendwann sein Ziel.

Das Frauengefängnis Bautzen, auch gelbes Elend genannt, nimmt uns in seinen Mauern auf.

Ich bin in einer Art Dämmerzustand versunken. Ich weiß nicht, wie wir vom Bahnhof hierher gelangt sind, und eigentlich interessiert es mich auch nicht. Bautzen oder Torgau oder wie auch immer der Ort heißt, an dem man uns gefangen hält, es ist doch einerlei.

»Sie wollen die Fälle hier alle noch einmal überprüfen. Es soll Entlassungen geben.« Fiete hat sich neben mir niedergelassen und raunt mir diese Nachricht zu. Irgendwie schafft sie es mit diesen Worten, den Nebel zu durchdringen, in dem ich gefangen bin.

Widerwillig beginne ich meine Umgebung wahrzunehmen. Das Erste, was ins Auge fällt, sind die riesigen Karnickelställe. So nennen wir die Maschendrahtverhaue in der Mitte der Zelle. Mindestens hundertfünfzig Käfige zähle ich, in die man durch enge Gänge hineingelangt. Jedes Abteil beherbergt eine Pritsche. Sie ist nicht breiter als die in Torgau, aber hier müssen sich jeweils zwei Frauen das bisschen Platz teilen. Abends werden wir von den Wachen dort hineingetrieben. Man muss sich ausziehen und die Sachen auf einem Hocker vor der Tür ablegen, dann schließt sich der Käfig für die Nacht hinter uns.

Die Frau, mit der man die enge Pritsche teilen muss, dürfen wir uns nicht selbst aussuchen. Mir ist Margot zugeteilt worden, und auf den ersten Blick halte ich das für einen Glücksfall. Margot war Artistin und ist wie ich eine zierliche Person. Das spielt bei gerade mal fünfzig Zentimeter Bettbreite keine unwesentliche Rolle. Darüber hinaus besitzt sie einen Pelzmantel, der uns nachts als Decke gute Dienste erweist.

Das Beste ist allerdings ihre Schwangerschaft. Die bringt ihr nämlich Zusatzverpflegung ein, und sie teilt ihre Rationen bereitwillig mit mir. Einige haben Mitleid mit Margot. Schwanger und dann hier …

So tief ich auch in meinem Herzen grabe, ich kann kein Mitgefühl finden. Zwei Dinge kann ich fühlen: erstens Hunger und zweitens Kälte.

Es gibt allerdings auch böse Zungen, die behaupten, Margot würde ihre Schwangerschaft nur vortäuschen. Zu sehen ist tatsächlich nicht viel, aber ich will mir darüber kein Urteil erlauben. Was weiß ich denn schon über die Mysterien einer Schwangerschaft? Habe ich doch erst in Torgau erfahren, was es mit den Blutungen auf sich hat, die in regelmäßigen Abständen immer wieder auftreten. Ich war natürlich erleichtert, dass nichts kaputt ist bei mir, dass diese Blutungen keine Folgen der Misshandlungen gewesen sind. Aber die Aussicht, jeden Monat von diesem Übel befallen zu werden, hat mir überhaupt nicht gefallen. Da half es auch nicht, dass die anderen mich im Gebrauch von Fußlappen unterwiesen. In Torgau gab es von Seiten der Lagerleitung nichts, was für solche Fälle vorgesehen gewesen wäre. Wir benutzten Toilettenläppchen und alle möglichen Lumpen für diesen Zweck. Überzählige Exemplare wanderten von Hand zu Hand.

Hier in Bautzen gibt es Monatsbinden, allerdings jeweils nur eine einzige. Man muss gegen die Zellentür treten, den Posten darum bitten, der einem dann mit einem süffisanten Grinsen die Binde überreicht. Viele benutzen, um sich diese Demütigung zu ersparen, deshalb lieber die Läppchen.

Unser Transport war einer der ersten, die in diesen Teil des Gefängnisses einzogen. Aber täglich kamen neue Häftlinge dazu, sodass wir mittlerweile an die dreihundert Frauen sein müssen. Wenn ich morgens den Käfig verlasse, liegt der Tag wie eine endlose Wüste vor mir, die es zu durchqueren gilt. Sinnlos umkreise ich die Karnickelställe, die Gänge sind angefüllt vom Geschnatter und Gewoge der vielen Menschen. Alles liegt im Halbdunkel, denn die Fenster sind auch hier mit hölzernen Schuten verkleidet. Nur selten wird die Monotonie von Ereignissen durchbrochen, meistens sind sie unangenehmer Natur.

Eines Morgens wache ich von einem grauenvollen Jucken

zwischen den Fingern auf. Ich kratze, aber das Kribbeln und Krabbeln wird nur noch schlimmer. Mit Ungeziefer kenne ich mich mittlerweile ja aus, aber ich kann keinen der kleinen Vampire entdecken. Schon habe ich die ersten Stellen aufgekratzt. Im Lauf des Tages verbreitet sich die Qual über den ganzen Körper. Von unzähligen roten Flecken geht ein Juckreiz aus, der mich beinahe in den Wahnsinn treibt. Ich bin nicht die Einzige. Wohin ich auch schaue, sehe ich kratzende Hände, von Ausschlag übersäte Körper.

»Nicht kratzen, Erika, das gibt nur Narben. Die gehen nie wieder weg.« Maria steht neben mir, und auch ihr fällt es sichtlich schwer, dem Juckreiz zu widerstehen. Maria ist eine der Neuen. Sie fiel mir sofort auf. Sie schlurfte nicht, sie ging nicht, sie schritt durch die Menge. Die Eleganz, die sie umgab, ging nicht nur von dem edlen Pelzmantel aus. Es war ihre gesamte Haltung, wie sie den Kopf trug, wie sie scheinbar unberührt von dem Elend um sie herum einfach eine Dame darstellte. Ich hatte sie einige Zeit beobachtet, dann ging ich zu ihr und fragte sie, ob sie mir nicht eines ihrer schönen Kleider verkuhlen wolle. Nie werde ich den fassungslosen Gesichtsausdruck vergessen. Irritiert sah sie mich an. »Verkuhlen?« Ich kam mir beinahe wie eine abgebrühte Kriminelle vor, als ich ihr erklärte: »Na, gegen Brot eintauschen, verkuhlen eben.« Ich bekam keines ihrer Kleider, nur einen strafenden Blick. Jetzt hält sie mich davon ab, mir den gesamten Körper blutig zu kratzen. »Du hast so schöne Haut. Du kommst hier raus, und wenn du dich jetzt beherrschst, siehst du dann aus wie immer. Kratz nicht, Mädchen!« Wir trampeln mit den Füßen, raufen uns die Haare, aber wir kratzen uns nicht.

Diejenigen, die weniger Beherrschung an den Tag legen, sind bald über und über von eitrigen Beulen bedeckt. Es wirkt, als wäre die Pest ausgebrochen.

Die Gefängnisleitung kann das Problem schließlich nicht mehr ignorieren. Die Seuche erhält einen Namen: Krätze.

Die gesamte Zelle wird geräumt. Dreihundert Frauen schleppen ihre Habe in die Desinfektion. Anschließend stehen wir Grüppchen für Grüppchen nackt unter der Dusche. Die Posten halten sich hinter einer unsichtbaren Demarkationslinie. Niemand muss einen Übergriff befürchten. Unser Anblick dürfte auch kaum Gelüste bei unseren Bewachern hervorrufen. Ausgemergelte Körper, alte, junge, die meisten von Kratzspuren und Entzündungen übersät. Auf Kommando reiben wir uns gegenseitig mit einem stinkenden Zeug ein. Erst die Rücken, dann, als der Ruf »Kehrt marsch!« ertönt, die Vorderseiten.

Die Krätze ist besiegt. Die Geschwüre heilen langsam ab, aber einige Frauen behalten böse Narben zurück.

Langeweile beginnt uns bald mindestens so zu quälen wie die Krätze. Für einige scheint sie sogar schlimmer zu sein als der Hunger. Sie sparen sich das Brot vom Munde ab, um daraus Schachfiguren zu fertigen. Lilly, eine Bildhauerin, isst wochenlang so gut wie nichts. Stattdessen formt sie aus ihren Brotrationen Köpfe mit deutlich erkennbaren Gesichtszügen. Bald hat sie sämtliche Personen des Tribunals, das sie verurteilt hat, vor einem der Fenster aufgereiht. Leider kommt die Kommission überraschend. Unsere Zelle wird inspiziert, und ehe wir die Charakterköpfe wenigstens aufessen können, werden sie unter großem Tamtam von herbeieilenden Soldaten konfisziert. Vielleicht hat der eine oder andere sich ja wiedererkannt.

Not macht erfinderisch. Eine eifrige Handarbeitsfraktion schnitzt sich mit Hilfe von Scherben aus den Splittern der Bänke Stricknadeln. Verschossene Pullover werden aufgeribbelt, neu gestrickt, wieder aufgeribbelt. Es wird gestickt und genäht, wobei Nähnadeln zu den allergrößten Kostbarkeiten zählen.

Wieder andere basteln sich Skatkarten und eröffnen Spielrunden. Jede versucht auf ihre Weise, der Unendlichkeit des Tages zu begegnen.

Trotzdem kommen dann beinahe alle diese Aktivitäten zum Erliegen.

19

Das Jahr 1947 neigt sich seinem Ende zu. Wir müssen einen seltsamen Anblick bieten. Wie eine flügelschlagende Gänseschar wogt die Menge tagsüber durch die Gänge der Zelle hin und her. Wenigstens sehen wir nicht aus wie magere Gänse, zumindest nicht aus der Ferne. Jedes verfügbare Kleidungsstück tragen wir am Leib, aber weder die Kleidung noch die Bewegung können verhindern, dass uns die Kälte bis in die Knochen kriecht. Die Wände glitzern unter einer zentimeterdicken Eisschicht, die kleinen Fensterluken sind längst zugefroren. Draußen tobt sich ein arktischer Winter aus, und hier drinnen bleiben die Heizungen seit Tagen kalt. Viele Augen glänzen fiebrig, und nachts hindert uns eine misstönende Symphonie bellender Hustenlaute am Schlaf.

Am 23. Dezember werden wie üblich um sechs Uhr morgens unsere Käfige aufgeschlossen. Doch damit endet die tägliche Routine schon. Es gibt kein Waschwasser, und das Frühstück bleibt aus. Der ersten Unruhe folgt im Laufe des Vormittags Verzweiflung und schließlich stille Resignation, als auch das Mittagessen ausfällt. Hunger sind wir gewohnt, aber nun herrscht äußerster Alarmzustand in unseren Eingeweiden.

Keiner der Posten zeigt sich, über den gesamten Bau legt sich gespenstische Stille. Wir geben unsere Bewegungsübungen auf, warm wird ohnehin niemandem mehr davon. Apathisch hocken wir in kleinen Gruppen herum, selbst für Spekulationen fehlt uns die Energie.

Am Nachmittag spenden die Heizungsrohre dann plötzlich etwas Wärme. Die Saalältesten sorgen dafür, dass die Kranken und Alten den Rohren am nächsten sitzen dürfen. Ich bin zwar die Jüngste, aber mein Fieber verschafft mir einen der begehrten Plätze.

»Hallo, hallo, wer bist du?« Eine körperlose Stimme dringt an mein Ohr. Jetzt bin ich im Fieberwahn und höre schon Stimmen, ist mein erster Gedanke. Aber die Frage wird wiederholt, und schließlich stelle ich fest, dass sie aus dem Heizungsrohr kommt.

»Erika, ich heiße Erika«, antworte ich hastig.

»Wir sind im Saal unter euch. Wenn ihr die Verkleidung vom Rohr kratzt, könnt ihr uns besser hören.«

Eine der Nähnadeln taucht auf, und in wenigen Augenblicken ist die Verkleidung verschwunden. Nun werden Nachrichten ausgetauscht.

Im Saal unter uns sitzen die Internierten, und natürlich stehen schwere Strafen darauf, mit ihnen Kontakt aufzunehmen. Doch wen interessiert das heute schon? Unten ist es ebenso kalt, und auch dort gibt es nichts zu essen. »Die Laster kommen nicht durch. Wegen Eis und Schnee sind die Straßen dicht. Keiner weiß, wann es wieder etwas gibt.«

Sind die Schatten wirklich schwärzer? Ist es noch stiller geworden? Mit einem Mal habe ich Angst. Ich fürchte mich davor, zwei Tage vor meinem siebzehnten Geburtstag zu verhungern. Ich möchte nicht in diesen Lumpen, ungewaschen und stinkend sterben.

Die Wachen bewegen sich wie in Feindesland, als sie uns an diesem Abend einschließen. Vielleicht befürchten sie einen Aufstand, aber niemand von uns hat die Kraft, auch nur zu protestieren.

An Schlaf ist nicht zu denken. Was mein Bauch da veranstaltet, kann man nicht mehr Geräusche nennen, das ist schon richtiger Krach. Es gurgelt und knurrt, nicht nur in meinen Gedärmen. Immer wieder hört man Schluchzen, durch Decken und Kissen nur unvollständig gedämpft. Es ist ein Jammertal, in dem die eigene Verzweiflung wie ein Echo aus allen Richtungen zurückgeworfen wird.

Der 24. Dezember bringt keine Veränderung. Kein Frühstück, kein Mittagessen, die Wachen lassen sich vorsichtshalber nicht blicken. Die Heizungsnachrichten behaupten, auch das Personal habe nichts mehr zu essen.

Während wir auf ein Wunder warten, kriechen die Minuten dahin. Das Halbdunkel des Tages geht unmerklich in Dunkelheit über. Endlich traut sich doch ein Uniformierter zu uns hinein. Es gebe nichts zu essen. Man habe selbst auch nichts. Da könne man nichts machen. Frohe Weihnachten. Ohne uns einzuschließen, verschwindet er.

Es ist Heiligabend. Das Wunder ist ausgeblieben. Plötzlich erklingt Sonjas klarer Sopran. »Stille Nacht, heilige Nacht …« Die erste Strophe singt sie noch allein, aber allmählich fallen auch andere Stimmen mit ein. Bald sitzen wir eng aneinander gekuschelt und singen.

Es ist weit nach Mitternacht, als wir erschöpft erst immer leiser werden und schließlich ganz verstummen. Da klingt von unten Gesang herauf. Die Internierten bestreiten die verbliebenen Stunden bis zum Morgen. Für diese eine Nacht sind wir der bedrückenden Stille entronnen.

Als der Tag anbricht, schicken uns unsere Leidensgenossinnen am Heizungsrohr ein wenig Zucker und ein paar Mohrrüben herauf. Die Kostbarkeiten werden an die Kranken verteilt.

Mit einem Mal steht jemand vor mir und überreicht mir zwei Würfel Zucker. »Alles Gute zum Geburtstag.«

Es ist der 25. Dezember 1947. Ich werde heute siebzehn Jahre alt.

Das erste Stück Zucker habe ich mir gerade in den Mund gesteckt, da fange ich den sehnsüchtigen Blick meiner Nachbarin auf. Sie gehört mit ihren fünfzig Jahren zu den Älteren, und in diesem Augenblick sieht sie so verhungert aus, dass ich es einfach nicht fertig bringe, auch das zweite Zucker-stück aufzuessen. Ehe ich es mir anders überlegen kann, drücke ich ihr schnell den kleinen Würfel in die Hand. Ge-nauso schnell verschwindet er in ihrem Mund. Ihre Augen füllen sich mit Tränen, und dann umarmt sie mich. Mehr Wärme hätte von dem Zuckerstückchen auch nicht ausge-hen können.

Der erste Weihnachtstag vergeht. Unsere russischen Bewa-cher scheint der Erdboden verschluckt zu haben. Kein Schlüsselrasseln, kein Ein- oder Ausschließen, kein Wasser. Erst am Mittag des zweiten Weihnachtstages wird heißer Tee gebracht. Wenigstens sind sie nicht desertiert, auch das Gerücht ging schon um. Die Weihnachtsgeschichte wird vorgelesen, wir singen, und einige beten. Ich bleibe stumm, mein Verhältnis zu Gott ist derzeit ziemlich angespannt. Den Kranken und einigen der Alten geht es besorgniserre-gend schlecht. Wenn nicht bald etwas geschieht, werden die Schwächsten das Jahr 1948 nicht mehr erleben.

»Achtung, antreten zum Essenfassen!«

Im Handumdrehen stehen die meisten auf den Beinen. Alle starren zur Tür, aber nichts rührt sich. Es war die Saalälteste, die uns mit dieser Latrinenparole aus unserer Lethargie rei-ßen wollte. Mit dieser Aktion hat sie sich viel Unmut zuge-zogen, aber der Erfolg ist nicht zu bestreiten. Einmal aufge-rüttelt, spazieren wir nun zum ersten Mal wieder herum.

Mitten in der Nacht tritt dann das Wunder ein, auf das schon niemand mehr zu hoffen wagte. Offenbar ist doch ein Ver-sorgungswagen durchgekommen. Uns wird die erste heiße Suppe seit vier Tagen gebracht. Doch bevor wir uns darauf stürzen können, stimmt irgendjemand ein Lied an. »Großer Gott, wir loben dich ...« Von unten fallen die Internierten in den Gesang ein. Die Wachen stehen einen Augenblick still und starren uns entgeistert an. Dann verschwinden sie laut-los und lassen uns für den Rest dieser Nacht in Ruhe.

20

Ich habe einen Verehrer. Zwischen all den rauen Männern wirkt er beinahe wie ein Mädchen. »Willst du rauchen?« Die Hand, die mir die Schachtel Zigaretten hinhält, sieht weich und gepflegt aus. Die langgliedrigen Finger passen eher zu einem Klavierspieler als zu einem Soldaten. Ein blonder Flaum sprießt über seiner Oberlippe, einem Milchbart ähnlich. Er kann nicht viel älter sein als ich, ein richtiger Milchbubi, trotzdem bin ich misstrauisch. Ich lehne die angebotenen Zigaretten ab. Ich rauche nicht. »Willst du essen?« Er ist freundlich, bislang ist das herrische »Du, mitkommen« ausgeblieben. In den folgenden Tagen richtet er es ein, dass immer er mir das Essen einfüllt, und endlich habe ich nach den Mahlzeiten das Gefühl, satt zu sein.

Margot, deren Schwangerschaft sich tatsächlich in Luft aufgelöst hat, erklärt mich zum Glückspilz. »Mensch, Erika, sei ein bisschen nett zu ihm, dann hast du fürs Erste ausgesorgt.«

Aber ich will nicht nett sein. Seit ich im Krankenrevier gearbeitet habe, ist mir die Vorstellung, »nett« zu einem Mann zu sein, vollkommen verleidet. Allein der Gedanke an männliche Genitalien verursacht mir Übelkeit.

Außerdem geht es mir trotz der reichlichen Portionen von Tag zu Tag schlechter. Ich fühle mich schon morgens schlapp, ich schlafe schlecht, und nach einem Gang durch die Zelle bin ich schweißgebadet.

Irgendwann hat sich dann die Geduld dieses freundlichen Jungen erschöpft. Tagtäglich hat er vor Augen, wie »richtige Männer« hier mit einer solchen Situation umgehen.

Vielleicht hat ihn einer der anderen beiseite genommen und ihm klar gemacht, dass er die Macht besitzt und wie er sie nutzen kann.

Ich weiß nicht, was er erzählt hat, jedenfalls werde ich in den Karzer gebracht. Kaum bin ich in der klitzekleinen Zelle eingesperrt, erscheint er in der Tür. Seine Absicht ist ohnehin klar, aber als er an seiner Gürtelschnalle nestelt, gerate ich in Panik. Der da vor der Tür ist nicht mehr der sanfte Junge. Der da ist ein Mann, und wie all die anderen Männer wird er sich nehmen, was er begehrt. Aber ich bin nicht bereit, ihm zu Willen zu sein.

Mein Angriff überrascht ihn. In einer hektischen Abwehrbewegung schlägt er mir mit seinem Schlüsselbund ins Gesicht.

Ich spüre einen kurzen Schmerz, und dann erkenne ich den metallischen Geschmack von Blut. Blitzartig verwandelt sich der Kerl vor mir wieder in den Milchbubi. Der starrt entsetzt auf meinen Mund. Meine Zunge stößt gegen etwas Hartes, und dann habe ich auch schon zwei meiner Schneidezähne in der Hand.

Der Junge ist erschrockener als ich. »Das habe ich nicht gewollt. O Gott, ich hole Wasser.«

Er verschwindet, und erst als er weg ist, spüre ich den Schmerz. Bis eben war jede Faser meines Körpers auf Kampf eingestellt. Nun ist die Gefahr vorüber. Der tut mir nichts mehr.

Schlüsselklirren kündigt seine Rückkehr an. Er erscheint mit einer Schüssel Wasser. Er legt kühle Kompressen auf meine geschwollene Lippe, aber die Zähne kann auch er nicht wieder in meine Kiefer zaubern. Während er mich verarztet, redet er beschwörend auf mich ein. »Bitte, das war ein Unglück. Bitte, wenn sie zur Kontrolle kommen, sage nichts.« Er verspricht, mich mit Essen zu versorgen, auch mit Zigaretten, wenn ich will. Alle Kostbarkeiten, die ein kleiner Wachposten besitzt, gelangen mit einem Mal in meine Reichweite.

In den nächsten Stunden tobt ein heftiger Kampf in mir. Ich könnte Zigaretten verkuhlen. Bis hin zum Pelzmantel kann man mit dieser Währung beinahe alles bezahlen. Ich bräuchte nicht mehr zu hungern. Außerdem tut er mir auch ein wenig Leid. Er gehört ja gar nicht zu den wirklich Schlimmen.

Aber immer wenn ich mich entschlossen habe zu schweigen, tauchen die anderen Kerle vor mir auf. Die, die mich in die Schüssel gesetzt haben. Die, die mich mit dem Schlauch bespritzt haben, bis ich ohnmächtig wurde. Und Charlie, der mich ohne Erbarmen vergewaltigt hätte, wäre der Arzt nicht dazwischengekommen.

Milchbubi hin, Milchbubi her, als er in der Tür stand und seinen Gürtel öffnete, flammten da nicht die gleiche Gier und die gleiche Gnadenlosigkeit in seinen Augen wie bei den anderen?

Am nächsten Tag beugt sich ein Arzt über meinen Mund. Bei der Kontrolle war mein geschwollenes Gesicht aufgefallen, und dann haben sie natürlich auch die fehlenden Zähne entdeckt. »Wie ist das passiert?«, fragt jetzt der Arzt.

Ich brauche plötzlich nicht mehr zu überlegen. Die ganze Geschichte, von Anfang an, sprudelt aus mir heraus. Hinterher fühle ich mich erleichtert. Adieu, Zigaretten, adieu, Extrarationen, ich werde es auch ohne sie schaffen.

Irgendetwas scheint nicht zu stimmen mit mir, denn ich werde ein um's andere Mal abgehört, und schließlich sitze ich sogar vor einem monströsen Röntgenapparat.

Schließlich erhalten meine Schwäche, meine nächtlichen Schweißausbrüche, der trockene Husten einen Namen: Tuberkulose.

Ich bleibe auf der Krankenstation und bekomme nun doch noch meine Zusatzverpflegung.

»Grabe, mitkommen.« Was passiert denn jetzt? Völlig ahnungslos folge ich den Soldaten durch verschlungene Gänge. Es stellt sich heraus, dass dem Jungen tatsächlich der

Prozess gemacht wird. Die Leitung des Lagers hat es bei hohen Strafen verboten, sich an weiblichen Häftlingen zu vergreifen, und ausgerechnet in diesem Fall nimmt sie diese Verordnung einmal ernst. Ich muss als Zeugin aussagen, und angesichts der zerknirschten Miene des Angeklagten überfällt mich jetzt wirklich Mitleid. Irgendwie trifft das Ganze den Falschen, aber das kenne ich schließlich selbst am besten.

Eine Woche später werde ich erneut aus dem Krankenrevier in ein anderes Gebäude gebracht. Ehe ich noch weiß, wie mir geschieht, beiße ich in eine schlecht schmeckende, weiche Masse. Man macht Abdrücke von meiner Zahnlücke, und eine weitere Woche später setzt man mir zwei Stiftzähne ein. In den nächsten Tagen fahre ich immer wieder mit der Zunge über die neuen Zähne. Es ist ein Wunder.

Und es bleibt nicht das Einzige, ein zweites folgt bald darauf. Seit ich verhaftet wurde, durfte ich nirgends Briefe oder gar Pakete empfangen. Auch hier in Bautzen hat keine der Gefangenen Kontakt zur Außenwelt. Niemand darf schreiben oder Post bekommen. Deshalb betrachte ich dieses Päckchen aus Russland als ein weiteres Wunder. Der Junge ist verurteilt und zur Verbüßung der Strafe zurück in seine Heimat geschickt worden. Von dort sendet er mir Grüße, denen er ein Kleid und eine Schachtel Zigaretten beigelegt hat.

In meine Freude mischt sich tiefe Ratlosigkeit. Der scheint wirklich in mich verliebt gewesen zu sein. Trotzdem hätte er mich ohne Skrupel vergewaltigt. Männer sind merkwürdige Wesen. Ich will lieber nichts mit ihnen zu tun haben.

21

Ich bin bereits seit einer Weile wieder in die Gemeinschafts-
zelle zurückgekehrt. Nun kündet die wachsende Unruhe
von neuen Veränderungen.

Draußen bricht gerade der Sommer an, aber davon bekommen wir hier drinnen nicht viel mit. Lediglich von der ewigen Kälte sind wir in den letzten Wochen verschont geblieben.

An diesem Morgen ist es dann so weit. Wieder einmal heißt
es Sachen packen und raus in den Hof. Die Sonnenstrahlen
scheinen mir warm ins Gesicht, und das frische Grün der
Bäume am Straßenrand weckt wilde Sehnsucht in mir. In
Mühlhausen müssen die Kirschbäume jetzt blühen. Auf den
Beeten im Garten meines Großvaters häuft sich feuchte,
schwarze Erde. Gerüche steigen mir in die Nase und rufen
Erinnerungen an vergangene Sommertage wach. Wenn ich
das alles überlebe, wenn ich jemals wieder ein freier Mensch
bin, dann werde ich dorthin zurückkehren. Vater, Mutter,
Großvater, vor meinem geistigen Auge versammle ich sie im
Garten des Großvaters. Dort sitzen sie und warten auf mich.
Nicht die kleinste Veränderung lasse ich in dieser Fantasie
zu. So wie früher soll es sein, so als wäre ich nie fort gewesen.

Aber nicht durch meine Heimatstadt ziehen wir, sondern
durch Bautzen. Wie stets, wenn man uns zu einem Bahnhof
treibt, liegen die Straßen wie ausgestorben da. Kein Spazier-
gänger, kein Schulkind, nicht einmal ein Hund zeigt sich.
Vielleicht ist die Menschheit von einer geheimnisvollen Seu-

che dahingerafft worden. Selbst davon hätten wir in unserer Isolation wohl nichts bemerkt. Oder sind bloß alle geübt im Wegsehen? Will einfach niemand Zeuge dessen sein, was hier passiert? Es müsste doch ein Aufschrei durch eine Kleinstadt wie Bautzen gehen, wenn die Russen Hunderte deutscher Frauen wie Vieh vor sich hertreiben. Aber niemand schreit auf, niemand sieht hin, niemand stellt sich unserem Elendszug entgegen.

Wir werden verladen, und ein weiteres Mal rollen wir in den stinkenden Gefängnissen durch Deutschland. Auch diesmal scheint es endlos zu dauern. Die Transporte erreichen offenbar immer erst dann ihr Ziel, wenn wir uns damit abgefunden haben, den Rest unseres Daseins in den dunklen Verschlägen zu fristen.

»Oranienburg« steht in altmodischen Lettern auf dem Bahnhofsschild, als diese Reise dann doch nach acht Tagen und Nächten endet. Die noch gehen können, haben diesmal fast alle jemanden zwischen sich, den sie mitschleifen. Die Zahl der Kranken und derjenigen, die vor Schwäche und Hunger nicht auf den Füßen stehen können, ist inzwischen dramatisch angestiegen. Viele von uns zählen die Zeit der Haft nun nach Jahren, und das macht sich bemerkbar. Der Weg führt durch den Ort, zieht sich durch eine Allee dahin. Die Mittagssonne besitzt bereits Kraft, und wären der Hunger und die Schwäche nicht, könnte ich diesen Marsch vielleicht sogar genießen. Rechts und links von uns marschieren russische Wachposten, die allmählich auch ins Schwitzen kommen. Endlich entdecken wir in der Ferne unser Ziel. »Das ist doch Sachsenhausen, das Konzentrationslager.« Jemand im Zug kennt sich offenbar hier aus. Die Nachricht eilt von Mund zu Mund. Diesmal handelt es sich nicht um eine Latrinenparole.

Lange bevor die geduckten Baracken in Sichtweite kommen, ragen die Wachtürme wie erhobene Zeigefinger in den Himmel. Lass jeden Gedanken an Freiheit fahren, scheinen sie zu mahnen. Ein Zaun umgibt die endlose Barackensiedlung, mit Stacheldraht und Strom zu einem unüberwindlichen Wall ausgebaut.

Noch vor dem Tor werden wir zu neuen Gruppen zusammengefügt. Ich kenne keine der etwa fünfundzwanzig Frauen, mit denen ich anschließend durch das Lager geführt werde.

Während wir immer weiter in das Lager hineingetrieben werden, tauschen wir flüsternd Informationen aus. »Ich komme aus Bautzen und woher du?« Plötzlich wächst ein seltsamer Berg vor uns aus dem Boden. Unser Führer bleibt stehen, und sein Blick, der zwischen dem Berg und uns hin- und hergeht, ist um hundert Grad kälter geworden. Das Gewisper erstirbt, ungemütliche Stille liegt mit einem Mal über dem Platz. Eine Frau aus der vorderen Reihe schreit auf. Sie schlägt die Hände vors Gesicht, trotzdem sehe ich Tränen über ihre Wangen rollen. »Schuhe«, raunt meine Nachbarin, »das sind ja alles Schuhe.« Auch sie ist ganz weiß um die Nase geworden.

»Schaut ruhig genau hin. Deswegen seid ihr hier. Das dort zeigt eure Schuld. Jedes Paar Schuhe gehörte zu jemandem, den ihr verbrannt habt.« Die Stimme des Soldaten klingt blechern vor Hass.

Mir wird sehr unbehaglich zumute, bis ich den altbekannten Trotz in mir aufsteigen fühle. Was will der eigentlich von mir? Und was soll das alles, diese Schuhe? Ich habe niemandem etwas getan, aber die, die haben mich völlig ohne Grund eingesperrt. Weiß der Himmel, wo die all diese Schuhe herhaben. Es kann doch niemand Menschen verbrennen, oder?

Der Russe kann von mir aus gucken, wie er will. Der Ausdruck in den Augen meiner Schicksalsgenossinnen ist es, der mir Angst macht. Plötzlich bin ich mir nicht mehr so sicher. Vielleicht kann man doch?

Endlich haben wir lange genug vor den Schuhen zugebracht. Aber mein Aufatmen ist verfrüht. Nach wenigen Schritten stehen wir vor dem nächsten Berg, und im Hintergrund sehe ich einen dritten aufragen.

Der Brillenberg glitzert wie ein Diamant in der Sonne. Kleine Lichtreflexe tanzen über uns und die Baracken hinweg.

Ich würde gern etwas fragen, aber die Stille, die nur durch vereinzeltes Schluchzen unterbrochen wird, lässt jedes Wort im Hals stecken bleiben.

Der dritte Berg besteht aus menschlichem Haar, blonde, rötlich schimmernde, schwarze Büschel, Zöpfe. Selbst dem Soldaten hat es die Sprache verschlagen. Ohne seine Tiraden und Beschuldigungen liegen die Haare dort in stiller Klage. Gelegentlich fährt ein Windhauch darüber, und dann sehen sie sehr lebendig aus.

Ich fühle immer noch keine Schuld, aber trotzdem macht sich Unbehagen in meinem Bauch breit. Was immer uns hier erwartet, es wird nichts Gutes sein.

Endlich betreten wir eine der Baracken. An der einen Wand reihen sich Holzbänke aneinander, auf der anderen Seite befindet sich eine Art Tresen. Dahinter Häftlinge, die beflissen den Kommandos nachkommen, die jetzt durch die Luft schwirren.

Wir müssen uns ausziehen und alle Sachen an einen Haken hängen. An Seilen, die unter der Decke der Baracke gespannt sind, entschweben unsere Habseligkeiten unseren Blicken.

Ich komme mir furchtbar schutzlos vor. Nackt, ohne zu wissen, was mich nun erwartet, der Willkür dieser hasserfüllten Soldaten ausgesetzt. Einer von denen baut sich vor uns auf. »Die Beweise eurer Schuld habt ihr ja gerade gesehen. Das Gleiche, was ihr Tausenden von Menschen angetan habt, geschieht nun mit euch. Wir werden euch vergasen, mit euren eigenen Vorrichtungen, nach eurem Vorbild.« Kaum sind seine Worte in unseren Köpfen angekommen, unterstreichen

Gewehrkolben die hektischen Kommandos. »Dawai, dawai!« Ehe ich auch nur versuchen kann zu verstehen, drängen wir uns in einem fensterlosen, bis zur Decke gekachelten Raum zusammen. Fast alle weinen, die Panik verschlingt die gesamte Atemluft. »Da, das Gas! Ich sehe es!« Alle Blicke sind nun zur Decke gerichtet. Kleine Düsen sind dort oben angebracht, und auch ich glaube, etwas herausströmen zu sehen. Gebete werden laut, Rufe nach Müttern oder Kindern, Körper drängen sich Schutz suchend aneinander, bis dann plötzlich heißes Wasser auf uns herabrieselt.

Es riecht nach Chemie, wahrscheinlich ein Entlausungsmittel, aber es ist das herrlichste Wasser, das ich mir vorstellen kann. An die Stelle der Panik tritt eine schrille Euphorie. Wir sind gerettet, sind noch einmal mit dem Leben davongekommen. Unter viel Gelächter werden Leidensgeschichten ausgetauscht, komprimiert auf wenige Worte. Bautzen, Torgau, Buchenwald, mehr braucht man hier nicht zu sagen. Wer unter dieser Dusche steht, weiß Bescheid.

Lautlos schweben unsere Sachen herein. Eine andere Tür hat sich geöffnet, und immer noch schwatzend betreten wir einen benachbarten Raum. Ich bin heilfroh, diesem gekachelten Gefängnis entkommen zu sein. Meine Kleidung riecht fremd und ist noch ganz heiß, als ich sie vom Haken nehme.

Mit diesem fremden Geruch und dem geschenkten Leben trete ich in das wiedergewonnene Tageslicht. Wie Phönix aus der Asche warte ich auf dem Hof des Lagers Sachsenhausen darauf, was dieser Ort für mich bereithält.

22

Im Sonnenlicht und nach dem düsteren Gebäude in Bautzen wirken die niedrigen Baracken beinahe idyllisch. Wir beziehen Baracke 39. Klos und eine Reihe Waschbecken teilen den lang gestreckten Bau in zwei Hälften. Mein Blick wandert über Doppelstockpritschen an den Wänden, auf denen sogar Strohsäcke liegen. Als dann noch eine halbe Stunde später Suppe gebracht wird, eine Suppe, die richtig heiß ist, scheint mir dieses neue Gefängnis eine echte Verbesserung zu sein. Ich habe es mir mit meiner Suppe an dem Tisch in der Mitte des Raums bequem gemacht. Eine eigene Schüssel, ein Löffel für mich ganz allein, ein Tisch, ein Stuhl, für Sekunden bin ich wunschlos zufrieden. Die meisten schlürfen ihre Suppe auf den Pritschen hockend in sich hinein. Wir sind schon ein verwilderter Haufen, denke ich gerade, da reißt mich ein spitzer Schrei aus meinen Gedanken. Eine der Frauen springt wie von der Tarantel gestochen auf. Die Suppe landet platschend auf dem Boden.

»Sie ist direkt in meine Schüssel gefallen. Von oben aus dem Holz ist sie gekommen.« Kurz darauf liegen die Pritschen verlassen. Alle drängen sich in der Mitte des Raums zusammen. Angeekelt starren die meisten in ihre Schüsseln, die Mahlzeit ist uns endgültig verleidet.

Wanzen. Einige Frauen fischen zappelnde Exemplare aus ihren Näpfen, an anderen Stellen huschen entkommene Tiere zurück in ihre dunklen Verstecke.

Es stellt sich heraus, dass die gesamte Baracke von Ungeziefer verseucht ist. Jeder Holzbalken beherbergt Legionen von

Wanzen, und in den Strohsäcken, die ich so begeistert registriert hatte, nisten Mäusefamilien mehrerer Generationen. Was auf den ersten Blick nicht gerade sauber, aber doch durchaus bewohnbar aussah, entpuppt sich als vor Dreck starrendes Gemäuer.

Wir verbringen den Abend im Freien, denn niemand möchte zur Beute der hungrigen Tiere werden.

Am Morgen schälen sich die unterschiedlichen Charaktere meiner Mitgefangenen heraus. Einige investieren alle Energie in nervenaufreibendes Gejammer, andere stieren stumm auf ihre Füße und scheinen auf das Ertragen jeglichen Übels spezialisiert. Eine kleine Gruppe von Frauen aber besitzt noch Willen und Tatkraft. Mit aufgekrempelten Ärmeln und scharrenden Füßen entwickeln sie einen Plan.

Als Erstes rücken wir dann den Wanzen zu Leibe. Wir halten dampfenden Tee unter die Balken und gaukeln ihnen damit die Anwesenheit eines Opfers vor. So angelockt lassen sich die Tiere fallen und beginnen sofort hungrig ihre Saugwerkzeuge nach der Beute auszustrecken. Aber die Verhältnisse haben sich verkehrt, die Beute ist zum Jäger geworden. Wir stehen nämlich, mit einigen Nadeln und angespitzten Splittern bewaffnet, bereit. Wanze für Wanze wird aufgespießt. Es ist ein schauerliches Gemetzel. Ein Berg von kleinen schwarzen Leichen und der penetrante Geruch nach Marzipan dokumentieren unseren vollständigen Sieg in der Wanzenschlacht. An diesem Abend sitzen selbst die Gleichgültigsten mit geröteten Wangen und vom Jagdfieber noch glänzenden Augen am Tisch.

Am nächsten Morgen wird eine Delegation zu den Russen geschickt. Ob es am Schwung vom Vortag liegt oder ob die Russen dem Enthusiasmus deutscher Hausfrauen einfach nicht gewachsen sind, jedenfalls kehrt unsere Gesandtschaft mit Scheuerpulver und Lappen beladen zurück. Es beginnt ein Großreinemachen, das sogar unseren Bewachern ein anerkennendes Grinsen entlockt.

Erst jetzt richten wir uns in unserer Baracke häuslich ein.

Eine der älteren Frauen bezieht die Pritsche neben mir. Sie kommt mir bekannt vor, aber ich kann ihr Gesicht nicht zuordnen. Als sie ihr Bündel untergebracht hat, spricht sie mich an: »Du bist mir aufgefallen. Du bist die Einzige hier, die sich zum Essen an den Tisch setzt und die Suppe manierlich löffelt, anstatt sie in sich hineinzuschlürfen. Das gefällt mir. Ich heiße übrigens Maria.« Sie hält mir die ausgestreckte Hand entgegen, und nun fällt mir auch wieder ein, woher ich sie kenne. »In Bautzen mochtest du meine Manieren nicht so gut leiden. Da wolltest du mir keines deiner Kleider verkuhlen. Ich bin Erika.« Nach dieser formvollendeten Vorstellung schütteln wir uns die Hände, und das ist tatsächlich eine ungewohnte Geste. Sie erinnert mich an zu Hause, an eine beinahe vergessene Form des Menschseins. Plötzlich muss ich daran denken, wie frisch gewaschenes, gekämmtes Haar riecht, an die kühle Festigkeit einer gebügelten Bluse auf der Haut, daran, wie man sich fühlt, wenn man auf der Straße gegrüßt wird, und an den Genuss, ein Stück Fleisch mit Messer und Gabel zu zerteilen. Tränen steigen mir in die Augen, doch die Ankunft zweier weiterer Pritschennachbarinnen holt mich zum Glück schnell wieder in die Wirklichkeit zurück. Beide heißen Uschi. Die eine ist nur wenig älter als ich, die andere wie Maria um die dreißig und bereits verheiratet und Mutter.

Wir vier bilden bald eine kleine Familie in der großen Gemeinschaft der Baracke 39. Die beiden Mütter, Maria und Uschi Peschel, teilen das Schicksal, als Spioninnen verurteilt worden zu sein. Beide hatten ja die schwierige Aufgabe zu meistern, in den schlechten Nachkriegsjahren hungrige Kinder durchzubringen. Sie halfen sich wie die meisten, indem sie schwarz über die Sektorengrenze gingen und auf der anderen Seite Lebensmittel eintauschten.

Auch hier sorgen sie für die Organisation des Alltags. Wir nähen uns Brotbeutel, die wir an den Pfosten unserer Pritschen aufhängen, damit aufgespartes Brot nicht den Mäusen zum Opfer fällt. Brot ist nicht nur als Nahrungsmittel kostbar, es stellt auch die von allen akzeptierte Währung innerhalb des Lagers dar. Für eine Kuhle, also eine Tagesration Brot, kann man erwerben, was der Markt hergibt: von einem Paar Stricknadeln über Papier und Bleistift bis hin zu den stets begehrten Zigaretten. Der Handel ist allerdings hart. Er richtet sich nach Angebot und Nachfrage sowie der jeweiligen Zähigkeit der Verhandlungspartner. Wenn wir vier etwas brauchen, werde oft ich vorgeschickt. Aufs Aushandeln verstehe ich mich!

Eine Röstbrottorte dagegen hätte ich niemals herstellen können. Das schafft Maria. Wer Durchfall hat, bekommt geröstetes Brot. Da ständig irgendjemand unter diesem Zustand leidet, gibt der Markt auch ständig Röstbrot her. Maria hat mir eine Einkaufsliste aufgestellt, und ich besorge nun die Zutaten. Ein wenig Zucker, etwas Margarine und eben das Röstbrot. Es gehen einige Kuhlen dabei drauf, aber Uschi Peschel hat Geburtstag, also muss eine Torte her.

Ich habe meine Aufgabe erfüllt, und Maria macht sich ans Werk. Staunend schaue ich zu, wie sie in ihrer Essensschüssel das Brot pulverisiert. Der Zucker wird mit Wasser aufgelöst. Aus beidem stellt sie einen Teig her. Die Herstellung der Buttercreme, die in Wirklichkeit eine Margarinecreme ist, bildet den aufwändigsten Teil der Angelegenheit. Unter Zugabe des restlichen Zuckerwassers muss die Masse lange gerührt werden, aber dann macht sie durchaus etwas her auf dem ausgerollten Teig. Zum Schluss rollt Maria das Ganze mit geschickten Handgriffen zusammen.

Uschi ist zu Tränen gerührt über dieses Geschenk, und wir anderen sind ebenfalls sehr zufrieden. Wenigstens ein wenig Stil und Kultur haben wir uns erhalten können. Die Geburtstagstorte symbolisiert nicht nur Zusammenhalt und Freundschaft. Sie ist auch ein Zeichen für unseren Triumph über die widrigen Bedingungen, unter denen wir leben müssen. Man behandelt uns wie Tiere, aber wir haben uns Reste unserer Menschlichkeit bewahrt. Wir haben uns diesen Luxus vom Munde abgespart, den Verhältnissen abgetrotzt, und wir sind stolz darauf.

23

Frauen und Männer sind in Sachsenhausen durch hohe Zäune voneinander getrennt. Es gibt nur wenige Berührungspunkte, einer zum Beispiel ist die Übergabe der Essenskübel. Das ist nicht unwichtig, denn viele der Gegenstände, die auf dem Schwarzmarkt zu erhalten sind, kommen von der Männerseite zu uns herüber.

Auf der Frauenseite dürfen wir uns relativ frei bewegen. Arbeit gibt es nur für wenige, und schon um der Langeweile zu entkommen, stromere ich tagsüber durch das Frauenbataillon. Ich schaue mal in diese, mal in jene Baracke und komme mit den unterschiedlichsten Leuten ins Gespräch. Eines Tages entdecke ich vor einer Baracke etwas, das sofort meine Neugier weckt. Eine der Frauen übt Spagat, Salto, Flickflack, und ich erkenne sofort die Könnerin. Ich sehe gebannt zu. Sie ist Russin, und als sie eine Pause einlegt, spreche ich sie an. Es stellt sich heraus, dass sie Akrobatin ist, und zwar eine so genannte Kautschukakrobatin. Obwohl bestimmt zwanzig Jahre älter als ich, verfügt sie über eine Biegsamkeit ihres Körpers, um die ich sie glühend beneide. Lange versunken geglaubte Träume erwachen wieder zum Leben. Sie gerät ins Schwärmen von Auftritten und Erfolgen, und ich kann sie nur zu gut verstehen. Bevor ich mich auf den Rückweg mache, sind wir uns einig geworden. Sie wird täglich mit mir trainieren, dafür zahle ich mit einem Teil meiner Brotration.

Von nun an wache ich morgens auf und habe ein Ziel. So schnell wie möglich eile ich hinüber zur russischen Baracke.

Mascha wartet meistens schon auf mich, raucht den lagerüblichen Machorka, aus dem mit Zeitungspapier Zigaretten gedreht werden. Erst muss ich mein Brot abliefern, aber danach zeigt sich meine Lehrerin großzügig. Nicht selten üben wir den ganzen Vormittag.

Diese Übungsstunden verändern meine eingefahrene Gedankenwelt. Wo lange Zeit nichts als unüberwindliche Mauern herrschten, öffnet sich nun das Tor in die Zukunft eine Handbreit. Durch diesen Spalt sehe ich mich als Artistin durch die Welt reisen, frei und erfolgreich.

Diese Vision treibt mich an. Ich trainiere bis zur Erschöpfung. Oft ist es meine Lehrerin, die mich bremst und das Training für beendet erklärt. In meinem Bauch tobt ständiger Hunger allein schon deshalb, weil ich trotz äußerster körperlicher Belastung einen Teil meiner Rationen abtreten muss. Aber der Hunger in meinem Kopf nach einer Zukunft und nach Freiheit ist viel größer.

Es gibt erste Warnungen meines Körpers, vorübergehende Übelkeit, abrupte Stiche im Bauch, doch sie sind nicht heftig und beharrlich genug, um von mir beachtet zu werden.

An diesem Morgen jedoch lässt sich das Rumoren in meinem Bauch nicht ignorieren. Ich gehe zwar noch zum Trainig, aber nach den ersten Übungen muss ich mich hinsetzen. Es fühlt sich an, als drehte jemand genüsslich ein Messer in meiner Leiste herum.

»Ich kann einfach nicht. Mir tut alles weh.« Unter Artisten ist Schmerz üblicherweise kein Hinderungsgrund. Irgendein Teil ihres Körpers schmerzt immer. Meine Lehrerin schaut mir deshalb auch prüfend ins Gesicht. Was sie dort sieht, scheint sie aber doch zu überzeugen, denn sie entlässt mich und rät mir sogar, auch am nächsten Tag zu pausieren.

Ich schleppe mich zurück in meine Baracke und verbringe dort den Rest des Tages auf der Pritsche. Ausgerechnet an diesem Abend dürfen wir ins Theater. In Sachsenhausen gibt es ein Lagertheater, das von Häftlingen betrieben wird.

Es gehört großes Glück dazu, für eine Vorstellung eingeteilt zu werden. Pro Baracke dürfen nur wenige und namentlich genau festgelegte Personen teilnehmen. Ich habe mich schon seit Tagen darauf gefreut, aber jetzt geht es mir so hundeelend, dass ich nur noch liegen bleiben möchte. Doch dann müssten alle aus unserer Baracke verzichten. Die Lagerleitung ist bei der Erteilung solcher Vergünstigungen äußerst unflexibel. Entweder es kommen genau die genehmigten Personen oder gar keiner.

Maria und Uschi Peschel müssen mich in die Mitte nehmen. Ich kann nicht mehr auf den Beinen stehen, also schleifen sie mich zwischen sich zum Theater. So sehr ich mich auch bemühe, etwas von dem Geschehen auf der Bühne mitzubekommen, es geht alles in dem Brausen in meinem Kopf unter. Irgendwann wird mir speiübel. Ich schaffe es gerade noch nach draußen, bevor mein Magen das bisschen von sich gibt, was ich an diesem Tag gegessen habe. Aber die Übelkeit lässt nicht nach. Maria und Uschi haben auf dem Rückweg große Mühe mit mir, denn meine Beine taugen inzwischen zu gar nichts mehr.

Während der Nacht legt eine Hand mir immer wieder kühle Kompressen auf die Stirn. Manchmal glaube ich meine Mutter zu sehen, aber in lichten Momenten erkenne ich Maria. Zum morgendlichen Appell kann ich nicht antreten. In meinem Bauch ist ein Feuer ausgebrochen, wenn ich die Augen öffne, sehe ich rote Schleier. Nur hin und wieder bekomme ich überhaupt mit, was um mich herum geschieht. Maria hat nach dem Doktor gerufen, aber der kommt nicht. Offenbar hält er mich für eine Löffelschluckerin. Zu diesem verzweifelten Mittel greifen immer wieder einige Häftlinge, um auf die Krankenstation zu kommen. Dort ist die Verpflegung besser, und dafür nehmen diese Verzweifelten sogar eine Operation in Kauf. Immerhin kann ein wenig mehr Brot hier den Unterschied zwischen Leben und Tod bedeuten.

Maria veranstaltet einen solchen Rabatz, dass sich schließlich ein Posten herbeilässt, die Simulantin selbst anzuschauen. »Da, guck selbst. Sie hat Fieber. Sie ist keine Löffelschluckerin. Es muss sofort der Arzt kommen.«

Offenbar hat mein Anblick den Soldaten überzeugt, denn kurz darauf erscheint ein Arzt. Er drückt auf meinen Bauch und löst damit eine Explosion aus. Als die Schmerzwellen sich ganz langsam beruhigen, herrscht um mich herum bereits schreckliche Hektik. Hände ergreifen meinen gequälten Körper und heben mich auf eine Trage. Unter entsetzlichem Geschaukel und Gerüttel werde ich in die Sanitätsbaracke gebracht.

Über mir schweben ernste Gesichter. Die Lippen des weißhaarigen Mannes öffnen und schließen sich. Er will mir etwas sagen, und mit großer Anstrengung höre ich schließlich auch seine Stimme. »Dein Blinddarm ist vereitert. Wir müssen dich sofort operieren.« Ich nicke, ja, soll er operieren, sofort ist eine gute Idee. Wenn nur der Schmerz aufhört. Aber er spricht immer noch, will noch irgendetwas loswerden.

»… aber wenn wir nicht operieren, stirbst du. Mit OP kannst du Glück haben, obwohl deine Chancen nicht groß sind. Tja, Narkose ist nicht mehr da. Du musst entscheiden …«

Er hat es geschafft, meine Aufmerksamkeit zu wecken. »Was soll das heißen, keine Narkose?« Seine freundlichen Augen verhärten sich. »Keine Narkose heißt: Der Schrank ist leer. Das heißt, wir müssen dir den Bauch aufschneiden – ohne Betäubung.«

24

Sie haben es getan. Wo die Ledergurte meinen Körper fixiert haben, sind immer noch die Striemen zu sehen. Nachdem man mich festgeschnallt hatte, schob mir ein Helfer einen kleinen Holzkeil zwischen die Zähne. Das ist die letzte Erinnerung, bevor mir ein jähes Kreischen den Leib zerriss. Eine Welle spülte mich fort in einen dunklen Abgrund, aus dem ich erst wieder auftauchte, als Professor Bockacker mir die klaffende Wunde in meinem Bauch gerade wieder zunähte. Dann immer wieder Hände, Hände, die mich waschen, mich betten. In meinen Fieberträumen erscheint mir ab und zu der Professor, anfangs mit besorgter Miene, aber nun glätten sich die tiefen Falten auf seiner Stirn allmählich. Seit zwei Tagen entdecke ich sogar Hoffnung in seinem Blick, und als ich ihn heute Morgen begrüße, stiehlt sich eine kleine Freudenträne in seine Augenwinkel.

»Ich hätte keinen Pfifferling auf dich gesetzt, Mädchen. Aber du scheinst es geschafft zu haben. Musst mit dem Himmel in einem guten Verhältnis stehen.«

Mein Verhältnis zum Himmel ist nach wie vor gestört. Vielleicht bin ich zu jung, um Dankbarkeit für mein Überleben zu empfinden. Mit siebzehn ist Überleben schließlich das Normale. Ohne Narkose operiert zu werden ist dagegen völlig unnormal, so wie das ganze so genannte Leben, das ich nun schon seit zweieinhalb Jahren führe. Einzig dem Professor gegenüber empfinde ich Dankbarkeit. Er ist Häftling wie fast alle Ärzte im Lager, und um diese Aufgabe beneide ich ihn wahrlich nicht. Er und die anderen, die in der Krankenstation ihren Dienst tun, das sind meine Lebensretter. Meine Pfleger füttern mich mehrmals täglich mit vorgekautem Röstbrot. Wenn sie mir die kleinen Kügelchen in den Mund schieben, fühle ich mich wie ein Vogeljunges.

Aber wie junge Vögel auch, vertreibt man mich so bald wie möglich aus dem warmen Nest. Kaum habe ich die ersten Schritte zustande gebracht, muss ich in die Baracke 39 zurückkehren.

Es geschehen doch noch Zeichen und Wunder. Ich erhalte eine Arbeit. Ich deute dieses Privileg als Indiz für Reue auf Seiten der Lagerleitung, aber vielleicht ist es auch einfach ein Zufall. Und was für eine Arbeit das ist! Ich bin Tänzerin beim Theater. Sogar eine Ballettlehrerin habe ich.

Das Theater wurde bisher ausschließlich von Internierten betrieben, also von nicht verurteilten Kriegsgefangenen. In der Rangordnung des Lagers stehen sie weit über den durch das sowjetische Militärtribunal abgeurteilten »Verbrechern«. Unter den Internierten befinden sich Künstler der unterschiedlichsten Richtungen. Auch Heinrich George hat zu ihnen gezählt. Er hat noch das Skript für den »Faust« geschrieben, bevor er vorletztes Jahr im Männerlager gestorben ist. Ich bin die zweite Besetzung für das Gretchen und kann den gesamten Text inzwischen auswendig. Ich komme leider nicht zum Zuge, denn Margot Hanke, die erste Besetzung, fällt nie aus. Sie spielt wunderbar, und ich bin glücklich, einfach dazuzugehören. Meine Zeit wird noch kommen, da bin ich ganz sicher. Ich darf lernen, tanzen, schauspielern, ich werde mit Musik und Literatur gefüttert, und wie ein Schwamm sauge ich das alles begierig in mich auf.

Unsere Aufführungen müssen von der Lagerleitung genehmigt werden. Alles, was im Verdacht steht, mit dem Nationalsozialismus in Berührung gekommen zu sein, wird rigoros gestrichen. Selbst Mozart ist auf wundersamen Wegen unter Faschismusverdacht geraten. Deshalb ist die »Kleine Nachtmusik« vom Programm entfernt worden. Im Orchester sinnt man auf Auswege. Ein neuer Komponist wird geboren. »Mozanova« steht auf dem nächsten Programmentwurf. Mit diesem slavisch eingefärbten Namen gelangt Mozart zur Aufführung.

Die letzten Takte sind verklungen, und das gesamte Orchester hält gespannt den Atem an. Auch die Zuhörer sitzen regungslos auf ihren Plätzen. Fliegt die Sache auf, hat der Lagerkommandant die »Nachtmusik« erkannt?

Als der dicke Mann sich erhebt, herrscht absolute Stille. Endlich verzieht er sein Gesicht zu einem breiten Grinsen, und dann applaudiert er begeistert. »Mozanova, otschen choroscho, sehr gut!«

Noch wochenlang wird an allen Ecken des Lagers die »Kleine Nachtmusik« gepfiffen, und regelmäßig ruft dann irgendjemand: »Oh, Mozanova, guter Komponist!«

Ich bin dem Leben wiedergegeben. Ich habe Arbeit. Die Essensration ist nach wie vor kärglich, und der Tod durch Verhungern oder Krankheit wird uns jeden Morgen als reale Gefahr vor Augen geführt. Täglich sterben Häftlinge, fehlen bekannte Gesichter auf dem Appellplatz.

Trotzdem stellt sich eine Art Alltag ein. Es gibt glückliche Momente, wir lachen, streiten uns, wir schachern mit allem Möglichen. Manchmal vergesse ich, dass es noch ein anderes Leben gibt. So wie früher draußen. Ein Leben, in dem vieles selbstverständlich ist. Satt sein, frische Wäsche aus dem Schrank anziehen, hingehen, wo man will, passende Schuhe tragen, eine Zeitung lesen, Musik hören.

25

Maria verschwindet für zwei Tage im Karzer. Maria mit ihrem Bekleidungsfimmel hat sich bei einer kleinen Gaunerei um ein Kleid erwischen lassen. Unsere Erleichterung über ihre Rückkehr endet schlagartig, als Maria ihre Koje inspiziert. Am oberen Bettpfosten stockt ihr Blick. Sie zieht hörbar den Atem ein, und als sie sich umdreht, blitzen ihre Augen vor Wut.

»Wo ist mein Brotbeutel?« Unwillkürlich starren Uschi Sölter und ich auf den leeren Pfosten. Uschi Peschel kann nicht starren, sie liegt mit Fieber auf ihrer Pritsche und ist nicht vernehmungsfähig. Schweigen senkt sich über uns drei. Maria durchbohrt uns mit ihren Blicken, als könne sie in unser Hirn eindringen, wenn sie nur lange und intensiv genug hinschaut.

Der Diebstahl von Brot ist eines der schwersten Vergehen gegen unseren eigenen Kodex. Wer bei einer solchen Tat erwischt wird, hat nichts mehr zu lachen. Die Übeltäter sind Schikanen ausgesetzt, es soll Fälle von Spießrutenlaufen gegeben haben, und eine Frau hatte mir erzählt, dass eine Brotdiebin beide Hände auf einen heißen Ofen legen musste. Schlimmer als die Bestrafungen ist jedoch die Verachtung der Kameradinnen. Niemand kann es sich unter den Bedingungen eines Gefangenenlagers leisten, aus der Gemeinschaft ausgeschlossen zu werden. Allein überlebt man nicht.

Uschi Sölter und ich sind uns der Tragweite der Situation bewusst. Bloß jetzt nichts Falsches sagen, denke ich. Aber auch mein Schweigen entpuppt sich als Fehler. Ich spüre es genau, Maria hat mich in Verdacht.

Zunächst geht jeder seiner Wege. Ich zermartere mir das Hirn. Wo kann nur dieser dämliche Brotbeutel geblieben sein? Rückwärts und vorwärts lasse ich die zwei Tage von Marias Karzerhaft an mir vorüberziehen. Dann weiß ich es plötzlich.

Uschi Peschel war vormittags allein in der Baracke, und am Nachmittag war sie auf rätselhafte Weise im Besitz einer ganzen Schachtel Zigaretten. Sie muss es gewesen sein. Aber was nun?

Prompt zieht Maria mich am Abend zur Seite. Sie hält sich nicht mit langen Verbrämungen auf. »Dass du das Brot geklaut hast, ist schon schlimm. Aber dass du jetzt auch noch lügst, das finde ich am allerschlimmsten. Das hätte ich nicht von dir gedacht!«

»Ich habe weder dein Brot gestohlen, noch lüge ich. Du als meine Freundin solltest das wissen. Und wenn du es nicht weißt, dann halte dich wenigstens mit deinen Verdächtigungen zurück.«

Ich bin stinksauer und Maria ebenso. Die Atmosphäre in unserer Ecke wird mit jeder Stunde unerträglicher. Beide verziehen wir uns so bald wie möglich schweigend in unsere Kojen. Aber schlafen kann niemand. Das Knarren der Bretter erzählt von schlaflosen Stunden und Grübeleien.

Erst am übernächsten Tag geht es Uschi Peschel besser. Als die anderen draußen sind, sage ich es ihr auf den Kopf zu. »Ich weiß, dass du das Brot genommen hast. Entweder du gehst zu Maria und beichtest es selbst, oder ich verrate es der Stubenältesten. Was dir dann blüht, brauch ich dir nicht auszumalen.« Ich habe Glück. Uschi versucht gar nicht erst zu leugnen.

Sie und Maria regeln die Sache unter sich. Von Gerüchten und einigen scheelen Seitenblicken abgesehen, bleibt die Angelegenheit für Uschi folgenlos.

Maria entschuldigt sich nicht bei mir. Dafür steckt sie mir hier und da etwas zu, und vor allem nimmt sie meine Liebesangelegenheiten energisch in die Hand. Ich habe nämlich seit kurzem zwei Verehrer, und damit bin ich hoffnungslos überfordert.

Da ist zum einen Hans Georg. Er entdeckte mich sofort in dem kleinen Trupp, in dem ich Richtung Theater trottete. »He, du bist doch Erika!« Ich brauchte etwas länger, bis ich diesen klapperdürren, hoch aufgeschossenen Mann mit der Melderbinde als meinen alten Freund aus Mühlhausen erkannte. Beinahe wäre mir ein »Gott, siehst du elend aus« herausgerutscht. Aber so etwas erwähnen wir hier nicht. Jeder weiß, welchen Anblick er selbst bietet. Da ist es besser, man schweigt.

Hastig tauschen wir die üblichen Informationen aus. »Warum bist du hier? Wie lange schon? Welches Urteil?« Schnell kommen wir auf gemeinsame Bekannte zu sprechen. »Weißt du etwas über Günter S.? Den haben sie damals zusammen mit mir abtransportiert aus Mühlhausen.« Ja, Hans Georg hat ihn in einem der Lager gesehen, aber dann wieder aus den Augen verloren.

»Du hast auch nichts von zu Hause gehört?« Das ist eher eine Feststellung als eine Frage, aber allein das Wort löst ein Rumoren in meiner Brust aus. Wir haben das Theater erreicht, und hier muss Hans Georg mich verlassen. Es ist unter anderem seine Aufgabe, Grüppchen wie unseres durchs Lager zu geleiten. »Wir sehen uns morgen«, raunt er mir noch zu, ehe er verschwindet.

Vielleicht war es die leichte Berührung meiner Schulter, vielleicht auch die Wärme in seinem Blick. Ein fest unter Verschluss gehaltenes Gefühl bricht sich plötzlich Bahn. Wilde Sehnsucht nach Mühlhausen, nach meinen Eltern, aber auch nach etwas Namenlosem ergreift mich. Bis in die Fingerspitzen empfinde ich den ziehenden Schmerz.

Wie versprochen, wartet Hans Georg am nächsten Tag schon auf mich. Er drückt kurz meine Hand, und wieder springt dieser kleine Funke über, dieses warme, lebendige Prickeln.

Irgendwann beginne ich auf den Augenblick zu warten, an dem unser Trupp auf den Melder trifft. Nur selten ist es nicht Hans Georg, sondern irgendein anderer. Aber der steckt mir dann meist einen schriftlichen Gruß oder ein kleines Geschenk zu.

Ich kann nicht viel mit dem verwirrenden Knäuel von Gefühlen anfangen. Ich stelle nur fest, dass die Welt plötzlich in ein warmes Licht eingetaucht scheint.

Maria gibt dem Zustand einen Namen: »Du bist verliebt, Mädchen.« Tja, wenn sich das so anfühlt, dann soll es mir recht sein, denke ich nur.

Der andere heißt Georg K. Ich weiß nicht, wie er es anstellt, aber er bewegt sich beinahe frei durch das Lager. Er spricht perfekt Russisch und hat sich mit seiner Bauernschläue einen Platz weit oben in der Gefangenenhierarchie erobert. Oft spüre ich seinen brennenden Blick aus dem Dunkel unseres Probenraums. Es ist ein hungriger Blick, der ein unangenehmes Gefühl auf meiner Haut hinterlässt. Überhaupt kann ich ihn nicht besonders gut leiden. Mit seiner flachen Stirn und der gedrungenen Statur hat er etwas Derbes an sich. Trotzdem bringt sein unverhohlenes Begehren eine Saite in mir zum Klingen.

Bald kommen auch die ersten Geschenke, und es sind solche Kostbarkeiten, dass ich nicht einmal daran denke, sie zurückzuweisen. Eine Zwiebel, Seife, eines Tages sogar ein paar Tomaten.

»Halt dir den bloß warm, Erika«, ermahnt mich Maria jedes Mal, wenn ich mit meiner Beute zurückkehre. Die teile ich stets mit ihr, schon weil ich auf ihren Rat und ihre Hilfe angewiesen bin.

Da sind die Briefe, die Georg K. mir zusteckt. Anfangs kurz, beinahe unbeholfen, werden sie bald länger und seltsam beredt für diesen wortkargen Mann. Von Liebe ist darin die Rede, von Mann und Frau, die zusammengehören. Mir kommt das alles schwülstig vor. Was will der eigentlich von mir? Aber Maria scheint Gefallen an diesen Episteln zu finden. Immer häufiger zieht sie beim Lesen anerkennend die Augenbrauen in die Höhe und nickt wohlgefällig. Sie ist es auch, die die Antwortbriefchen schreibt. Derartiges Zeug hätte ich mir niemals aus den Fingern saugen können. Und schon gar nicht mit diesem Georg im Visier.

Manchmal bin ich voller Widerwillen. Geschenke hin und her, ich mag den Kerl einfach nicht. Aber Maria bleibt unerbittlich. »Wir brauchen den. Wo diese Geschenke herkommen, da gibt es noch mehr. Wenn wir hier überleben wollen, dann können wir es uns nicht leisten, so etwas leichtfertig auszuschlagen.«

Also spiele ich mit, und eine Weile geht auch alles gut. Mit Hans Georg halte ich Händchen, und an seinem strahlenden Begrüßungslächeln wärme ich meine Seele. Den anderen halte ich hin, vor allem mit Hilfe von Marias Briefen.

Doch Georg K. ist kein Mann, der sich in den Spielchen zweier Frauen verfängt. Eines Tages holt er zu einem Schlag aus, bei dem der arglose Hans Georg auf der Strecke bleibt. In der Kommandantur Innerer Ordnung gibt es einen Raum, in dem sich Gefangene, die verwandt sind, mit einer offiziellen Erlaubnis treffen können. Eheleute, Geschwister und auch Verlobte. Ich habe keinerlei Verwandte im Lager. Dennoch werde ich eines Nachmittags dorthin gebracht. Sprechzeit mit meinem Verlobten. Georg K.

Und es ist ausgerechnet Hans Georg, der mich in die Kommandantur zu begleiten hat. Der sonst so sanfte Mann ist außer sich. »Wie kannst du mit diesem Kerl anbändeln. Ich dachte, wir seien ein Paar.« Fasziniert lausche ich der Verzweiflung in seiner Stimme. Es geht um mich. Meinetwegen die wilden Gesten, diese Eruption von Gefühlen. Aber all das erreicht mich nicht. Ich erlebe den Ausbruch wie Theater, und ich genieße es.

»Es macht mir eben Spaß.« Ich höre selbst den schnippischen Tonfall. Auch als Hans Georg mich abgeliefert hat und niedergeschlagen davontrottet, bin ich lediglich verwundert. Warum nimmt er das Ganze bloß so ernst?

Da gefällt mir Georg K.s Auftreten zunächst viel besser. Unter den schläfrigen Blicken eines Wärters raunt er mir allerlei Nettes zu. Schließlich misst er mit den Blicken meine Füße und meine Waden. »Ich werde dir Stiefel machen lassen. Mein Mädchen soll in ordentlichen Schuhen gehen.« Heimlich tätschelt er meine Beine. »Nun lass den Quatsch«, bremse ich seine Zudringlichkeit schließlich. Ich glaube ihm ohnehin kein Wort. Woher will er denn wohl Stiefel nehmen? Georgs Gesäusel beginnt mich zu ermüden, aber da ist die Sprechzeit zum Glück auch schon abgelaufen.

Nun beginnt ein regelmäßiger Austausch von Briefen. Mich interessieren vor allem die handfesteren Beweise seiner Zuneigung, die nie fehlen. Tabak, die allgemeingültige Währung neben Brot, Gemüse, Papier. »Der scheint ja wirklich allerbeste Quellen zu haben.« Maria hat mittlerweile geradezu Hochachtung vor dem Kerl. Daran haben die Briefe einen beträchtlichen Anteil. »So primitiv, wie du ihn schilderst, kann der gar nicht sein. Hör doch bloß mal, was der schreibt.« Dann liest sie mir jedes Mal eine Passage vor. Aber ich will davon nichts wissen. »Vielleicht hat der ja auch jemanden, der für ihn schreibt. Wer weiß, mit wem du dein Liebesgeflüster in Wirklichkeit austauschst.«

Dann geschieht das Unerwartete. Ich bekomme Stiefel und ein paar Halbschuhe noch dazu. Beides passt wie angegossen. Neben aller Freude bin ich doch ein wenig erschrocken. Wie viel Einfluss muss einer haben, der hier so etwas zuwege bringt? Wie weit reicht der Arm eines solchen Menschen?

Marias Überlegungen gehen offenbar in eine ähnliche Richtung. »Das mit dem Hans Georg muss jetzt aber ein Ende haben, Erika. Du kannst nicht mit zweien herumpoussieren.« »Aber wenn ich mich entscheiden muss, dann nehme ich lieber den Hans Georg«, widerspreche ich ihr.

»Das kommt überhaupt nicht in Frage. Du bist wohl nicht bei Verstand.« Maria hält mir eine Standpauke, die sich gewaschen hat. Das Fazit ihrer Rede ist einfach. Es geht nicht um Liebe, es geht ums Überleben. Jedes Mittel ist gerechtfertigt, wenn es bloß dazu dient, dass wir dieses Lager auf unseren Füßen verlassen.

Ich verbringe eine schlaflose Nacht. Am liebsten würde ich einfach liegen bleiben. Ich habe plötzlich auf keinen mehr Lust. Sollen sie mir doch alle gestohlen bleiben.

Aber wie beinahe jeden Morgen höre ich auch heute den Leichenkarren über das Pflaster rattern. Da weiß ich, dass Maria Recht hat.

»Warum, Erika, warum?« Alle Farbe ist aus Hans Georgs Gesicht gewichen. Ich sehe deutlich das Zittern um sein Kinn und denke: O Mann, der flennt gleich los. Aber auch mir ist mehr nach Weinen als nach allem anderen zumute. Ich hasse diese Aufgabe, ich hasse Maria, das Lager und dieses ganze beschissene Leben, das von mir solche Opfer verlangt. »Weil ich verlobt bin! Ich bin mit dem K. verlobt, und deshalb muss Schluss sein mit uns!«

26

Wir werden entlassen, allgemeine Amnestie. Gerüchte schwirren durch die Baracken. Überall kleine Grüppchen, man steckt die Köpfe zusammen, wispert und raunt. Egal, was passiert, diese Lieblingsparole aller taucht unweigerlich als Erste auf. Und heute ist es nicht anders.

Aber irgendetwas ist tatsächlich im Schwange. Man hat die Barackenältesten auf die Kommandantur bestellt. Das gesamte Lager wartet mit angehaltenem Atem.

Was dann verkündet wird, löst bei den meisten einen unbeschreiblichen Jubel aus, obwohl es natürlich wieder nicht die ersehnte Entlassung ist.

Wir dürfen nach Hause schreiben. Papier und Bleistift, deren Besitz bis eben noch mit Karzer bedroht war, werden ausgegeben. Plötzlich rückt die Außenwelt, die bis dahin einfach nicht mehr existierte, wieder in unsere Reichweite. Wenigstens ein Band aus Worten darf geknüpft werden. Gedanken finden wieder einen Ort, zu dem sie wandern können.

Kurze Zeit später gleicht das Lager einer Geisterstadt. Alles hat sich auf die Pritschen zurückgezogen. Da sitzen sie nun und grübeln, und es sieht aus, als ließe man Erstklässler die Quadratur des Kreises berechnen. Es gilt, verschlüsselte Informationen über sein Schicksal in fünfzehn karge Zeilen zu pressen.

Nur wenige hocken wie ich mit trotzig verschlossener Miene vor dem Blatt. »Erika, nun schreib doch.« Maria redet auf mich ein wie auf einen lahmen Gaul, aber diesmal beißt sie auf Granit. »Ich lass mich doch nicht verhohnepipeln. Das glaubt ihr doch selbst nicht, dass die auch nur einen Brief wirklich abschicken.« Auf das Spiel von Hoffnung und Enttäuschung werde ich mich nicht mehr einlassen. Außerdem weiß ich gar nicht, wo meine Eltern stecken. Ist mein Vater zurück aus der Gefangenschaft? Leben sie noch in Mühlhausen, und leben sie überhaupt noch?

Die Briefe werden eingesammelt, und dann geschieht für lange Zeit erst einmal gar nichts. Ich glaube mich schon bestätigt, da trudeln die ersten Antworten ein. Als dann jeden Morgen Briefe verteilt werden, muss ich einsehen, dass ich Unrecht hatte. Ich habe die einmalige Chance verpasst, weitere Genehmigungen gibt es nicht. Nach Nächten voller Tränen und Selbstvorwürfen schält sich dann langsam die Lehre aus meinem Verhalten heraus. Ich bin über meine eigene Sturheit gestolpert. Die Reue ist bitter.

Bis jetzt bildete das Lager eine Art Universum für seine Insassen. Das Leben hier war, wenn auch nicht gerade idyllisch, geordnet und überschaubar. Alle lebten im Hier und Jetzt, bestenfalls träumte man noch von einer Zukunft.

Das Auftauchen der Außenwelt lässt die Vergangenheit auferstehen. Plötzlich besitzt jeder wieder eine Geschichte und Bezugspunkte, die weit außerhalb des gemeinsamen Horizontes liegen. Die Briefe trennen uns auf merkwürdige Weise. Den einen bringen sie Freude. Kinder sind geboren worden, Männer mehr oder weniger unversehrt aus der Gefangenschaft zurückgekehrt, Totgeglaubte am Leben. Andere beweinen Verluste. Eltern, zu denen man noch gestern im Geist gesprochen hat, sind gestorben, liegen schon lange auf dem Friedhof. Einige Frauen erfahren, dass ihre Ehe geschieden ist, dass ihre Männer bereits mit anderen verheiratet sind.

Draußen hat sich die Welt weitergedreht, auch ohne uns.

Endlich hält dann Maria den Brief ihres Mannes in den Händen. Wie die anderen zieht sie sich zurück und braucht eine Weile, um den Ansturm der Gefühle in den Griff zu bekommen. Aber dann fallen auch für mich ein paar Krumen ab. Maria hat einen Teil ihrer kostbaren Zeilen geopfert und ihren Mann gebeten, meine Eltern zu benachrichtigen.

Über diesen Freundschaftsdienst bin ich ziemlich gerührt. Ich erfahre, dass nur noch mein Großvater in Mühlhausen wohnt. Meine Mutter ist in den Westen gegangen. Sie lebt inzwischen in Westfalen. Das Schicksal meines Vaters ist ungewiss. Er ist bisher nicht aus der Gefangenschaft zurückgekehrt.

Mein Zuhause gibt es nicht mehr. Es ist ein seltsames Gefühl. Manchmal, abends, hatte ich mir vorgestellt, an unserem Küchentisch zu sitzen. Ich sah meine Geschwister durch die Zimmer flitzen, und Mutter stand am Herd und kochte. Eine Vision voller Geborgenheit, auch wenn sie so unerreichbar war. Und jetzt? Woran soll ich mich jetzt klammern, welches Bild heraufbeschwören? Nun, da ich um die Auflösung weiß, ist da nichts, nur ein blinder Fleck.

Die letzten Wochen des Jahres 1949 sind erfüllt von vagen Hoffnungen. Die Gerüchte von Entlassungen halten sich diesmal hartnäckiger als sonst. Eine ständige Unruhe liegt über dem Lager. Einer will gesehen haben, dass Akten in die Kommandantur gebracht wurden. Ein anderer will gehört haben, das gesamte Lager werde aufgelöst, alle würden entlassen. Einige verkuhlen ihre gesamte Habe in dem Glauben, sie bräuchten keinen warmen Pullover, keine zusätzliche Wolldecke mehr. Heute satt und morgen entlassen, scheint ihre Devise zu sein.

Und es kommt tatsächlich Bewegung auf. Ein Offizier geht von Baracke zu Baracke und ruft Namen auf. »Mitkommen!«

Den Aufgerufenen bleibt kaum Zeit, ihre Habseligkeiten zusammenzuraffen, geschweige denn zu langen Abschieden.

Die Ersten folgen dem Offizier noch ein wenig ungläubig, dann verschwinden sie im Steinbau.

Keiner von ihnen kehrt zurück.

Das Schauspiel wiederholt sich, und selbst die größten Skeptiker werden nun von der allgemeinen Euphorie mitgerissen. Die zweite Welle der Entlassenen geht besser vorbereitet. Einen Sack voller Grüße und Aufträge im Gepäck, verlassen sie das Lager. Auch Hans Georg und Uschi Sölter befinden sich unter den Glücklichen. Noch wiegen wir anderen uns in dem Glauben, wir würden bald folgen. »Sag meiner Mutter, ich komme nach Hause«, trage ich deshalb Hans Georg auf. Treffpunkte draußen werden verabredet. Dann geschieht plötzlich nichts mehr. Ein Tag vergeht und noch einer, keine Entlassung. Nach einer Woche sinkt die Stimmung in bodenlose Tiefen. Die Euphorie schlägt um in Resignation. Tagsüber gibt es wegen jeder Lappalie Streit. Nachts hört man von vielen Pritschen unterdrücktes Schluchzen. Ich komme hier nie raus. Ich werde den Rest meines Lebens in diesen Baracken verbringen. Dieser Gedanke ist angesichts der herrschenden Niedergeschlagenheit besonders unerträglich.

In Ermangelung irgendwelcher Alternativen gehen wir wieder zur Tagesordnung über. Ich verbringe meine Vormittage im Theater. Auch dort verlaufen die Proben lustlos. Unvermittelt reißen mich aufgeregte Stimmen aus meiner Trägheit. Mein Name wird gerufen. »Erika, schnell, komm auf den Hof.« Ich lasse alles fallen und renne nach draußen. Ich komme gerade noch rechtzeitig, um die letzten Takte eines Liedes zu hören. »Das waren Grüße an Gigi von ihrer Mutter«, sagt eine Radiostimme über Lautsprecher. Die freie Stimme einer freien Welt. Gigi, das bin ich. So nennt mich Mutter. Und das Lied. Ich brauche eine Weile, um zu begreifen, was da geschehen ist. Sie weiß, dass ich lebe. Und wo ich bin. Alles wird gut werden. Mutter hat mich gefunden. Irgendjemand berührt meine Schulter, Stimmen reden auf mich ein. Aber das geht alles unter, wird von der Springflut meiner Tränen fortgespült. Ich will nach Hause, jetzt sofort. Sie ist da draußen, ich habe sie gehört. Und ich kann nicht zu ihr. Unüberwindlich die Mauern, die Stacheldrähte. Wie lange muss ich noch warten? Ich halte das nicht mehr aus.

Die letzten Tage des Jahres 1949 schleppen sich unendlich zäh dahin. Nicht einmal die unverbesserlichsten Optimisten begrüßen die Fünfziger mit den üblichen Hoffnungen auf Freiheit.

Deshalb bleibt die Erwartung gedämpft, als unübersehbare Zeichen der Veränderung sichtbar werden. Akten werden bewegt. Es sind unsere Akten, die aus den Kellern ans Tageslicht befördert werden. Der Spruch eines russischen Offiziers macht die Runde: »Gebt den Deutschen deutsche Bewacher, und sie sind bestraft genug.« Mit gemischten Gefühlen schieben wir uns dann an den Tischen vorbei, die auf dem Appellplatz aufgestellt worden sind. Name für Name wird aufgerufen. Die Veranstaltung gleicht einem schleppenden Tanz. Aufruf, vortreten, Name, abtreten, Akte schließen. Endlich ertönt mein Name. Erika Grabe. Ich trete vor, leiere meinen Namen herunter, setze das geforderte »geboren am 25. 12. 1930« hinzu. Das Dokument schwebt bereits über dem Stapel, da holt es ein Soldat mit irritiertem Blick zurück. Er schaut hinein. »›25. 12. 1928‹ steht hier. Sie sind 1928 geboren.«

»Na, ich werde doch wohl wissen, wann ich geboren bin. 1930, 25. 12., das ist mein Geburtsdatum.«

Der monotone Rhythmus ist dahin, der Tanz unterbrochen. Hinter dem Tisch entsteht Gemurmel, Köpfe werden zusammengesteckt, geschüttelt. Einer winkt mich schließlich weiter. »Abtreten!«

Sie streiten nicht mit mir, eigentlich schade. Gerade war meine Kampflust erwacht. So murmele ich nur vor mich hin: »Zu blöd, ein Datum richtig zu schreiben« und ordne mich wieder in die Schlange ein.

Wenige Tage später ist das Kapitel Sachsenhausen für uns beendet. Wie die meisten erwartet haben, durchschreiten wir das Tor nicht in Richtung Freiheit. Es geht wieder einmal in langen Kolonnen zum Bahnhof. Wieder warten dort Viehwaggons, wie stets weiß niemand, wohin sie uns bringen.

27

Es stinkt nach billigem Diesel. Lastwagen auf Lastwagen rollt heran und spuckt seine Ladung auf den Hof. In der frostigen Luft bildet unser Atem kleine Wölkchen. Düster ragen die Mauern des Gefängnisses Hoheneck in den eisblauen Himmel empor. Holzschuten vor den Fenstern verwehren Ein- und Ausblick, und die Volkspolizisten würden am liebsten ebenfalls die Augen verschließen vor dem, was da auf sie zurollt.

Wir stehen ja schon wie die Sardinen, und immer noch werden weitere Häftlinge abgeladen. Während unseren Bewachern allmählich das Entsetzen in die Gesichter kriecht, sehe ich bei meinen Schicksalsgenossinnen nur stoische Ergebenheit und nach wie vor so etwas wie Hoffnung. Immerhin tragen diese neuen Bewacher deutsche Uniformen. Sie sprechen unsere Sprache, sie sind wie wir. Hier wird man uns verstehen, die Missverständnisse werden sich aufklären. Es kann nur eine Frage der Zeit sein, bis man uns entlässt.

Deshalb klingen die harschen Kommandos beinahe lieblich in meinen Ohren, mit denen man uns jetzt in das dunkle Gemäuer treibt. Endlich nicht mehr das verhasste »Dawai, dawai«. Stattdessen »Vorwärts marsch, Beeilung!« Es kann doch nur besser werden.

Aber zunächst wird es schlimmer.

Jetzt geht hier aber wirklich niemand mehr rein. Wir kauern dicht an dicht auf dem Boden. Ein abgeblättertes Bild hinter einem Altar gibt Zeugnis von der ursprünglichen Benutzung des Raumes. Immer wieder öffnet sich die Tür, und ein weiterer Schwall von Frauen quetscht uns zusammen. Dies kann natürlich nur ein Provisorium sein. Keine Pritschen, keine Strohsäcke, nach einer Weile werden zwei offene Kübel hereingetragen.

Jede verbringt die Nacht dort, wo sie gerade hockt. Kaum jemand findet Schlaf, schon allein deshalb nicht, weil ständig eine der Frauen über die anderen hinübersteigt, um zu den Kübeln zu gelangen.

Ich gehöre zum ersten Grüppchen, das dann am Morgen abkommandiert wird. Na endlich, jetzt weist man uns unsere Zelle zu, denke ich noch. Aber zunächst einmal nimmt man uns lediglich unsere wenigen Besitztümer ab. Sogar die Kleidung müssen wir ablegen. Dann erhalte ich zum ersten Mal in meinem Leben Häftlingsmontur. Die blauweiß gestreifte Unterhose hat dort, wo sonst das Gummi sitzt, ein Band zum Zubinden. Das Hemd hat die gleichen Streifen. Jacke und Hose sind in verwaschenem Anstaltsgrau gehalten. Der grüne Streifen weist uns als einfache Verbrecher aus. Nur Schwerverbrecher bekommen einen roten. Das Ganze wird vervollständigt durch Holzpantinen und Fußlappen.

Strümpfe, Büstenhalter, die Wäsche zum Wechseln, alles perdu, Luxus, von dem wir hier zu träumen lernen.

Derart ausstaffiert, marschieren wir zurück in den überfüllten Kirchenraum. Das merkwürdige Klock, Klock der Pantinen verleitet dazu, in Gleichschritt zu verfallen. Die noch in Zivil gekleideten Frauen starren uns neugierig an. Am liebsten würde ich mir das Zeug vom Leib reißen und schreien: »Ich bin's, Erika. Das hier hat gar nichts mit mir zu tun. Alles nur Verkleidung.«

Allmählich schlägt die Stimmung um. Seit Tagen kampieren wir nun vor dem Altar auf dem Boden. Die wässrige Plörre verdient den Namen Suppe nicht, die sanitären Verhältnisse stinken im wahrsten Sinne des Wortes zum Himmel. Die Kälte der Februarnächte kriecht uns bis in die Knochen.

Die meisten kauern stumpf auf demselben Platz, auf dem sie nachts versucht haben zu schlafen. Es ist nur eine Frage der Zeit, wann hier die Erste ausrastet.

Endlich geschieht etwas. Wir werden neu verteilt. Ich komme mit vielen anderen Jugendlichen in die so genannte G 3. Obwohl der Saal riesig wie ein Bierzelt ist, herrscht Gedrängel und Enge. Ich habe keine Ahnung von der genauen Zahl, aber es müssen über dreihundert Frauen sein, die sich in dem Mittelgang hin und her schieben. Zum Glück ist Maria mit einigen anderen älteren Frauen derselben Gemeinschaft zugeteilt. Sie bezieht die Pritsche unter mir, und so retten wir ein Stück Heimat mit herüber.

Immerhin, wir schlafen nun auf Pritschen, und es gibt Tische und Bänke, an denen man essen und sich tagsüber aufhalten kann. Bis wir endlich Strohsäcke erhalten, vergehen allerdings noch Wochen.

Dass ich den Baracken in Sachsenhausen einmal nachtrauern würde, hätte ich mir nicht träumen lassen. Aber verglichen mit dem Chaos in Hoheneck herrschten dort geradezu paradiesische Zustände.

Die Stubenältesten riskieren Kopf und Kragen. Die Liste ihrer Beschwerden ist lang. Sie fordern Wäsche zum Wechseln, wir besitzen ja jede bloß eine einzige dieser markanten Unterhosen. Der eine Liter Wasser, der jeder von uns pro Tag zugeteilt wird, reicht nicht einmal für die Körperpflege, geschweige denn zum Wäschewaschen.

Die Menstruation bringt besondere Gefahren mit sich. Weil wir nichts haben, keine Laken oder Handtücher, die man zweckentfremden könnte, von solchem Luxus wie Monatsbinden ganz zu schweigen, müssen die Fußlappen herhalten. Wird aber eine Frau ohne Fußlappen an den Füßen angetroffen, wandert sie für drei Tage in den Karzer.

Hofgang steht auf dem Wunschzettel, Arbeit und ganz oben natürlich besseres Essen. Das Schlimmste bleibt der Hunger. Wir sitzen hier bei Wasser und Brot. Die paar Graupen, die in der Suppe schwimmen, muss man suchen. Manchmal findet man gar keine im Napf.

Unsere Bewacher reagieren gereizt. Für sie sind wir der Abschaum der Menschheit. Staatsfeinde, Antikommunisten, Nazis. Einer sagt: »Ihr seid die schlimmsten Verbrecher überhaupt. Da ist mir jeder Kriminelle lieber.« Die meisten sind junge Leute, die voller Idealismus den Aufbruch des Sozialismus feiern. »Draußen wird auch gehungert«, müssen wir uns vorhalten lassen. »Und ihr seid die Letzten, für die der Arbeiter sich krummlegt.«

Abgesehen von den ideologischen Ressentiments, ist die Gefängnisleitung ganz offensichtlich überfordert. Hoheneck ist für maximal sechshundert Häftlinge gebaut, jetzt muss sie mit weit über tausend Frauen fertig werden.

Es dauert Monate, bis das auch nur annähernd gelingt.

Inzwischen nimmt unsere körperliche Verfassung bedrohliche Formen an. Die ständig grassierenden Durchfallepidemien tragen das ihre dazu bei. Wir sind fast alle bis auf die Knochen abgemagert. Unsere Haut hat das Grau der Anstaltsjacken angenommen. Die Haare sind stumpf und fettig. Wir müssen einen schrecklichen Anblick bieten. Und wir stinken!

Einige Mitglieder der russischen Kommission, die sich eines Tages durch die überfüllten Gänge schiebt, halten sich Taschentücher vor die Nase. Selbst den hartgesottenen Offizieren steht das Grauen in den Gesichtern.

28

Angst vor zu hohen Sterbequoten verschafft uns einige Erleichterungen. Die Gefängnisleitung ordnet Gymnastik an. Einmal am Tag werden wir in kleinen Gruppen auf den Hof getrieben.

Einige stehen nur und starren in den Himmel. War der Himmel jemals so blau? Die meisten von uns sind dermaßen schwach vor Hunger und steif von der langen Bewegungslosigkeit, dass ihnen selbst die einfachsten Übungen nicht gelingen wollen. Die zierliche Person vor uns, auch sie im Häftlingsdrillich, hat es schwer. Sie heißt Marlies Laue und war in ihrem früheren Leben Gymnastiklehrerin. Hunderte erstarrter Körper soll sie zum Leben erwecken.

Eine Schneiderwerkstatt wird eingerichtet. Wenige Frauen dürfen nun jeden Tag dort arbeiten, und sie werden von uns glühend beneidet.

Erstes offizielles Ergebnis sind die Unterhosen zum Wechseln, die wir bald darauf erhalten. Nebenbei werden dort aber auch Büstenhalter produziert, und der schwarze Markt erfährt eine schwungvolle Belebung.

Leider sind es nur wenige von uns, die nun eine Beschäftigung haben. Der Rest schlägt sich nach wie vor mit der bleiernen Langeweile herum, mit den endlosen Tagen, die einfach nicht vergehen wollen. Wir begegnen der Monotonie mit den üblichen Häftlingsmethoden. Da gibt es die Schachspiele mit den Figuren aus Brot, den Chor und die Erzählgruppen. Ich schließe mich einem Kreis von Frauen an, der sich um Käthe Kirchner gebildet hat. Sie ist eine begnadete

Erzählerin. Ganze Bücher werden lebendig. Ihr Repertoire reicht von dem Roman »Die Heilige und ihr Narr« bis zu »Vom Winde verweht«. Die unverwüstliche Scarlett O'Hara scheint unter uns zu sein und mit ihrem »Morgen ist auch noch ein Tag« die letzten Reste an Mut und Optimismus in unseren Herzen hervorzulocken.

In einer zweiten Gruppe wird reihum erzählt. Von Liebesgeschichten und Kochrezepten, von Opernbesuchen und vom Kinderkriegen, Erinnerungen werden hervorgekramt und zum Besten gegeben. Werde ich all diese Dinge auch einmal erleben? Mit einer Mischung aus Faszination und Neid höre ich zu. Nachts verspinnt sich das Gehörte zu schwülstigen Träumen. Wenn ich jemals hier herauskomme, werde ich alles nachholen. Wenn …

»Jetzt bist du dran, Erika.« Ein Kreis aus erwartungsvollen Blicken schließt sich um mich. Ja, sie haben Recht. Abende lang bin ich von ihnen unterhalten worden, nun gilt es, die Rechnung zu begleichen. Aber was soll ich erzählen? Ich kann ja wohl schlecht meine Kinderstreiche beisteuern.

Hier ist Improvisation gefragt. Das, was ich mir beim Einschlafen ausgemalt habe, werfe ich meinen begierigen Zuhörerinnen nun zum Fraß vor. Und es klappt. Ich stolziere in gewagtem Abendkleid durch ein Opernhaus, in dem ich niemals war. Männer, die meiner Fantasie entsprungen sind, liegen mir zu Füßen. Riesige Bonbonnieren werden mir überreicht als Ausdruck der Bewunderung. Ich spinne, was das Zeug hält, und beinahe eine Stunde lang halte ich den Kreis in Bann. Doch dann endet die Vorstellung abrupt. »So eine Lügnerin, so eine gemeine Diebin.« Anita Griese ist aufgesprungen und starrt mich wütend an. »Das stammt aus meiner Geschichte. Die hat mir meine Geschichte geklaut. Die spinnt uns hier die Hucke voll.«

Das sensationslüsterne Flackern in den Augen der anderen verheißt nichts Gutes. Wir sitzen ja ohnehin nur zusammen, um die Langeweile zu vertreiben. Und so ein Skandal bringt das träge Blut endlich einmal wieder richtig in Wallung. Immer enger zieht sich der Ring aus Leibern um mich, immer lauter werden die Beschimpfungen. Schon reißt jemand an meiner Jacke. »Lügnerin«, skandieren die aufgerissenen Münder. Ich bin gelähmt vor Angst. Die können mich doch nicht wegen so etwas umbringen, blitzt es in meinem Kopf auf.

Da wird eine andere Stimme laut. »Auseinander! Lasst das Mädchen los.« Energisch zieht Maria die Furien an Haaren und Kleidern beiseite. »Was ist denn hier los? Seid ihr verrückt geworden?«

»Sie spinnt! Sie hat meine Geschichte gestohlen. Sie hat uns eine Stunde klang Lügen aufgetischt.« Anita Griese steht die Mordlust in den Augen.

Ich verkrieche mich noch ein Stück weiter hinter Marias breitem Rücken. Meine Retterin steht jetzt hoch aufgerichtet in der Mitte der Gruppe. Aus den empörten Anklagen reimt sie sich schnell zusammen, was hier geschehen sein muss. Ihre Antwort ist flammender Vorwurf. »Schämt ihr euch nicht? Das ist doch noch ein Kind. Was soll sie denn erlebt haben? Seit sie fünfzehn Jahre alt ist, sitzt sie hier. Bevor sie überhaupt etwas von der Welt kennen lernen konnte, hat man sie eingesperrt. Trotzdem hat sie euch eine Stunde lang unterhalten, hat euch erzählt, was ihr hören wolltet – von Liebe, Glanz und Gloria.«

Einige, vor allem die Älteren, senken tatsächlich beschämt die Köpfe. Aber Anita Griese gibt nicht auf. Sie wirft gewichtige Worte in die Waagschale: Betrug an Kameraden, Diebstahl – und wer weiß, ob die nicht auch sonst immer lügt. »Mit so einer will ich jedenfalls nichts mehr zu tun haben.«

Bei diesem Schlusssatz fährt mir die Angst bis in die Knochen. Jede hier weiß, was sie damit heraufbeschwört. Sie fordert ein Todesurteil. Ich habe ein paar Mal diese unheimliche Art der Bestrafung unter Häftlingen erlebt. Sie wird vor allem Spitzeln gegenüber angewandt. Von einer Minute zur anderen wird der Betroffene ausgelöscht. Die lebensnotwendige Hilfe wird eingestellt. Keiner verkuhlt ihm etwas, kein Fußlappen wird mehr ausgeliehen, nichts. Setzt er sich an einen Tisch, verkrümeln sich die anderen wortlos. Spricht er jemanden an, stößt er auf taube Ohren. Es ist, als existiere dieser Mensch gar nicht. Das Ganze geschieht lautlos und ohne großartige Beschlüsse. Trotzdem achtet die Gemeinschaft sehr genau darauf, dass niemand aus der Reihe tanzt. Wer doch einmal in Versuchung gerät zu antworten, wird wie zufällig abgedrängt. In diesem feindseligen Vakuum kann niemand überleben. Und genau das fordert Anita Griese nun ein.

»Dann sitzt du eben ab heute an unserem Tisch, Erika. Ich wollte ohnehin, dass du wieder bei uns isst.« Maria fixiert die Umstehenden mit forschendem Blick. Einige Sekunden lang herrscht nachdenkliches Schweigen. Eine der älteren Frauen löst schließlich die Situation auf. »Kinder, ich glaube, es ist gleich Schlafenszeit. Gute Nacht, Erika, gute Nacht, alle zusammen.« Sie schlurft in Richtung Kübel, und ich weiß, ich bin gerade noch einmal mit heiler Haut davongekommen.

29

»Grabe ins Büro.« Schon wieder Karzer? Ich bin mir keiner Schuld bewusst. In dem hellen Raum wartet schon ein Haufen Uniformierter. Ich entdecke zwischen Vopo-Grau auch Russen-Oliv. Man legt mir ein Bündel Zeichnungen vor, auf denen sich seltsame Strichmännchen tummeln. Ich brauche eine Weile, bis ich begreife, was sie von mir wollen. Die Gymnastiklehrerin Marlies Laue ist ausgefallen, und nun sucht man Ersatz. Weil in meiner Akte als Berufsbezeichnung Artistin steht, ist die Wahl auf mich gefallen. Die Zeichnungen stellen die Übungen dar, die ich durchzuführen habe.

»Aber das kann ich doch gar nicht.«

»Die Genossin zeigt es dir.«

Eine Frau tritt vor. Sie führt mich aus dem Büro. In einem Nebenraum macht sie mir die Übungen im Schnelldurchgang vor. Ehe ich mich's versehe, bin ich die neue Gymnastiklehrerin. Ich habe meinen neuen Job am nächsten Morgen anzutreten.

Das anfängliche Lampenfieber verfliegt schnell. Die Übungen sind wirklich denkbar leicht. Das Schwerste an meiner Aufgabe ist es, immer aufs Neue gegen die Trägheit der eingerosteten Körper anzuarbeiten. Von morgens bis abends stehe ich nun auf meinem kleinen Podest und mache einer Gruppe nach der anderen die Bewegungen vor. Immerhin, ich habe den ganzen Tag frische Luft und Bewegung.

Aber mein Körper streikt nach kurzer Zeit. Die Essensrationen sind solchem Pensum nicht angepasst. Eines Abends klappe ich vor Hunger einfach zusammen. Zwei freundliche Vopos bringen mich in die Küche und fordern mich auf: »Iss, Mädchen, iss, bis du satt bist.« Ein Eimer mit Suppe wird vor mir auf den Tisch gestellt. Ich entdecke sofort die fetten Fleischstücke. Das muss die Personalverpflegung sein. Derartiges habe ich seit Ewigkeiten nicht mehr gegessen.

Am liebsten hätte ich den Eimer an den Mund gesetzt, aber ich besinne mich dann doch noch auf meine Kinderstube. Als ich den Löffel beiseite lege, ist der Eimer leer, und ich bin satt. Ich verspüre sogar ein gewisses Völlegefühl. Es ist das köstlichste Unwohlsein, das ich mir vorstellen kann. Von nun an bekomme ich Sonderrationen.

Der Himmel hängt voller Geigen. Diese Redewendung, die in den Geschichten der Erzählrunde so oft gebraucht wurde, habe ich immer albern gefunden. Was meinten die nur?

Jetzt weiß ich es! Es scheint ein Juchzen in der Luft zu liegen, oder kommt es aus meinem Bauch? Ich verkuhle einen Teil meiner Brotrationen, denn mein Hunger richtet sich auf ein ganz anderes Objekt. Sie heißt Uschi und kommt nicht aus der Abteilung politischer Häftlinge. Neuerdings hat man ja auch normale Kriminelle hier einquartiert. Natürlich ist sie schön, jedenfalls in meinem verklärten Blick. Aber es ist mehr als rehbraune Augen und zierliche Statur. Wärme geht von ihr aus. Erst hielt ich es für eine Art Mütterlichkeit, aber dazu wollte dieses flatternde Spektakel in meiner Brust gar nicht passen. Ihre kleinen Berührungen versetzen meinen Körper in bisher unbekannten Aufruhr.

Ich bin mittlerweile neunzehn Jahre alt und keineswegs blind. Es gibt eine Vielzahl lesbischer Beziehungen um mich herum, ungeachtet der strengen Strafen. Das Zusammenleben mit den älteren Frauen hat zudem eine gewisse Aufklärung mit sich gebracht. Aber selbst wenn ich das alles nicht wüsste, meine Sehnsucht flüstert mir eindeutige Visionen ein. Ich träume von Küssen, von Umarmungen, von atemlosem Haut an Haut.

»Mensch, das ist eine Kindesmörderin.« Eine besorgte Stimme raunt mir die Worte ins Ohr. Aber mein Gehirn weigert sich, diese Information aufzunehmen. Was sind schon Urteile? Ich bin eine Feindin der Sowjetunion, na und?

Durch meine Position als Gymnastiklehrerin darf ich mich relativ frei im Gelände bewegen. So gelingt es mir, den Argusaugen meiner Beschützerin Maria hier und da zu entkommen. Sie muss irgendeinen Verdacht geschöpft haben, denn sie weicht mir kaum noch von der Seite. Schutz kann auch lästig sein.

Aber Liebe findet immer einen Weg, und ich bin mir ganz sicher, dass es sich um Liebe handelt. Uschi und ich treffen uns flüchtige Momente lang in versteckten Winkeln. Ein Kuss versetzt mich in Taumel. Ich will mehr. Aber da ist Maria … Doch auch ihr langer Arm hat eine begrenzte Reichweite. Ab heute hat sie Nachtschicht in der Schneiderei, und ich weiß diese Gelegenheit zu nutzen. Kaum ist sie verschwunden, spreche ich beim Anstaltsleiter vor. Ich will in die Zelle von Uschi verlegt werden. Er fragt zwar nach dem Grund, aber eigentlich ist es ihm völlig gleichgültig. Mit meinem unzusammenhängenden Gestotter gibt er sich zufrieden. Noch am selben Abend packe ich meine wenigen Habseligkeiten und ziehe um. Endlich, endlich, ich wähne mich am Ziel meiner Wünsche. Aber ich habe die Rechnung ohne den Wirt gemacht. Als Maria am Morgen meine Flucht bemerkt, steht sie innerhalb von Minuten dort, wo ich am Abend zuvor meine Verlegung eingefädelt habe. Ihre Argumente müssen besser als meine sein, denn noch vor dem Frühstück raunzt mich ein Posten an: »Grabe, Sachen packen. Verlegung!« Es geht zurück in den Saal, dem ich gerade entronnen bin, zurück in Marias Obhut.

Oh, wie ich sie hasse! Ich könnte sie umbringen. Ich will ihr Gerede überhaupt nicht hören. Ich beschimpfe sie. »Du hast mein Leben zerstört. Darf ich denn niemals irgendein Glück genießen?« Ich schreie und tobe. Selbst Eifersucht unterstelle ich ihr.

Mit beinahe überirdischem Langmut lässt Maria meine An-
griffe über sich ergehen. Erst als mir die Kraft ausgeht, beginnt sie zu reden. »Du bist doch noch nicht versaut. Irgendwann kommst du hier heraus, und dann wirst du einen
Mann kennen lernen. Du wirst heiraten und Kinder kriegen.
Du bist so jung. Du hast ein Leben vor dir.« Wieder und wieder malt sie mir Bilder von zukünftigem Glück. Ich bin so
müde. Anfangs versuche ich noch meine eigenen Träume
zwischen Marias Worte und mich zu schieben. Später will
ich nur noch schlafen. Aber meine Freundin lässt mich nicht
in Ruhe. »Denk doch mal an deine Familie. So etwas wartet
auch auf dich. Das wirft man doch nicht für eine Kindesmörderin weg.«

Als hätte sie einen Schalter angeknipst, bricht die Sehnsucht
hervor. Ich will nach Hause, und sonst will ich gar nichts
mehr.

In dieser Nacht träume ich von meiner Familie. Mutter, Vater, meine Geschwister, sie alle sind bei mir und bilden eine
Art Schutzwall aus Liebe und Geborgenheit um mich.

Uschi spukt dann noch eine Weile in meinem Kopf herum.
Immer wieder überfällt mich das Kribbeln und Ziehen, aber
erstens kann ich gar nichts unternehmen, und zweitens hat
Maria mir die Gewissheit geraubt. Ich bin mir nicht mehr
sicher, was die Liebe betrifft. Irgendwie weiß ich einfach
nichts vom Leben.

30

Ganz allmählich normalisieren sich auch die Verhältnisse hier in Hoheneck. Zwar herrscht immer noch drangvolle Enge. Die Ernährung ist nach wie vor schlecht und zu knapp bemessen. Aber wir dürfen jetzt Briefe, Pakete und sogar Besuch erhalten. Das verbessert unsere Lage enorm.

Es gibt allerdings tausend Einschränkungen.

Zu fünfundzwanzig Jahren Verurteilte bekommen grundsätzlich keine Besuchserlaubnis. Das gilt zum Beispiel für Maria. Mich trifft das Verbot, Briefe und Pakete aus Westdeutschland zu erhalten. Auslandskontakte sind generell untersagt. Mit dieser Anordnung hat man Jenny, deren Angehörige in Polen leben, und einige andere von der Außenwelt abgeschnitten.

Es ist ein großer Augenblick, als die ersten Paketsendungen eintreffen. Im Keller haben die Vopos einen Art Kontrollpunkt eingerichtet. In langen Schlangen schieben wir uns, das noch verschlossene Heiligtum im Arm, dem Tresen entgegen. Endlich bin ich an der Reihe. Ritsch, ratsch, mit brutaler Zielstrebigkeit nimmt sich der Posten mein kostbares Paket vor. Wie er darin herumfuhrwerkt! Am liebsten würde ich ihm den Karton aus der Hand reißen. Was eben noch liebevoll verpackt im Dunkel ruhte, wird herausgezerrt, begrapscht, gewogen. Ein Messer kommt zum Vorschein, und ehe ich noch eingreifen kann, fällt die Wurst in kleinen Stücken in den Zucker. »Bleib ganz ruhig, Erika«, flüstert die Frau hinter mir. Der Vopo schaut von seiner Arbeit auf. Die Wut in meinen Augen scheint ihn anzustacheln. Mit einem

Grinsen fischt er in den Tiefen meines Pakets und fördert ein hart gekochtes Ei hervor. Sein Messer blitzt auf, und das zerschnittene Ei folgt den Wurststückchen in die Schüssel. Wenn er nicht so gegrinst hätte, ich hätte mich bestimmt beherrschen können.

»Stehen jetzt sogar die Hühner im Verdacht, Kassiber zu scheißen?«

Das Grinsen verschwindet.

Diesen Triumph bezahle ich mit vier Wochen Paketsperre. Maria schimpft natürlich. Die Frage, was es kosten darf, sich hier als Mensch zu fühlen, entscheidet sie anders als ich.

Die Reue setzt erst ein, als die nächsten Pakete verteilt werden. Um mich herum herrschen Aufregung und Jubel. Die glücklichen Empfänger machen sich über die ersehnten Köstlichkeiten her. Es duftet nach Wurst, Kuchen und feiner Seife. Natürlich wird abgegeben, aber das ist nicht dasselbe. Das eine sind Liebesgaben, das andere Almosen.

Großvater wird kommen. Der erste Besuch, seit ich verhaftet wurde. Was stellen wir hier nicht alles an, damit man uns unser Elend nicht ansieht. Die Sträflingshosen habe ich am Abend vorher unter den Strohsack gelegt. Das ist unsere Methode zu bügeln. Wie jede anständige Frau gehe ich vor dem großen Ereignis zum Friseur. Aus Papier werden Lockenwickler fabriziert, und eine geschickte Kameradin dreht mir die Haare ein. Irgendjemand verkuhlt mir sogar ein wenig Rouge, und so zaubere ich, kurz bevor ich abgeholt werde, noch etwas Farbe in mein Gesicht.

Alt ist er geworden und klapperdünn, der Mann, der zusammengesunken hinter der Barriere auf mich wartet. Schon vorher hat man uns die Regeln erläutert. Körperkontakt ist strengstens untersagt, deshalb kann ich ihm nicht in die Arme fallen. So sitzen wir uns mit Tränen in den Augen gegenüber und suchen nach Worten. Was sagt man sich nach so vielen Jahren, wo fängt man an? Als die Viertelstunde vorbei ist, weiß ich dann aber doch die wichtigsten Neuigkeiten aus der Familie. Meine Schwester hat geheiratet, Kinder gibt es auch bereits. Mutti geht es gut. Sie lebt in Tecklenburg, und endlich erfahre ich auch eine Adresse. Sie kämpft um Besuchserlaubnis, aber vom Westen aus ist das schwierig. Unter den gespitzten Ohren der Bewacherin berichtet Großvater vorsichtig von seinem Alltag. Engpässe gebe es schon noch einige. Viele Dinge könne man nicht kaufen und er mit seiner kleinen Rente schon gar nicht. Ich verstehe. Auch draußen wird noch gehungert, und meinem Opa steht das Wasser bis zum Hals. Deshalb verkneife ich mir meine Wünsche. Umso mehr weiß ich die mitgebrachten Kartoffelpuffer zu schätzen. Einen Teil stopfe ich noch während des Besuchs in mich hinein. Eigentlich ist es verboten, sie mit in die Zelle zu nehmen. Ich darf den Rest dann trotzdem einstecken. Großzügig guckt die Bewacherin weg. Sogar einen kleinen Abschiedskuss übersieht sie. Wir haben Glück gehabt mit ihr.

Abends lasse ich dann Wort für Wort Revue passieren. Es ist ein merkwürdiges Gefühl. Auf einmal existieren Namen, mit denen sich kein Bild verbindet. Meine kleine Schwester Inge hat plötzlich einen Mann und Kinder. Als ich verhaftet wurde, war sie dreizehn. Wie fremd mir meine eigene Familie geworden ist! Bisher habe ich mich an das Vertraute geklammert. Die Welt draußen war für mich stehen geblieben: Ich würde zurückkehren, und alles würde so sein, wie ich es kannte. Der Besuch hat diesen Trost zerstört. Nichts ist mehr so, wie es war. Die Einzige, die stehen geblieben ist, bin ich.

Maria trägt ganz eigene Sorgen mit sich herum. Von Tag zu Tag wandert sie ruheloser umher. Nachts höre ich immer häufiger unterdrücktes Schluchzen von ihrer Pritsche. Normalerweise sind meine Probleme das Thema zwischen uns, bin ich es, der Rat und Hilfe erteilt wird. Aber sie ist schließlich meine Freundin. Eines Morgens fasse ich mir ein Herz.

»Was ist eigentlich los mit dir? Dich quält doch irgendetwas.« Es geschieht selten, dass Maria über sich redet. Aber vielleicht ist der innere Druck zu groß geworden, oder sie braucht mich einfach für die Idee, die sie mir später präsentiert. Jedenfalls erfahre ich an diesem Morgen, was Maria so bedrückt. Fred, der Vater ihrer beiden Kinder, ist mit einer anderen Frau verheiratet. Bevor die Scheidung ausgesprochen wurde, griff diese Frau zu einem letzten verzweifelten Mittel. Sie denunzierte Maria. Aufgrund der Aussage dieser Frau wurde sie verhaftet und sitzt nun seit knapp fünf Jahren ihre absurde Strafe ab. Jetzt lebt Fred immer noch mit seiner Frau zusammen. Marias Tochter wird von ihrer größten Feindin großgezogen, ihren Sohn hat man irgendwelchen linientreuen Sozialisten anvertraut. Und sie sitzt hier drinnen und darf keinen Besuch haben.

Dass sie in den Briefen keine ihrer brennenden Fragen stellen kann, braucht sie mir nicht zu erklären. Ich kenne die Bestimmungen der Zensur. Im Grunde darf man ja nur schreiben: »Mir geht es prima, und schickt mir bitte Wurst und Seife.«

»Wenn ich doch nur einmal mit Fred sprechen könnte! Ich muss einfach wissen: Wartet er noch auf mich? Kennt meine Tochter wenigstens noch meinen Namen? Gibt es Nachrichten von meinem Sohn? Habe ich überhaupt eine Chance, die Kinder wiederzubekommen? Ich werde langsam verrückt mit dieser Ungewissheit.«

Ihr Plan ist einfach und verwegen. Fred wird zu meinem Onkel erklärt. Ich schreibe ihm einen Brief und ende mit der Hoffnung, dass er mich bald besuchen kommt.

Als zwei Wochen später seine Zusage eintrifft, sind Maria und ich aus dem Häuschen. Es funktioniert. Fred hat die Botschaft verstanden, und den Zensoren ist nichts aufgefallen. Wir haben den Moloch Bürokratie überlistet.

Nun beantrage ich die Besuchserlaubnis für meinen neu gewonnenen Onkel. Es bleibt ein Spiel mit dem Feuer, und alle gehen ein beträchtliches Risiko ein.

Aber es läuft reibungslos.

Wieder und wieder gehen Maria und ich die Sache durch. Ich kenne Freds Physiognomie bald besser als meine eigene. Wie er geht, die Lachfalten um seine braunen Augen, Größe, Haarfarbe, buschige Augenbrauen. Maria wird ganz traurig. Ihr wird bewusst, wie lange sie ihren Fred nicht gesehen hat. Vielleicht ist er ja inzwischen grau geworden. Ist er noch so dünn?

Wir sind beinahe erstaunt, als die Genehmigung erteilt wird. Der große Tag ist da. Ich bin mit all den Details und vor allem natürlich den Fragen, die ich stellen soll, gefüttert.

»Grabe, mitkommen, Besuch.« Maria sieht ziemlich blass um die Nase aus.

Alle Angst und all die Nächte voller Herzklopfen haben sich gelohnt. Kaum betrete ich den Besuchsraum, schiebt ein entschlossener Fred die Wärterin beiseite. »Erika, meine Liebe, endlich sehen wir uns wieder!« Ich versinke in einer festen Umarmung, während es an meinem Ohr flüstert: »Keine Angst, ich mach das schon.« Die Wärterin ist aufgesprungen, will gerade dieser Unbotmäßigkeit Einhalt gebieten, da wendet sich ihr Fred bereits zu. Mit einem Charme, dem die Frauen von Hoheneck weder vor noch hinter den Gittern gewachsen sind, wickelt er sie förmlich ein.

Anschließend lotst er mich durch das Gespräch. Es ist ganz leicht. Die meisten Fragen beantwortet er, ohne dass ich sie überhaupt gestellt habe. Er hat sogar darüber hinaus Informationen mitgebracht. Wenn ich seine verschlüsselten Sätze richtig verstehe, hat sich meine Mutter bei ihrem Kampf um Besuchserlaubnis bis zum Genossen Wilhelm Pieck vorgearbeitet. Auf jeden Fall korrespondieren Fred und meine Mutter eifrig miteinander. Draußen hat man uns nicht vergessen, im Gegenteil, unsere Lieben haben sich zusammengetan. Auch für Maria bringe ich die ersehnten Antworten mit. Um die Liebe und Ausdauer ihres Fred braucht sie sich keine Sorgen zu machen. Der Tochter geht es gut, und auch sie wartet auf ihre Mutter. Einzig der Sohn scheint fürs Erste verloren.

Ich starre in zwei große Kinderaugen. So gut wie möglich versuche ich mir alle Details einzuprägen. Ein kleines Mädchen mit Zahnlücke und Zöpfen lächelt mir aus dem Foto entgegen. Nein, mitnehmen darf ich das Bild nicht. Fotografien sind verboten, da hilft nicht einmal Freds Charme.

Nach einer Woche kommt es mir vor, als hätte ich Maria den Ablauf des Besuches mindestens hundertmal erzählt.

Aber das Schluchzen in der Nacht wird seltener, und ich habe zumindest ein wenig von meiner Dankesschuld gegenüber der Freundin abgetragen.

31

Sie hat es geschafft! Meine liebe, hartnäckige Mutti hat tatsächlich eine Besuchserlaubnis bekommen. In der Nacht vor dem Besuch liege ich schlaflos auf meiner Pritsche. Die Sekunden kleben zäh wie Brotteig aneinander. Es will einfach nicht dämmern da draußen vor den Holzschuten. Aber irgendwann wird es dann doch hell.

Ich stehe den ganzen Vormittag auf meinem Podest im Hof und treibe Gruppe auf Gruppe zu den täglichen Verrenkungen an. Endlich nähert sich eine Wärterin, sie scheint zu schleichen. Hat die Frau Blei in den Beinen? Das ersehnte »Grabe, mitkommen« warte ich gar nicht ab. Ich springe schon von ganz allein vom Podest. Mit weichen Knien folge ich der Volkspolizistin.

Ich bin die Erste im Besuchsraum. Mutti ist noch nicht da. Nur eine Wärterin befindet sich bereits auf ihrem Posten. Es ist nicht die freundliche, die bei meinen vorangegangenen Besuchen aufgepasst hat. Diese hier steht breitbeinig da und fixiert mit starrem Blick die imaginäre Trennungslinie in der Mitte des Raums. Sie ist eine von der Sorte Mensch, die man sich nicht als Kind vorstellen kann und die auch nicht zu altern scheint. Wie aus Granit gehauen, denke ich, traut man ihr höchstens langsames Verwittern zu, ein Grab aus Moos und Taubenscheiße.

Die Tür öffnet sich, meine Mutti tritt ein, und ich sehe ihren Blick auf die steinerne Miene dieser Wärterin fallen. Dann geht alles sehr schnell. Mit dumpfem Aufprall landet meine Mutter auf dem Boden. Sie ist ohnmächtig geworden. Mit einem Satz überwinde ich die Barriere und knie neben ihr. Ein wildes Durcheinander bricht aus. »Grabe, gehen Sie da weg!« Der Stein ist zum Leben erwacht. Unerwartet schnell greift die Wärterin nach mir. Schon hat sie mir die Arme auf den Rücken gedreht und zerrt mich zur Tür. Von draußen drängen andere Uniformierte herein. Ich kann nicht mehr verfolgen, was mit meiner Mutter geschieht. Von zahlreichen Händen werde ich fortgeschoben.

»Sie hat mich nicht einmal gesehen.« Ich kann es immer noch nicht fassen. Man hat uns keine zweite Chance gewährt. Unverrichteter Dinge muss meine Mutter nach Hause fahren. Wahrscheinlich sollte ich sogar dankbar sein, dass mein Sprung über die Barriere nicht mit Karzer bestraft wird.

Wochen ziehen ins Land. Alle Anträge auf Besuchserlaubnis werden abgelehnt. Ich habe mich schon fast damit abgefunden, meine Mutter erst draußen in Freiheit wiederzusehen. Aber Onkel Fred hat wieder einmal eine Genehmigung bekommen. Der Tag seines Besuches beginnt wie jeder andere. Ich bin längst nicht mehr so aufgeregt wie bei den ersten Treffen. Mittags arbeite ich jetzt in der Küche, ein begehrter Posten wegen der Brocken, die dort stets abfallen.

Während ich in dem großen Kessel rühre, schaue ich aus dem Fenster. Von hier hat man einen guten Ausblick auf den gesamten Gefängnishof und die Gärtnerei. Sie liegt außerhalb des Gefängnisses, ist aber nur durch einen maroden Zaun vom Hof getrennt. Besucher kaufen dort oft Sträuße in dem Glauben, wir dürften Blumen geschenkt bekommen. Plötzlich entdecke ich am Zaun eine Frau. Sie interessiert sich überhaupt nicht für die Pflanzen. Mit einem Mal bückt sie sich und kriecht durch ein Loch auf den Gefängnishof. Das gibt Ärger, denke ich noch, bevor mir der Löffel aus der Hand fällt. Ich kenne die Frau. Es ist meine Mutter.

Ich versuche meine Panik zu unterdrücken und schiebe mich so unauffällig wie möglich zur Tür.

Noch steht meine Mutter etwas ratlos im Schatten der Mauer. Der Vopo, der dort oben mit seinem Gewehr Wache schiebt, kann sie noch nicht sehen. Draußen angelangt, ist Mutti nur noch dreißig Meter von mir entfernt. Geh zurück, bedeute ich ihr mit meinen Händen. Zu rufen wage ich nicht. Den Vopo auf der Mauer immer im Blick, wedele ich wild mit den Armen. Zurück, zurück, verschwinde! Sie versteht mich nicht. Wie angewachsen steht sie dort und starrt zu mir herüber.

Eine Wärterin kommt aus dem Hauptgebäude. Sie hat uns sofort entdeckt. Aber anstatt Alarm zu schreien, spaziert sie mit ruhigen Schritten auf meine Mutter zu. Ehe der Posten auf der Mauer etwas bemerkt, hat sie sie erreicht, am Arm gepackt und ist mit ihr durch eine Tür im Gewächshaus verschwunden. Sekunden später kommt die Wärterin allein auf mich zu. »Los, Grabe, ins Gewächshaus. Erklären Sie Ihrer Mutter, dass sie von hier verschwinden muss. Sie soll den Vorderausgang nehmen, der ist jetzt offen. Aber macht schnell. Wenn euch jemand sieht, kann ich nichts mehr tun.«

Ich flitze wie der Blitz durch die Tür. Meine Mutter steht zwischen den Grünpflanzen, kalkweiß im Gesicht und schweißüberströmt. Für einen viel zu kurzen Augenblick liegen wir uns in den Armen. »Ich musste dich doch einmal sehen. Ich muss doch wissen, ob es dir gut geht.« Meine Mutter mag gar nicht von mir lassen. »Du bist verrückt, Mutti. Die sperren dich ein. Du musst ganz schnell hier raus!« Endlich haben wir die Tür erreicht, durch die Mutter sich in Sicherheit bringen kann. »Ich habe dir noch etwas mitgebracht.« Hektisch nestelt sie in ihrer Tasche. Sie drückt mir ein Päckchen in die Hand, ein Kuss noch, und dann bleibe ich allein und mit zitternden Knien zurück. Durch das Glas sehe ich unsere Helferin nervös auf und ab gehen. Ich muss jetzt noch ungesehen wieder zur Küche gelangen. Als ich die Tür einen Spalt weit öffne, tritt sie aus dem Schatten der Mauer und ruft dem Vopo dort oben etwas zu. Diese Ablenkung benutze ich, um mit hastigen Sätzen die rettende Küche zu erreichen. Das Päckchen brennt auf meiner Haut. Ich habe es in meine Hose geschoben, aber fürs Erste bietet sich keine Gelegenheit, es loszuwerden. Jetzt nur nicht schlapp machen. Ich fische den Löffel aus dem Kessel und rühre, als stünde ich ohne Unterbrechung auf meinem Posten. Später verstecke ich das Päckchen sorgfältig in einer Abstellkammer. Ich hatte mir Schminke für unsere Theateraufführungen gewünscht, und genau das hat meine Mutter mir mitgebracht. Dieses Geschenk hätte keine der Kontrollen jemals passiert, und ich werde Probleme haben, die Existenz dieser Kostbarkeit zu erklären. Aber das sind Sorgen von morgen. Heute gilt es zunächst den Besuch von Fred noch hinter mich zu bringen, so als sei nichts geschehen. Wenig später ertönt dann auch der Aufruf: »Grabe, mitkommen.«

Auch Fred ist ein wenig blass um die Nase. Wie immer umarmt er mich zur Begrüßung. »Mutti geht es gut, keine Sorge«, flüstert er mir ins Ohr, ehe die Wärterin uns trennt. Wir sind beide ein wenig schweigsamer als sonst, und zum ersten Mal bin ich erleichtert, als die Viertelstunde vorüber ist.

Kaum bin ich wieder in meiner Zelle, ertönt der Alarm. Hektisches Gerenne, dann wird die Tür geöffnet, und schon wieder bellt ein Posten meinen Namen. Mein Herz rutscht mir bis in die Hose. Jetzt hat man sie doch noch erwischt. Sie werden meine Mutter einsperren. Einer Ohnmacht nahe, komme ich im Verhörraum an. Aber bald beruhige ich mich wieder. Wie Blinde stochern sie mit ihren Fragen herum. »Was hat Ihr Onkel in der Gärtnerei gemacht?« – »Wo sind die Blumen geblieben?« Ich kann immer nur antworten: »Weiß ich nicht.« Es fällt mir nicht schwer, dabei halbwegs ehrlich zu wirken, denn diese Dinge weiß ich tatsächlich nicht. Sie haben einen Verdacht, aber meine Mutter haben sie nicht. Alles andere ist nebensächlich. Endlich werde ich in meine Zelle zurückgebracht. Argwöhnisch werde ich noch ein paar Tage beäugt, aber schließlich verliert sich auch das.

32

Beinahe möchte man sagen: Es geht alles seinen sozialisti-
schen Gang. Der Gefängnisalltag mit seinem Korsett aus
starren Regeln lässt uns wie Marionetten morgens aufstehen, den Tag mehr oder weniger sinnlos herumbringen, bis
wir abends wieder auf die Pritsche sinken. Ich habe mich
wie die anderen darin eingerichtet. Ab und zu reißen mich
Entlassungsparolen aus meiner Stumpfsinnigkeit. Hoffnung
keimt auf und speist die Träume von einem richtigen Leben
mit Nahrung. Aber nie geschieht etwas, und Langeweile
und Sinnlosigkeit überwuchern das zarte Pflänzchen Hoffnung mit der Schmarotzergewächsen eigenen Vitalität.
Manchmal machen mich neue Gerüchte über Entlassungen
richtig wütend. Die sollen mich verschonen mit ihren Latrinenparolen! Ab und zu falle ich dann doch wieder darauf herein.
Als wir Ende 1952 zum ersten Mal Zeitungen bekommen, ergreift auch mich wieder die allgemeine Euphorie. Wie ein Vor-
bote der Freiheit erscheinen die Nachrichten aus der anderen
Welt. Wir rechnen jetzt täglich damit, entlassen zu werden.
Weihnachten vergeht, das neue Jahr bricht an, nichts regt
sich. Resignation senkt sich wie die Schneedecke draußen
über unsere Gemüter und begräbt jedes Leben unter sich.
Nicht einmal die unverbesserlichen Optimisten wagen sich
darunter hervor. Draußen bricht der Frühling an, aber uns
hier drinnen erreicht er diesmal nicht. Selbst die Ankündi-
gung, dass die Zellentüren geöffnet werden, weckt keine
größeren Emotionen.

Erst die unscheinbare Zeitungsmeldung, die in diese Grabesruhe platzt, durchdringt den Panzer um unsere Herzen. Irgendwo im fernen Sibirien sind einige Häftlinge vorzeitig aus sowjetischen Lagern entlassen worden. Namen und Fotos, ein Aufschrei. »Die kenne ich. Die ist mit mir zusammen verurteilt worden. Die hatte doch fünfzehn Jahre.« Einzelne Stimmen werden zu einem Chor. Ein Sturm erhebt sich, fegt durch alle Winkel und trägt die Lethargie mit sich fort.

Vergessene Verbitterung über die Willkür der sowjetischen Bürokraten bricht sich Bahn. Wer damals nicht nach Russland deportiert wurde und das für ein Glück hielt, fühlt sich nun betrogen. Dort wird man entlassen, während wir hier sitzen bis zum Jüngsten Tag.

Empörung, Wut und die von den Toten wieder auferstandene Hoffnung bilden ein brodelndes Gemisch. Forderungen nach einer Kommission werden laut. Haftprüfung heißt die Losung der Stunde. Eine Delegation wird ausgeschickt, die gebündelten Träume von Freiheit im Gepäck.

Atemlos wird die Rückkehr erwartet. Was werden die Kameradinnen uns bringen? Die meisten glauben an nichts anderes als an Freiheit. Es kann nur die Freiheit sein.

Dann Kopfschütteln und versteinerte Mienen bei den Abgesandten. Abgelehnt, alles abgelehnt. Keine Kommission, keine Haftprüfungen, keine Entlassungen.

Einen Moment lang herrscht Fassungslosigkeit. Die Stimmung kippelt wie eine Tänzerin auf dem Hochseil. Was jetzt? Wohin mit all den Hoffnungen? Wieder begraben, oder können wir etwas tun? »Wenn wir uns das bieten lassen, kommen wir hier nie raus.« Eine Stimme von irgendwoher, noch ganz ruhig, gibt den Ausschlag. Plötzlich werden überall Rufe laut, ein Zischeln und Raunen hebt an. Es dauert eine Weile, bis sich die Diskussion in geordneten Bahnen bewegt.

Hungerstreik! Das Wort geht von Mund zu Mund. Eine seltene Einmütigkeit liegt darin. Niemand widerspricht, niemand zaudert.

In den nächsten Tagen werden die Details besprochen. Was ist mit den Kranken und Alten? Wenn es hart auf hart geht und die Aktion länger dauert, sollen sie uns schließlich nicht wegsterben. Einige sind in sehr schlechtem Zustand. Reserven an Trinkwasser und Röstbrot werden beiseite geschafft. Es ist so weit. An einem Morgen im Juni 1953 nähern sich wie jeden Tag die Essenswagen mit lautem Geklapper. An jeder Zelle dann dasselbe Schauspiel. Danke, nein, wir wollen kein Essen.

Verwirrung und Unglaube treten in die Gesichter der Wärterinnen. Sie waren tatsächlich völlig ahnungslos. Diesmal ist nichts durchgesickert, keine von uns hat sich verkauft und für irgendeine Vergünstigung unseren Plan verraten. Unverrichteter Dinge ziehen die Wärterinnen wieder ab. Mittags und abends ergeht es ihnen nicht anders.

Wir beobachten den ganzen Tag über emsiges Ein- und Ausgehen im Büro der Gefängnisleitung. Die Posten auf der Mauer werden verstärkt. Voll angespannter Aufmerksamkeit lauern überall Augen. Hände verkrampfen sich um Gewehre. Für einen Fluchtversuch wäre heute ein denkbar ungünstiger Tag.

Aber wir wollen gar nicht flüchten. Wir wollen kämpfen. Das Gemäuer ist dasselbe, die Menschen darin sind dieselben, und trotzdem ist alles anders. In dem Stimmengesumm vibriert ein neuer Ton. Wir sind wieder Menschen, die einen Willen haben. Wir können Entscheidungen treffen. Wir haben uns einen Handlungsspielraum zurückerobert. Unsere Einigkeit verleiht uns Kraft, und erst jetzt spüre ich, was das ständige Gefühl der Ohnmacht mir geraubt hat. Ich koste von diesem Vorgeschmack der Freiheit, denn diesmal werden wir gewinnen. In allen Gesichtern spiegelt sich diese Zuversicht.

Der zweite Tag verstreicht. Aus den Kübeln weht Essensgeruch in die Zellen, aber wir sind uns einig, die Freiheit riecht besser. Wir singen am offenen Fenster. Vielleicht hört uns da draußen jemand. Und wenn nicht, haben wenigstens unsere Stimmen die Mauern schon einmal überwunden.

Am dritten Tag reagiert dann die Gefängnisleitung. Mit vorgehaltener Waffe stürmen unsere Bewacher die Zellen. Das Unterste wird zuoberst gekehrt, und natürlich fallen ihnen unsere Notreserven in die Hände. Als der Spuk vorbei ist, gibt es keinen Tropfen Wasser mehr, kein Krümelchen Brot. Die Mienen der Stubenältesten sind ernst. In der Diskussion wenig später sprechen sich einige für einen Abbruch des Hungerstreiks aus. »Wir können das nicht durchhalten. Ohne die Notrationen gibt es hier Tote. Die Alten sind jetzt schon so schwach, dass man das Schlimmste befürchten muss.« Das Schweigen ist bedrückend. Wer will schon das Todesurteil über die Schwächsten von uns sprechen. Da meldet sich aus einer Ecke jemand zu Wort. Es ist eine der Ältesten, sie muss schon auf die siebzig zugehen. Mit Sicherheit zählt sie zu denen, um die man sich Sorgen machen muss. »Wir machen weiter. Wir dürfen nicht aufgeben. Wir halten schon durch, und wenn nicht, dann war das wenigstens unsere Entscheidung.«

Der Streik geht weiter. Aber statt mit Angeboten kommen die Uniformierten nur immer wieder mit den Essenswagen über den Hof. Wir haben nun seit Tagen nichts gegessen, aber viel schlimmer ist der Durst. Die Euphorie hat sich davongemacht. Nur eiserne Entschlossenheit trägt uns noch. Jeden Morgen erwarten wir, Tote vorzufinden, aber wie durch ein Wunder halten alle durch. Niemand besitzt mehr Kraft für Diskussionen. Auch die Sänger am Fenster werden weniger. Dicht aneinander gedrängt hocken wir in den Zellen und warten.

Wie lange noch? Werden wir frei sein oder tot? Mit jeder Stunde, die verstreicht, baut sich am vierten Tag – oder ist es bereits der fünfte? – eine knisternde Spannung auf. Etwas Explosives liegt in der Luft, der Augenblick der Entscheidung rückt näher.

Das übliche Klappern auf dem Hof kündigt wieder einmal die Wärter mit den Essenskübeln an. Es fällt kein Wort, niemand gibt eine Parole aus. Trotzdem erheben sich plötzlich überall die ausgemergelten Gestalten. Auch mich packt eine unheimliche Entschlossenheit, und sie treibt mich zur Zellentür.

Lärm. Aus dem Treppenhaus dringen Schritte, Rufe und schließlich Schreie herauf. Ich stürme zusammen mit den anderen dem Radau entgegen. Ein verschlungenes Knäuel von Uniformen und gestreiften Häftlingsjacken wälzt sich die Treppe herauf. Gewehre schweben über dem Ganzen, wie Rettungsringe, an denen die Wärter sich festklammern. Schon hat mich diese Krake erreicht, will mich mit sich reißen. Mit einer Hand klammere ich mich an den Türpfosten, mit der anderen versuche ich einen der Uniformärmel zu fassen, in die Zelle zu ziehen. Dann endet plötzlich alles mit einem gewaltigen Krachen auf meinem Schädel. Das Tohuwabohu versinkt jäh in schwarzer Stille.

33

Was für ein grässlicher Traum. Von Gefängnissen und Hungerstreik. Von harten Pritschen und Strohsäcken. Aber ich liege nicht auf einem Strohsack. Das da unter mir ist eine Matratze. Und was so weich und luftig, kühl und trotzdem warm meinen Körper umschmeichelt, kann nur Bettwäsche sein. Gleich wird meine Mutter hereinschauen und mich wecken. Ich glaube, ich bin krank. Mein Kopf tut wahnsinnig weh.

Langsam tauchen aus den schwarzen Tiefen der Bewusstlosigkeit Erinnerungen auf. Das war gar kein Traum. Und ich bin auch nicht zu Hause.

Ich sehe helle Flecke, einen Schatten, der sich hin und her bewegt. Die Bewegungen werden begleitet von einem leisen Quietschen. Gummisohlen, nicht das übliche Tocktock der Holzpantinen. Ich kann überhaupt nichts erkennen, alles ist milchig verschwommen. Der Versuch, mich hinzusetzen, löst eine Explosion in meinem Kopf aus. Für eine Weile bin ich damit beschäftigt, dem Schmerz standzuhalten.

Nur langsam lässt das Hämmern und Dröhnen nach. Fürs Erste wage ich keine weitere Bewegung. Die Augen zu öffnen riskiere ich schon gar nicht.

Panik flattert unter der Oberfläche, ist nur mühsam im Zaum zu halten. Ganz ruhig, Erika, versuch dich zu erinnern, ermahne ich mich. Da war der Hungerstreik und dann der Tumult. Mitten im Tumult ist Schluss, alle Anstrengung entlockt meinem Hirn kein weiteres Bild.

Irgendetwas muss passiert sein. Entweder bin ich gestürzt,

oder ich habe etwas auf den Kopf bekommen. Also befinde ich mich wahrscheinlich im Krankenrevier. Aber es riecht gar nicht danach. Weder nach Lysol noch nach fauligem Obst, es riecht überhaupt nicht.

Der zweite Versuch, meine Umgebung in Augenschein zu nehmen, bringt kein besseres Resultat. Milchglas versperrt mir den Blick. »Hallo!« Ein Umriss nähert sich, eine Stimme fragt: »Na, Grabe, auferstanden von den Toten?«

Ich starre und starre, aber ob die Stimme einem Wärter gehört oder einem Häftling des Krankenreviers, geben die verschwommenen Konturen nicht preis.

Es gibt nichts, was die Panik nun noch stoppen kann. »Ich bin blind. Ich kann überhaupt nichts erkennen.« Gehässiges Lachen ist die Antwort. Mit dem Spruch »Den Trick kennen wir« entfernt sich der Schatten, bis er von konturlosem Grau verschluckt wird.

Fieberhaft sucht mein Gehirn nach Erklärungen. Irgendetwas Beruhigendes, einen Namen für diesen Zustand, der die Hoffnung in sich birgt, dass der Schrecken vorübergehen wird.

Später reicht mir jemand mit einer anderen Stimme etwas Kühles, Glattes. »Da, trink erst mal. Dein Frühstück steht auch noch auf dem Nachttisch.« Ja, durstig bin ich. Ich setze die Tasse an die Lippen, und eine undefinierbare Flüssigkeit läuft mir die Kehle hinunter. Lieber Gott, was ist nur mit mir los? Ich taste hektisch nach dem Frühstück, auch wenn ich keinen Hunger verspüre. Klirrend zerschellt etwas auf dem Boden, aber das ist mir im Moment gleichgültig. Ich beiße in das, was ich für Brot halte. Wieder nichts. Ich schmecke nichts. Genauso wenig kann ich riechen. Halb verrückt vor Angst fange ich an zu schreien. »Ein Arzt soll kommen. Sofort! Ich will einen Arzt!«

Endlich nähern sich mehrere Schatten. Hände greifen nach mir, und man bringt mich in einen anderen Raum. Durch den Tränenschleier kann ich noch weniger sehen. Die Hände drücken mich auf einen Stuhl. Von vorn dann eine freundliche Stimme. »Was ist denn los? Was veranstaltest du denn für ein Geschrei?« Zu den Händen gewandt befiehlt sie: »Lasst das Mädchen los. Ihr könnt draußen warten.«

Ich brauche eine Weile, ehe ich das hysterische Schluchzen so weit unter Kontrolle bringe, dass mein Gegenüber mich versteht. Dann huschen immer neue Schatten durch mein Gesichtsfeld. »Wie viele Finger siehst du? Kannst du das erkennen?« Leises Klirren und andere Fragen. »Riechst du das? Und das?«

Die Prozedur scheint Stunden zu dauern. Zwischendurch wird meine Akte gebracht. Ich höre das Rascheln der Seiten. Es wird gemurmelt. »… kann man nicht simulieren … Hirnnerv betroffen … muss man abwarten …« Wieder soll ich riechen und kann doch nicht. Wieder Finger zählen, die ich nicht sehe.

In dem Urteil, das schließlich verkündet wird, schwingt Ratlosigkeit mit. »Du hast einen heftigen Schlag auf den Kopf bekommen. Wahrscheinlich gibt es in deinem Hirn eine Schwellung, die für die Ausfälle verantwortlich ist. Wenn die Schwellung verschwindet, gibt sich das Ganze vermutlich wieder. Außer Ruhe und Abwarten kann man da nichts machen. Wir werden dich noch eine Weile hier im Krankenrevier behalten.«

Wie betäubt lasse ich mich hinausführen. In meinem Milchglasnebel liege ich später auf meinem Bett und versuche die Mitteilung zu verdauen. Vielleicht geht es weg, vielleicht aber auch nicht. Vermutlich, wahrscheinlich, nichts Genaues weiß man. Und machen kann man sowieso nichts.

Ruhig abzuwarten entspricht nicht meinem Naturell. Genauso wenig wie die erzwungene Innenschau. Statt in die ersehnte Freiheit hat mich der Hungerstreik in eine Gefangenschaft ganz neuer Art geführt. Mein Körper selbst ist das Gefängnis. Ich bin abgeschnitten vom Geruch, vom Geschmack und vom Anblick der Außenwelt. Manchmal stelle ich mich an das Fenster und verfolge den Lauf der Sonne.

Wenn der rote Feuerball am Horizont auftaucht, füge ich aus der Erinnerung die Bilder der Landschaft hinzu. Die Felder im Morgenrot, in der Mittagssonne, im goldenen Abendlicht. Warum habe ich bloß nie richtig hingeschaut. Jetzt ist es vielleicht zu spät, womöglich werde ich nie wieder die Chance dazu haben.

Immerhin, ich kann hören. Die geraunten Berichte vom Ende unseres Streiks lassen mich manchmal beinahe wünschen, auch dieser Sinn wäre mir verloren gegangen.

Unser Hungerstreik ist gründlich gescheitert. Es gab Verletzte, ob jemand zu Tode gekommen ist, weiß man nicht genau. Lediglich Gerüchte schwirren umher. Diejenigen, die man als Rädelsführer herausgepickt hat, sind entweder abtransportiert worden oder sitzen im Karzertrakt in Einzelhaft. Die anderen hat man mit Versprechungen abgespeist. Man werde eine Kommission einsetzen. Haftbedingungen und auch Urteile sollen überprüft werden.

Obwohl meine Ohren gut funktionieren, hört sich das Ganze ebenso verschwommen an wie die Welt, die ich sehe.

Aber all das ist mir letztlich egal. Der Nebel, der mich zunächst nur von außen umhüllt hat, sickert unmerklich durch alle Poren und erobert mein Inneres. Es schmeckt nicht nur alles gleich, es fühlt sich auch gleich an. Ich kann mich zwar an das Aussehen der Äcker vor dem Fenster erinnern, aber solche Zustände wie Wut oder die Euphorie des Streiks scheinen nie existiert zu haben. Ich hoffe nichts, ich fürchte nichts, die einzige Misslichkeit, die ich empfinde, ist die ewige Kälte. Ich friere, egal wie warm es um mich herum ist. Irgendwann wird das Milchglas durchlässig. Konturen zeichnen sich wieder schärfer ab, und eines Tages erkenne ich sogar die Gesichter um mich herum. »Sei doch froh, dass du nichts riechst. Auf den Gestank hier könnte ich gern verzichten.« Die das zu mir sagt, hat natürlich keine Ahnung. Früher wäre ich wütend auf sie losgefahren. Jetzt begnüge ich mich mit einem »Ja, ja« und drehe mich in meinem Bett zur Wand.

34

Sie haben mich in eine Einzelzelle geschafft. Der große Punkt an der Tür stempelt mich zur gefährlichen Kriminellen. Der Schlag auf den Kopf mit seinen Folgen reicht nicht aus als Strafe für meine Rolle beim Hungerstreik. Offenbar zählt man mich zu den Anführerinnen.

Ein Meer gleichförmiger Tage spült alles mit sich fort. In der Grabesstille hallen die spärlichen Geräusche umso lauter. Tock, tock, tock, das sind die Stiefel des Postens vor der Tür. Nach fünf Schritten hört man ein leises »Klick«. Der Spion in der Nachbarzelle wird geöffnet. Beim zweiten Klicken hat der Posten seinen Blick in die Zelle beendet. Wieder fünf Schritte und der Blick in die Zelle am Ende des Gangs. Danach kommt er zurück zu mir. Alle Stunde gibt es eine Unterbrechung. Der Soldat wird abgelöst. Ein anderer übernimmt klirrend die Schlüssel. Dann hört man für eine weitere Stunde wieder nichts als die Stiefel und das Öffnen und Schließen der Spione.

Manchmal erwarte ich das Auge, manchmal vergesse ich es. Einmal am Tag öffnet sich die Tür, und wortlos wird ein Tablett hereingeschoben. Wie hypnotisiert von diesem Rhythmus falle ich in einen merkwürdigen Dämmerzustand. Das Tocktock der Stiefel schlägt im Gleichklang mit meinem Herzen.

Vielleicht bin ich doch schon in der Ewigkeit. Im Lauf der Jahre wird eine Hecke die Mauern überwuchern, uns vor den Augen der Welt verbergen, bis diese uns vergessen hat. Ein Paket von zu Hause reißt mich aus diesem Stumpfsinn heraus. Aber es ist kein gnädiges Erwachen. Jede der Gaben in dem Paket kündet schreiend von Unerreichbarkeit und Ferne. Ich kann ja die Seife nicht riechen und das Schmalz nicht schmecken. Ich habe die Sinne verloren, mit denen ich die letzte Brücke nach draußen schlagen konnte. Deshalb esse ich auch das Lebkuchenherz nicht, sondern lasse es an die Wand gelehnt stehen. Mein Name steht mit Zuckerguss in der Mitte. Mit jedem Tag erinnert es mich mehr an einen Grabstein. Erika. Geboren am 25. 12. 1930. Fehlt nur noch das Todesdatum. Meine Gedanken beginnen um diesen blinden Fleck zu kreisen. Es geht ein verlockender Sog von dem fiktiven Tag aus. Nur diese eine Zeile noch, dann ist es geschafft.

Das ewige Tocktock vor der Tür zusammen mit dem meines Herzens wird mir unerträglich.

Aus den wenigen Stofffetzen, die sich in der Zelle finden, drehe ich einen Strick. Anschließend befestige ich ihn an den Gitterstäben des Fensters. Den Rhythmus meiner Bewacher kenne ich gut genug, um stets beim Klicken des Spions ruhig am Tisch zu sitzen. Nun gilt es nur noch den richtigen Augenblick abzupassen. Das Auge erscheint und verschwindet wieder. Jetzt, endlich es ist so weit. Nur diese letzte kleine Anstrengung noch, dann ist es vorbei.

Ich springe.

Was soll das Gerüttel? Hat man denn nicht einmal im Tod seine Ruhe?

Die hören nicht auf, mir auf die Wangen zu schlagen. Was für eine Unverschämtheit! Die tragen dieselben Uniformen hier. Überhaupt sieht alles wie vorher aus.

Und dann reißt diese furchtbare Wut mich mit sich. Ich will sie töten, sie alle umbringen. Warum lassen sie mich nicht gehen? Lasst mich los, ihr Schweine! Eine schreit. Das bin ich. Hände, eiserne Griffe überall. Uniformen, Kommandos. Man trägt mich fort. Mein Körper macht sich selbständig.

Windet und biegt sich, um der Umklammerung zu entkommen. Einmal glückt es beinahe. Meine Zähne verbeißen sich in einem Arm. Die Hände lassen los, aber nur um gleich wieder zuzupacken. Gurte werden festgezurrt. Sie rollen meinen Ärmel auf. Eine Nadel nähert sich, sticht durch meine Haut. Ich zapple und zerre an den Gurten, aber es hilft nichts. Ich versinke in einem Dunkel, und es nicht der ersehnte Tod.

Transport. Kein Viehwaggon, keine Ladefläche in eisiger Kälte, diesmal die Komfortversion. Ein Krankenwagen bringt mich ganz allein zur nächsten Station meiner Odyssee. Durch den winzigen milchglasfreien Streifen schaue ich in einen grau verhangenen Himmel. Dort oben irgendwo über den Wolken wollte ich sein. Bei dem Gott, von dem sie immer erzählen. An den ich nicht mehr glaube. Oder einfach in der dunklen Erde. Zu Humus werden, Nahrung für Würmer und anderes Kleingetier.

Warum geben sie sich solche Mühe, mich an dieses Dasein zu ketten. An dieser Frage scheitert mein Verstand. Sinnlose, unverständliche Willkür hält mich am Leben, und damit verliert auch alles andere seinen Sinn.

Waldheim heißt mein neues Gefängnis. Das Husten der Tuberkulosekranken hallt durch die Gänge. Sonst herrscht ungewohnte Stille. Es ist eine Exklave für die Kranken, Ausgemusterten. Für kurze Zeit gehöre ich dazu. Man schiebt mich unter einen riesigen Röntgenapparat. Was für eine sinnlose Aktion. Weder Verzweiflung noch das Fehlen meines Geschmacks- und Geruchssinns wird man auf den schwarzen Platten sehen können. Stattdessen finden sie einen Befall des Lungenhilus. Ich habe Tbc, keine Neuigkeit für mich. Aber daran stirbt man nicht, jedenfalls nicht sofort, und deshalb ist mir diese Diagnose herzlich egal.

Sie bringen mich zurück nach Hoheneck, der Kreis schließt sich.

Einige Gesichter fehlen. Nach dem Hungerstreik hat man etliche Häftlinge als Rädelsführer entlarvt und in andere Gefängnisse verlegt. Maria soll auch in Waldheim sein, ebenfalls mit Tuberkulose. Manchmal vermisse ich sie, ihre Entschlossenheit, ihren Kampfgeist und auch ihren mütterlichen Rat.

Bald stehe ich wieder auf meinem Podest als Vorturnerin. Ich hebe Arme und Beine, beuge den Rumpf. Was für ein lächerliches Unterfangen, unsere Körper fit zu halten für diese Art von Leben.

Weihnachten kommt und damit auch mein Geburtstag. Ich bin nun vierundzwanzig. Man kann ja nicht aufhören zu zählen. Dann Silvester, auch das Jahr 1953 ist überstanden. Kurz nach Neujahr beginnt die Gefängnisleitung, einzelne Häftlinge zu entlassen. Täglich werden es mehr. Zunächst schotte ich mich hermetisch ab gegen jedes Aufkeimen von Hoffnung. Zu oft haben sich vermeintliche Vorboten als Strohfeuer erwiesen. Aber irgendwann sickert auch in mein Bewusstsein ein, dass sie es diesmal offensichtlich ernst meinen. Bald werden morgens ganze Listen mit Namen verlesen. Die Glücklichen verschwinden im Hauptgebäude und kehren nicht zurück.

So sehr wir auch rätseln, ein System können wir nicht entdecken. »Die würfeln«, behauptet schließlich irgendjemand, und niemand widerspricht.

Ich beginne gerade ganz vorsichtig zu glauben, dass auch ich irgenwann hier herauskomme, da geschieht das Wunder auch schon. Eine Wärterin kommt über den Hof direkt auf mich zu. Was grinst die denn so falsch, denke ich noch, ehe sie sagt: »Grabe, ins Büro. Du wirst entlassen.« Mein Herz macht einen Satz, und meine Knie beginnen unkontrollierbar zu zittern. Unbeholfen wie ein Käfer krabble ich von meinem Podest herunter. »Mensch, Erika, Glückwunsch!«, höre ich und »Grüß die Welt draußen von uns. Wir kommen auch bald.« Die anderen begreifen die Tragweite der Worte schneller als ich. Aber dann auf dem Weg ins Haupthaus bricht auch in mir der Jubel aus. Endlich, endlich ist es so weit.

Mir ist feierlich zumute, als ich das kleine Büro betrete. Aber der Mann hinter dem Schreibtisch schaut kaum auf. Er scheint die Größe des Augenblicks nicht zu empfinden.

»Acht Tage, Grabe.« Ich verstehe nicht. Dann blickt er mich doch endlich an und wiederholt seine Mitteilung. »Sie werden zu acht Tagen verschärftem Arrest wegen Kassiberschmuggels verurteilt.« Ich brauche einen Moment, um seine Worte zu begreifen. Aber dann gibt es kein Halten. Der überraschte Posten vor der Tür hat keine Chance. Ich stürme an ihm vorbei, und ehe er sich bewegen kann, bin ich schon draußen und über den Hof.

Die Wärterin ist nicht auf den Angriff vorbereitet. Ich habe sie im Würgegriff, ohne dass sie auch nur die Arme heben konnte. Ich zerre die zappelnde Frau zur Kellertreppe. Vor meinen Augen tanzen grelle Blitze, in meinem Hirn gibt es nur einen Gedanken: Ich mach sie tot.

Viele Hände sind nötig, um die Wärterin aus meinem Griff zu befreien. Beinahe hätte ich es geschafft. Mehr tot als lebendig und mühsam nach Luft ringend liegt das Miststück in der Ecke. Mehrere Kameradinnen halten mich fest. »Mach keinen Scheiß, Erika. Was ist überhaupt los?«

Allmählich komme ich wieder zu mir. Um ein Haar wäre ich zur Mörderin geworden. Aber außer einem Bedauern, dass ich es nicht geschafft habe, vermag ich nichts zu fühlen. Dann wimmelt es plötzlich von Uniformen. Ich werde abgeführt.

Karzer. Ein Steinblock und ein Kübel, sonst nur Mauerwerk und irgendwo ein Tropfgeräusch von einer der feuchten Wände. Vierzehn Tage habe ich bekommen für den Angriff auf die Wärterin. Nun also doch. Nicht die Freiheit, sondern der Tod wird mich aus meinem Elend erlösen. Vierzehn Tage Karzer hat meines Wissens noch niemand überlebt. Acht Tage kann man schaffen, wenn man guter Verfassung ist und zäh. Karzer bedeutet einmal täglich ein wenig Wasser, sonst nichts. Schade, dass nur ich sterben muss. Ich würde mich besser dabei fühlen, wenn ich diese Kreatur ebenfalls vom Antlitz der Erde getilgt hätte.

Gegen Mittag öffnet sich die Tür. Die Kalfaktorin bringt das Wasser und leert den Kübel. Erst als sie einen Zischlaut ausstößt, schaue ich auf. Mensch, das ist ja Fiete! Sie spricht kein Wort, draußen patrouillieren ständig Posten. Aber mit deutlichen Gesten zeigt sie auf den Kübel. Erst als ich nicke, ist sie zufrieden. Sie ballt kurz die Faust und hebt das Kinn. Halt durch, scheint sie mir sagen zu wollen. Ich warte eine Weile, ehe ich den Kübel untersuche. Auf dem Grund des Behälters ertaste ich etwas Festes. Ich fördere einen Kanten Brot zu Tage. Mit Tränen in den Augen verschlinge ich diese Kostbarkeit. Was spielt es schon für eine Rolle, ob das Brot stinkt und woher es kommt. Fiete hat dafür ihr eigenes Leben aufs Spiel gesetzt, und vielleicht rettet sie damit das meine.

Aber nicht nur Fiete arbeitet an meiner Rettung.

Irgendwann bekomme ich hohen Besuch. Die Tür öffnet sich, und der Anstaltsleiter tritt ein. Ich habe noch nie davon gehört, dass sich jemand von der Gefängnisleitung in diese niederen Gefilde begeben hat. Der Gestank macht ihm sichtlich zu schaffen, deshalb kommt er ohne Umschweife zur Sache. »In Ihrer Angelegenheit hat es eine Beschwerde gegeben. Ihre Kameradinnen behaupten, die Karzerstrafe sei nicht berechtigt. Wollen Sie dazu etwas sagen?«

Und ob ich will!

»Also die acht Tage wegen Kassiberschmuggels, das sehe ich ein. Aber der Rest ist eine Schweinerei.«

Der Mann geht stillschweigend über meine Ausdrucksweise hinweg. »Ja, aber Sie haben doch eine Wärterin angegriffen. Das geben Sie doch zu, oder?«

Mein Bedauern darüber, dass die alte Hexe so glimpflich davongekommen ist, verkneife ich mir lieber. Stattdessen antworte ich mit einer Gegenfrage. »Was hätten Sie denn gemacht? Da sitze ich hier seit Ewigkeiten. Dann kommt diese Frau und verkündet mir meine Entlassung. Dabei wusste sie genau, dass ich zu Arrest verurteilt werden soll. Hätten Sie die Beherrschung behalten?«

Dazu äußert er sich nicht. Aber er fragt immerhin nach, lässt sich einige Details der Geschichte noch einmal aus meiner Sicht schildern. Nachdenklich kehrt er schließlich meinem Verlies den Rücken.

Am achten Tag werde ich aus dem Karzertrakt zurück in meine Zelle eskortiert. Die anderen Tage hat man mir erlassen. Als dann noch Berichte von einer Bestrafung der Wärterin durchsickern, wage ich vorsichtig wieder an so etwas wie Gerechtigkeit zu glauben.

Im Zellentrakt stehen inzwischen etliche Pritschen leer. Die ungewohnte Weitläufigkeit und Stille künden von Freiheit, verleihen unserer Anwesenheit etwas Provisorisches. Die Tage bestehen aus Warten. Warten auf den großen Augenblick, an dem auch unser Name unter denjenigen ist, die nun jeden Morgen auf dem Hof verlesen werden.

Das kleine Grüppchen, das zum Morgenappell antritt, ist bereits ziemlich zusammengeschmolzen, als auch mein Name aufgerufen wird.

Diesmal ist es keine Finte. Ich reihe mich in die Schlange vor dem Büro ein. Noch einmal warten, aber dann stehe ich vor dem Schreibtisch. Meine Akte liegt schon aufgeschlagen. »Erika Grabe, geboren in Mühlhausen am 25. 12. 1928?« Eigentlich nur noch Routine. »Ja«, antworte ich. »Nur das Geburtsjahr ist falsch. Ich bin 1930 geboren.« Die Hand des Beamten schwebte schon über der Entlassungsurkunde. Jetzt zieht er sie zurück. Irritiert prüft er seine Unterlagen. Ein kurzes Palaver mit einem zweiten Beamten folgt. Hätte ich bloß meinen Mund gehalten! Es braut sich schon wieder etwas zusammen. Die Beratung der beiden verläuft ganz offensichtlich ergebnislos.

»Ihre Entlassung wird zurückgestellt«, verkündet er lapidar. »Wegtreten!«

Ich kann nicht wegtreten. Meine Beine wollen keinen Schritt gehen. Zwei Kameradinnen stützen mich und geleiten mich zu einer Bank in Warteraum. Aus dem Büro strömt die Unruhe bis zu uns herüber. Dann stehen plötzlich die anderen dicht um mich gedrängt. »Wenn du nicht gehen darfst, bleiben wir auch.« Entschlossen setzen sich alle irgendwo nieder. Ich bin zu benommen, um das Ausmaß ihrer Solidarität zu begreifen. Aber ich bin heilfroh, nicht allein zu sein. Einer der Beamten verlässt später das Büro. Seine Stiefel quietschen auf dem blanken Boden. Alle Augen folgen seinen Schritten. In die lautlose Spannung fällt ein Schluchzen, und bald weinen wir alle.

Vom Ende des Gangs hören wir hektische Stimmen. Nach zwei Stunden schrillt ein Telefon. Schon beim ersten Läuten nimmt jemand ab. Auch auf der anderen Seite scheint man nervös zu sein. Dann die erlösende Nachricht. Alle dürfen gehen. Auch ich.

35

Dem dicken Mann rollen unaufhörlich Tränen über die Wangen. Halb in Trance fischt er mit seiner hölzernen Zange Würstchen auf Würstchen aus dem Kessel. Wie alle anderen vor mir strecke auch ich ihm meinen zerknitterten Zehnmarkschein hin.

Die ganze Fahrt über habe ich den Geldschein fest in der Hand gehalten, zusammen mit dem Entlassungspapier. Das erste Geld nach acht Jahren.

Aber der Mann winkt ab. »Kann nicht wechseln«, murmelt er und fördert bereits das Würstchen für die Nächste in ein Stück Pappe.

Geruch und Geschmack funktionieren zwar immer noch nicht, aber als das Würstchen zwischen meinen Zähnen knackt, bedient sich mein Hirn im Reich der Erinnerung. Als die Frau neben mir mit vollem Mund behauptet: »Schmeckt nach Freiheit, nicht!«, stimme ich überzeugt zu. Es schmeckt nach Freiheit, daran gibt es keinen Zweifel.

Der kleine Bahnsteig ist voll gestopft mit wartenden Frauen. Für die wenigen Außenstehenden müssen wir einen absurden Anblick bieten. Der Gefangenenchor auf dem Weg zum Lumpenball.

Bevor man uns entlassen hat, ist jeder ihre Zivilkleidung ausgehändigt worden. An das Kleid konnte ich mich noch erinnern. Ich hatte es mir in Sachsenhausen aus einer alten Wolldecke genäht. Damals passte es wie angegossen, jetzt lässt es sich über der Brust nicht mehr schließen. Woher der Mantel stammt, fällt mir beim besten Willen nicht mehr ein.

Dazu trage ich einen roten Schal. Alle, die nach Leipzig wollen, haben einen roten Schal bekommen. Die Berliner erkennt man an den blauen, Halle trägt gelb. »Na, wenigstens keine Sterne«, hat eine gesagt. Aber hier auf dem Bahnhof sind wir froh, sie uns um den Hals wickeln zu können. Es ist kalt an diesem 18. Januar 1954.

Züge rollen ein. Ich halte meinen Entlassungsschein mit festem Griff. Er gilt gleichzeitig auch als Fahrschein. Ich lande mit einigen anderen Rotbeschalten in einem Abteil. Niemand schreibt uns unseren Platz vor, aber noch drängen wir uns zusammen. Kaum eine setzt sich allein unter die fremden Reisenden.

Ich fahre zu Maria nach Glauchau. Wer direkt in den Westen ausreist, muss nach Friedland. Dorthin wollte ich nicht. Schon wieder Lager, und wer weiß. Lieber erst mal ihren Fängen entrinnen.

Maria und Fred erwarten mich schon am Bahnhof. Meine Freundin ist kaum wiederzuerkennen. Die Freiheit steht ihr gut. »Na, du Vogelscheuche, jetzt wollen wir erst mal einen Menschen aus dir machen.«

So muss es im Himmel sein. Ein Bad, Musik. Stundenlang könnte ich über die Stoffe streichen. Ich berausche mich an Samt und Seide, an Farben und an dem Glitzern von Marias Schmuck.

»Komm, wir machen uns schick und gehen ins Ringcafé.«
Maria wirft bereits einige Kleider aufs Bett. Fred steht in der Tür und weiß offenbar nicht recht, ob er uns amüsant oder verrückt finden soll. »Lass das Mädchen doch erst mal richtig aussschlafen. Morgen ist doch auch noch ein Tag.«
Vielleicht ist sein Standpunkt vernünftig, aber von unserem Seelenleben weiß er nichts. Wie auf ein geheimes Stichwort hin halten Maria und ich in unserer Anprobe inne. »Du hast doch keine Ahnung«, sagt Maria leise. »Wir haben Jahre unseres Lebens nachzuholen. Zum Schlafen haben wir keine Zeit. Und morgen, morgen können wir in Sibirien sein oder

tot oder was weiß ich.« Fred zieht sich wortlos zurück, und ich bekomme einen ersten Vorgeschmack davon, welche Kluft ich noch zu überwinden habe.

Die nächsten Tage vergehen in einem Rausch aus Vergnügungen. Sekt im noblen Ringcafé in Chemnitz, Tanztee, Theater, Maria und ich sind unersättlich. Ab und zu greift Fred dann doch ein. »Ihr seht aus wie Weihnachtsbäume mit all dem Lametta. Die Hälfte der Klunker reicht völlig.« Aber auch mit der Hälfte fallen wir noch auf. Die Blicke der anderen Gäste wandern immer wieder zu uns herüber.

Einmal treffen wir auf andere Ehemalige. Ich beobachte sie eine Weile aus der Ferne und begreife, was die Leute an uns so irritiert. Davon abgesehen, dass unsere Kleidung hoffnungslos unmodern ist, dass die Gesichter immer noch grau und die Körper ausgemergelt wirken, haftet unserem Vergnügtsein etwas von harter Arbeit an.

Nach einer Woche und einem tränenreichen Abschied reise ich weiter nach Mühlhausen zu meinen Großeltern. Die beiden sind alt geworden, und es geht ihnen nicht besonders gut. Hier wird mir zum ersten Mal klar, wie lange ich fort war. Meine Familie hat sich einfach aufgelöst, ist in alle Winde zerstreut. Die Großeltern hätten in der Zwischenzeit sterben können, und auch jetzt weiß man nicht, ob der nächste Abschied nicht der letzte sein wird. Ich verschiebe meine Abreise zu meiner Mutter nach Hamburg noch einmal. Endlich erreiche ich sie am Telefon. Die Verbindung ist schlecht, aber man muss sich glücklich schätzen, wenn sie überhaupt funktioniert. Ich verspreche ihr, in vier Wochen in Hamburg zu sein.

Es kommt jedoch wieder einmal anders. Mein Onkel Paul taucht auf, und ich brauche nur sein Gesicht zu sehen, um in Panik zu geraten. Wenn ich eines gründlich gelernt habe, ist es die Fähigkeit, drohendes Unheil sofort zu erkennen. »Erika, du musst verschwinden. Die verhaften die Ersten schon wieder. Du stehst auch auf der Liste.« Mein Onkel ist irgendetwas Wichtiges in der Partei. Er muss es also wissen. Ich frage nicht nach dem Warum. Auch das habe ich gelernt. »Warum?« ist die falsche Frage. Es gibt keine Antwort darauf. Bleibt zu fragen, wie – wie komme ich am besten aus der Gefahrenzone? »Du musst in den Westen, und du musst schwarz über die Grenze.«

Schon am nächsten Tag sitze ich im Zug. Die Fahrkarte hat mein Onkel gekauft. Meinen Entlassungsschein aus Hoheneck trage ich eingerollt in meiner Vagina. Gestern noch ein Freifahrtschein, stellt er heute ein verräterisches Stück Papier dar. Aber wer weiß schon, ob er nicht morgen wieder eine ganz andere Bedeutung hat.

Die Grenze kommt, und ich bin halb besinnungslos vor Angst. Sie müssen es riechen. Sie werden mich verhaften, und alles beginnt von vorn. Ich muss aufs Klo, aber meine Beine verweigern den Dienst.

Dann ist es überstanden. Ein kurzer Blick auf meinen Ausweis, der junge Grenzbeamte ist das personifizierte Desinteresse. Er riecht meine Angst nicht, ist taub für das Gehämmer meines Herzens. Die Stiefel poltern über die Treppen, als die DDR-Posten den Waggon verlassen. Quietschend fährt der Zug an. Ich bin im Westen.

Aber zunächst einmal trägt der Westen ein bekanntes Antlitz. Gleich hinter dem Tor weht mir der Wind russische Laute entgegen. Unwillkürlich stellt mein Körper sich auf eine gespannte Wachsamkeit um. Erst als ich die Aussiedlerfamilie entdecke, die vor einer der Baracken ihr Frühstück verzehrt, beruhige ich mich ein wenig.

Friedland ist ein Lager, und damit kenne ich mich aus. Vielleicht ist hier alles ein wenig besser organisiert. Vielleicht schwimmt etwas mehr Fleisch in der Suppe. Aber die Unterschiede sind so gering, dass sich meine antrainierten Reflexe ungerufen wieder einstellen. Allein bist du nichts, heißt einer davon.

Deshalb kommt Helmut mir wie gerufen. Ich kenne ihn

flüchtig aus Torgau. Die gemeinsame Vergangenheit schafft schnell eine Vertrautheit zwischen uns.

»Wo warst du nach Torgau?«

»Ach, in Bautzen. Da habe ich auch ein Jahr gesessen.«

»Kennst du …?«

Ich lerne auch andere kennen. Durchreisende, Heimatlose, Entwurzelte. Aber niemand versteht mich so wie Helmut. Nur er kann über bestimmte Witze lachen, unter einem Transport stellt er sich dasselbe Grauen vor wie ich.

Wir erhalten gleichzeitig unsere dreihundert Mark Überbrückungsgeld. Westgeld, das verheißungsvoll in unseren Taschen knistert. In dem kleinen Lagerladen kaufen wir beide ähnlich Überflüssiges: Kaugummi, Salmiakpastillen, eine Illustrierte. Das muss Seelenverwandtschaft sein, entscheide ich.

Dazu gesellen sich Marias lockende Bilder. Damals entworfen, um mich von meinen Abwegen mit Uschi abzubringen, entfalten sie ausgerechnet jetzt ihren Reiz.

Wenn du frei bist, wirst du einen Mann kennen lernen. Du wirst heiraten und eine Familie gründen. Zwischen den Mauern von Hoheneck klang das nach Utopie. Ich werde als alte Jungfer sterben. Niemals werde ich all das erleben.

Mit dieser Überzeugung bin ich noch hier in Friedland angekommen. Und jetzt bietet sich mir doch eine Chance. Ich bin vierundzwanzig Jahre alt, ich bin frei, und da ist dieser Mann, der mich so gut versteht. Für ihn stellt nicht einmal meine Vergangenheit einen Makel dar. Jeder andere würde sich mit Grausen abwenden, wenn er davon wüsste. Von dem Schmutz, dem Ungeziefer, den Demütigungen.

Viel Zeit bleibt mir nicht. Ich will nach Hamburg, Helmut hat in Halle noch Dinge zu erledigen.

Als wir wenige Tage später in verschiedene Richtungen abreisen, betrachte ich mich als verlobt. Ein kleiner Ring an meinem Finger demonstriert mein neues Glück. Mein zukünftiger Mann will so schnell wie möglich nachkommen.

36

Irgendetwas ist schief gegangen. Um mich herum dröhnen Züge. Menschen schubsen mich auf dem Bahnsteig hin und her. Alles scheint mir riesig, laut und furchteinflößend. Wo ist nur meine Mutter? Warum holt mich niemand ab? Was soll ich nur machen?

»Kann ich Ihnen helfen?« Durch den Tränenschleier sehe ich zuerst nur die weiße Haube der Schwester. Meine Versuche, ihr mein Elend zu erklären, enden in unverständlichem Gestammel. Sie nimmt mich mit ins Büro der Bahnhofsmission. Ich bekomme eine Tasse mit etwas Heißem in die Hand gedrückt. Die Entlassungspapiere aus Friedland klären die Schwester dann auch über mein Problem auf. »Die haben wahrscheinlich vergessen, Ihre Mutter zu benachrichtigen. Das kommt schon mal vor.«

Kurze Zeit später sitze ich in einem Taxi. Die Schwester hat den Fahrer bereits bezahlt und instruiert, wo er mich absetzen soll. Durch das Fenster sehe ich die Bilder der großen Stadt. Trümmer und Ruinen, dazwischen einige erleuchtete Schaufenster, und überall wimmelt es von Menschen. Es ist hier so anders als in Mühlhausen und auch anders als in Leipzig. Ich fühle mich klein, hilflos und fremd. Meine Heimkehr habe ich mir ganz anders vorgestellt.

Dann spuckt das Taxi mich aus. Ein kleiner Platz mit zwei, drei mickrigen Bäumen. Die Häuser alle so hoch, dass die Sonne keine Chance gegen die Schatten hat. Ich finde die richtige Hausnummer. Irgndwo da drinnen ist meine Mutter. Ich bin endlich am Ziel.

Februar 1954,
kurz nach der Entlassung.

März 1954 in der Hein-Hoyer-Straße:
mit Helmut und der Mutter.

1954 in der Tabu Bar,
Hamburg-St. Pauli.

September 1958, ein Foto zum
fünfzigsten Geburtstag der Mutter.

Vergessene Freiheit

Fiete ist bei mir, und auch das beklommene Gesicht von Maria taucht manchmal auf. Mein Herz klopft zu schnell. Ein Rauschen in meinen Ohren lässt mich die Worte des Mannes kaum verstehen, der unsere kleine Herde durch die düsteren Gänge von Hoheneck lenkt.

Wie leicht meine Schuhe sind, wie elastisch mein Gang. Ich trage keine Holzpantinen, ich bin nicht gefangen. Ich bin hier, um mit den anderen einen Gedenkstein einzuweihen. Er soll an unsere Toten erinnern, an die, die hier gestorben sind.

Ich hätte nicht so viel Kaffee trinken sollen. Jetzt macht er sich bemerkbar, und so oft ich mir auch sage, dass ich ein freier Mensch bin, dass ich auf die Toilette gehen kann, wann ich will, ein Unbehagen bleibt.

Erika, jetzt sei nicht so ein Hasenfuß, ermahne ich mich selbst, und laut frage ich nach der Toilette.

Eine Wachtmeisterin geleitet mich beflissen in den ehemaligen Besuchertrakt. Türen öffnen sich, und hinter uns schließen sie sich wieder. Das dicke Schlüsselbund klimpert ungenutzt an ihrem Gürtel. Ich bin ja auch nur zu Besuch. Vor der Tür mit der Aufschrift »Frauen« verlässt meine Führerin mich. Ich höre noch eine Zeit lang das Quietschen ihrer Gummisohlen leiser werden. Ich erledige, was zu erledigen ist. Beim Händewaschen glucksen und rauschen die Rohre. Dann ist plötzlich Stille. Kein Laut dringt durch die dicken Burgmauern.

Vorsichtig, aus Gründen, über die ich mir lieber keine Gedanken mache, bemühe ich mich, geräuschlos bis in den Besucherraum zu gelangen. Jetzt dient er als Büro, ist aber immer noch sehr schlicht eingerichtet. Irgendein Beamter verwaltet hier jetzt irgendwelche anderen Schicksale. Die Barriere, die uns vor Jahrzehnten von unseren Besuchern trennte, fehlt. Auch die Fenstergitter sind abmontiert.

Zögernd setze ich mich auf einen Holzstuhl.

Wann kommt sie bloß und holt mich wieder ab? Sie hat mich hier doch hoffentlich nicht vergessen. Ich sehe auf die Uhr. Wie lange warte ich hier eigentlich schon? Die anderen müssen mich doch längst vermissen. Nach Ewigkeiten sehe ich wieder zur Uhr. Es sind gerade drei Minuten vergangen. Ich starre die Tür an, als könnten meine Gedanken die Wärterin herbeizaubern. Mein Gott, mach, dass diese Frau kommt und mich hier herauslässt. Unruhig stehe ich wieder auf und trete ans Fenster. Direkt vorm Fenster liegt der Hof.

Szenen von damals drängen sich mir auf. Beinahe glaube ich den Befehl von Einsfünfzig-mit-Hut wieder zu hören. »Grabe, weg da!«

Aber es sind andere Stimmen, sie kommen von draußen. Meine Kameradinnen erscheinen auf dem Hof. Offenbar haben sie den Rundgang beendet. Erleichtert klopfe ich gegen die Scheibe, mache auf mich aufmerksam. Ihr Rufen und Winken vertreibt die Vergangenheit. »Wo bleibst du denn? Warum kommst du nicht wieder?«

Kurz entschlossen reiße ich das Fenster auf und mit einem beherzten Schritt gelange ich auf den Hof, wieder zurück in die Geborgenheit der Gegenwart. Einige fragende Blicke streifen mich, und erst als ich es ausspreche, wird mir klar, was mir passiert ist. »Ich habe gewartet, dass sie mich wieder abholt. Ich habe vergessen, dass die Türen jetzt ja offen sind.«

Während der Festrede lasse ich meine Gedanken wandern. Jetzt, im Jahr 1993, sitzen hier in Hoheneck echte Kriminelle ein, und ich staune, wie großzügig die Mörderinnen der DDR behandelt werden. Siebenundzwanzig Frauen leben heute auf der Burg. Wir waren an die tausend. Dort, wo früher hölzerne Schuten das Tageslicht aussperrten, hängen freundliche Gardinen. Es gibt Fernsehgeräte und Kochgelegenheiten.

Herr Gott, ich war damals doch nur ein unschuldiges Kind, und dies hier sind Mörderinnen. Wie ist das möglich? Gibt es denn überhaupt keine Gerechtigkeit?

Wieder diese Fragen, von denen ich doch weiß, dass sie ins Nichts führen. Ich soll so nicht denken, ich will so nicht denken, und doch tue ich es.

Hin- und hergerissen zwischen Hass und Hilflosigkeit, bin ich weit entfernt von dem Selbstbild, dass ich so oft schon heraufbeschworen habe. Ich mag sie nicht, diese Frau, die nach vierzig Jahren immer noch keine Ruhe findet. Ich möchte eine zufriedene, gütige Frau sein, die mit abgeklärtem Blick auf die schrecklichen Erlebnisse ihrer Jugend zurückschaut. Und so möchten mich auch meine Kinder, meine Freunde, mein Mann.

Niemand um mich herum versteht meinen Drang, wieder und wieder darüber zu sprechen. Niemand versteht meine Verbitterung, wenn über den Holocaust und über das Leid der Juden berichtet wird. Wenn meine Seele aufschreit angesichts des Elends dieser Menschen: Ja, so habe ich auch gelitten! Ja, in solche Waggons haben sie uns auch verladen! Ja, solche Hungergestalten waren auch wir. Habt auch mit uns, habt auch mit mir ein wenig Mitgefühl. Lasst euch einmal ein auf unser Leid, sagt es einmal laut: Euch wurde Unrecht getan!

Immerhin, heute wird mir dieser Wunsch erfüllt. Die Redner geben den Dingen Namen. Auch wir seien Opfer, Opfer von Willkür und Diktatur. Von unserem unendlichen Leid ist die Rede, von Erschießungen, Verschleppung und Tod.

Aber wer hört es?

Im Publikum sitzen vor allem wir Ehemaligen, und wir wissen ohnehin Bescheid.

Wo aber sind all die Zweifler? Diejenigen, deren skeptische Blicke mich jahrelang stumm gemacht haben? Blicke, die zu sagen schienen: Ganz unschuldig werdet ihr schon nicht gewesen sein, irgendetwas müsst ihr doch getan haben, sonst wird man doch nicht eingesperrt. Die nichts hören wollten vom Elend, die mich stattdessen am Reden hindern wollten mit vermeintlich wohlmeinenden Sätzen.

»Ja, Erika, aber jetzt solltest du lieber in die Zukunft schauen. Irgendwann muss man die Vergangenheit auch mal ruhen lassen.«

Was hätte ich mir mehr gewünscht, als die Vergangenheit ruhen zu lassen?

Lange Zeit habe ich genau das versucht. Schwamm drüber und alles vergessen.

Ankommen

Schwamm drüber und alles vergessen. Aber jetzt und hier vor der Tür in der Hein-Hoyer-Straße bin ich erst einmal beherrscht von dem mulmigen Gefühl in meinem Magen. Was erwartet mich? Wie wird der Empfang sein?

In diesem Frühjahr 1954 hat es die Sonne noch schwer, sich über die hohen Dächer der eng stehenden Mietshäuser zu erheben.

Das erste Problem lässt nicht auf sich warten. Da ist die schwere hölzerne Haustür, und sie ist geschlossen. Das bedeutet warten. Warten auf eine Person, die Schlüssel am Gürtel trägt, die Befugnis besitzt, Türen zu öffnen.

Der junge Mann, der sie dann endlich aufmacht, bedenkt mich im Vorbeigehen mit einem misstrauischen Blick. Vielleicht hält er mich für eine Bettlerin oder Schlimmeres. Ich brauche nicht nach unten zu schauen, ich weiß auch so, wie meine Beine aussehen. Dicke, elefantenartige Stampfer. Wasser, haben die Ärzte in Friedland gesagt, Hungerödeme. Am liebsten möchte ich umkehren. Ich kann Mutti doch so nicht unter die Augen treten.

Aber ich will, ich will endlich nach Hause.

Die Tür geht auf, und es ist wirklich meine Mutter, die da steht. Aber wieso hat sie ein Kind auf dem Arm? Und sie sieht furchtbar erschrocken aus.

Anstatt mich in die Arme zu schließen, läuft sie zum Fenster. »Inge, Inge«, höre ich sie rufen, ihre Stimme klingt seltsam dünn und hoch, »Erika ist da.«

Meine Schwester kommt durchs Fenster, was mir in diesem Augenblick ganz normal erscheint, entreißt meiner Mutter das Kind, und dann endlich liege ich in Muttis Armen.

Ein Tränenschleier legt sich zwischen mich und die Welt. Nur schemenhaft registriere ich die Enge um mich herum, die anderen Menschen. Da sind meine Brüder Peter und Martin. Sie sind inzwischen vierzehn und zwölf Jahre alt, und ich erkenne sie im ersten Moment gar nicht.
Tränen rollen unaufhörlich über meine Wangen, ich könnte immer weiter weinen, bis ans Ende meines Lebens, so herrlich fühlt es sich an. Aber die vielen Blicke und die Fragen, die noch stumm im Raum stehen, bringen mich zur Besinnung. Lass dich jetzt bloß nicht gehen, Erika! Immer schön alles unter Kontrolle halten, ermahne ich mich selbst.

Ich bin in den nächsten Tagen wohl die Einzige, der die Winzigkeit der Behausung meiner Mutter nichts ausmacht. Ich bin schließlich daran gewöhnt. Allen anderen muss die Enge der überfüllten Einzimmerwohnung gewaltig auf die Nerven gehen. Vor allem wenn ich nachts über meine Brüder steigen muss, um zur Toilette zu gelangen, entschlüpft ihnen das eine oder andere derbe Wort. Besonders Martin ist beleidigt, weil ich ihn aus seinem Klappbett vertrieben habe. Wahrscheinlich bin ich für ihn ebenso fremd wie er für mich. Er war drei Jahre alt, als ich verschwand, und so wenig ich in ihm den kleinen Lockenkopf wiedererkenne, so wenig kann er dieses aufgequollene, launische Wesen als seine Schwester akzeptieren.

O ja, ich bin launisch in diesen Wochen. Mein Körper rächt sich jetzt für die schlechte Behandlung der letzten Jahre. Im Lager habe ich den Verlust von Geschmack und Geruch nur gelegentlich bedauert, manchmal war der Mangel auch ein Vorteil. Aber meine Mutter kocht ein Lieblingsgericht nach dem anderen für mich, so als müsse mein Geschmack einfach zurückkehren, wenn sie sich nur genug Mühe gibt. Es ist ein Glück, dass ich nicht ermessen kann, mit welchem Aufwand sie die Zutaten organisiert, wie viel Verzicht an anderen Enden des Haushaltes diese Festessen bedeuten.

Der Ablauf ist jedes Mal derselbe. Ein wenig erschöpft streicht meine Mutter sich eine hartnäckige Haarsträhne aus der Stirn, nachdem sie uns allen die Teller gefüllt hat. Alle scheinen den Atem anzuhalten, bis ich den ersten Bissen im Mund habe. Die erwartungsvollen Blick durchbohren meinen schützenden Panzer und treffen mich schmerzhaft, wie tausend kleine Hagelkörner.

Ich gebe mir alle Mühe. Ich sehe das Sauerkraut auf meinem Teller, ich stelle mir den Geschmack von Sauerkraut vor, bis mir das Wasser im Mund zusammenläuft, aber das, was ich dann schließlich esse, ist immer gleich. Es schmeckt nach nichts, es riecht nach nichts. Lediglich die Konsistenz ist unterschiedlich. Mit gesenktem Kopf schaufle ich die liebevoll bereitete Mahlzeit in mich hinein. Schwebte da nicht dieser dunkle Schatten von Erwartung über mir, könnte ich zumindest das Gefühl von Sättigung genießen.

Wenn Mutti es dann nicht mehr aushält, kommt die gefürchtete Frage: »Schmeckt's dir denn, mein Kind?«

Auch heute lässt die Frage nicht auf sich warten. Ehe ich noch einen Gedanken fassen kann, zerschellt mein Teller an der Wand. Das Sauerkraut hinterlässt einen hässlichen Fleck an der Tapete, ein unappetitlicher Haufen aus Essen und Scherben landet auf dem Boden.

»Kannst du dir das denn nicht merken? Ich schmecke nichts!«

Eine unbeherrschbare Woge von Hass überkommt mich, Hass auf meine Mutter, die zu blöd ist zu begreifen, Hass auf die beiden Brüder, die dumm glotzen, Hass auf all die Soldaten und Wachen in den Lagern und auf mich und mein vermurkstes Leben.

Wenn sie doch nur wütend würde, zurückschrie. Aber meine Mutter senkt nur ergeben den Blick. »Wir müssen alle Geduld haben.« Mehr sagt sie nicht.

Meine Schuldgefühle wachsen ins Unermeßliche. Warum nur bin ich so schlecht?

Wie zur Strafe verdunkelt sich meine Welt kurz darauf wieder. Ich wache morgens auf und sehe nichts als helle und dunkle Schemen. Es ist wie im Lager, und alles holt mich wieder ein. Die Blindheit, die Aussichtslosigkeit im wahrsten Sinne des Wortes und die Fragen, auf die ich keine Antwort finde. Wozu das Ganze? Wozu soll ich das Leid ertragen, wozu anderen – vor allem meiner armen Mutter – zur Last fallen? Wenn mir als einzige Gefühle Hass und Verzweiflung geblieben sind, wäre es nicht besser, ich wäre tot? Nachts träume ich. Ich renne, renne, so schnell ich kann. Hinter mir gesichtslose Uniformierte. Erst so weit entfernt, dass ich die Illusion habe, ich könnte es schaffen, könnte ihnen entwischen. Aber sie kommen näher und näher. Schon höre ich ihren Atem dicht hinter mir. Keine Zeit, mich umzuschauen. Ich weiß ohnehin, wer sie sind. Ich rieche den muffigen Geruch ihrer Uniformen, beinahe spüre ich noch den kratzigen Stoff. Mein Herz flattert wie ein verzweifelter Vogel im Gefängnis der Rippen. Meine Lungen schreien nach Luft, meine Beine werden immer schwerer. Und dann wächst direkt vor mir aus dem Boden eine Mauer hoch bis zum Himmel. Die Welt verdunkelt sich, und bevor ich den Aufprall spüre, wache ich auf.

Keuchend und schweißnass, als sei ich wirklich gelaufen, versuche ich mich zu orientieren. Ich bin ihnen doch entkommen. Ich bin bei meiner Mutter. Ich habe alle Lager und Gefängnisse überlebt. Mein Atem kommt langsam zur Ruhe, aber die Angst will nicht verschwinden.

Am Morgen führt meine Mutter mich durch eine schemenhafte Stadt. Wieder ratlose Ärzte, immerhin eine Beschäftigung, die mich ablenkt. Eingesperrt, allein mit mir und meinen Gedanken, halte ich es kaum aus. Wohin ich sie auch wandern lasse, in die Vergangenheit oder in die Zukunft, ich sehe nur Elend.

Eigentlich müsste ich meiner Mutter beichten, dass ich mich in Friedland verlobt habe. Irgendwann demnächst wird Helmut vor der Tür stehen, und was soll dann werden? Wo sollen wir hin? Mutti wird entsetzt sein, und die Ahnung, einen Fehler begangen zu haben, lässt sich nur schwer verscheuchen.

Aber dann eines Morgens blendet mich die helle Wintersonne. Ich drehe mich zur Wand, und da ist das Muster der Tapete. Ich erkenne all die kleinen Linien. Ich kann wieder sehen!

Auch diesmal sind die Ärzte ratlos, aber jetzt ist es mir egal. Ich setze die verordnete Sonnenbrille auf, und ich werde die Welt entdecken, und zwar jetzt. Wer weiß, wann es wieder dunkel wird um mich herum.

»Lass uns rausgehen, bitte!« Meine Mutter hat eigentlich alle Hände voll zu tun mit dem Haushalt. Auf dem Herd verbreitet ein riesiger Topf mit Kochwäsche einen Geruch nach Kernseife und Sauberkeit, Berge von Strümpfen liegen immer neben ihrem Platz und warten darauf, gestopft zu werden. Ich weiß, dass sie mir nichts abschlagen kann, und das nutze ich aus. Ich traue mich einfach nicht allein nach draußen. Dort gibt es Soldaten, und auch wenn sie keine russischen Uniformen tragen, sind sie mir unheimlich, ebenso die Seeleute, die mit hungrigem Blick durch die Straßen streifen. Mit dem Geld, das meine Mutter mir gegeben hat, kann ich nichts anfangen. Ich kenne die Münzen und ihren Wert nicht.

Aber draußen gibt es eben auch all diese lockenden Schaufenster, blinkende Lichter, wunderschöne Frauen. Ich will auch so schön sein.

Den Friseurbesuch hat Mutti vorgeschlagen, und ich bin begeistert. Endlich werde ich aussehen wie Romy Schneider. Ich werde eine richtige Erwachsenenfrisur tragen.

»Aber was machen die denn da?« Voller Entsetzen beobachte ich, wie die Friseuse das Haar der Kundin auf lächerlich kleine Plastikröllchen wickelt. So macht man doch keine elegante Wasserwelle.

Vergeblich versucht meine Mutter mich zu beruhigen. »Das ist eine Dauerwelle. Was du damals gelernt hast, ist aus der Mode. Das will heute kein Mensch mehr.«

»Wenn die glauben, ich lass mir so eine Frisur machen, haben sie sich getäuscht. Ist mir ganz egal, was die anderen wollen. Ich will eine Wasserwelle.«

Wir erregen mittlerweile Aufsehen, die Chefin des Salons eilt herbei. Ich kann nicht hören, was meine Mutter sagt, aber das bedauernde Kopfschütteln der Friseurin ist eindeutig.

Meine Mutter scheint erleichtert, als wir den Laden verlassen haben und wieder auf der Straße stehen »Es gibt ein paar Blocks weiter einen Salon, wo sie noch Wasserwelle legen, glaubt die Friseuse jedenfalls.«

Aber zwischen dem Friseursalon und mir liegen etliche Schaufenster. Wir befinden uns in den kleinen Seitenstraßen der Reeperbahn. Dessous in allen Farben und Formen sollen den Appetit der Kunden anregen und die Bordsteinschwalben, wie man Prostituierte 1954 noch nennt, mit dem Nötigen ausstatten. Aber davon weiß ich nichts. Erotische Verführung, zweifellos der Zweck dieser Wäsche, existiert in meinem Universum nicht.

Ich bin hingerissen von den Kaskaden der Spitzen, dem glänzenden Fall hauchzarter Stoffe, den Farben. Und dann ist es endgültig um mich geschehen. In einer Auslage entdecke ich den Traum schlechthin, ein durchsichtiges, lachsfarbenes Etwas. Schwarze Spitze überall, das Ganze bodenlang. Der Blick meiner Mutter folgt meinen Augen, und ihr Gesichtsausdruck kündigt Widerstand an. Vielleicht ist es eine Mischung aus Trotz und Begehrlichkeit, jedenfalls bin ich fest entschlossen. »Das muss ich haben. Bitte, Mutti, es ist soo schön.«

Es fällt ihr nicht leicht, man sieht meiner Mutter den inneren Kampf deutlich an. Schließlich hebt sie in resignierender Geste die Schultern, und wir betreten den kleinen Laden. Der ältliche Mann hinter der Verkaufstheke schaut ähnlich irritiert wie meine Mutter. Wir sind hier falsch, sagt sein Blick. Meine Mutter fragt mit einer beinahe verzweifelten Blick zu mir hin nach dem Negligé im Fenster. Es wird geholt. Endlich kann ich mit meinen Händen über dieses Wunder an Zartheit und Eleganz streichen. »Vielleicht hat der Mann auch Makostrümpfe?« Ich werde diese Gelegenheit nicht verstreichen lassen. Seit meinem vierzehnten Geburtstag träume ich von solchen grauen Baumwollstrümpfen. Würden sie nicht wunderbar zu dieser Lachsfarbe passen?

»Junge Dame, Makostrümpfe trägt doch niemand mehr. Ich kann Ihnen Perlonstrümpfe anbieten.« Der Verkäufer hat seine Sprache wiedergefunden. Er spricht betont langsam und deutlich. Wahrscheinlich hält er mich für eine Irre. Perlonstrümpfe kenne ich nicht, und was soll ich auch damit? Ich will Makostrümpfe!

Betont gleichmütig verschwindet der Mann in die hinteren Räume. Nach einer Weile kommt er mit einem Paar mausgrauer Baumwollstrümpfe zurück. »Die schenke ich Ihnen, junge Dame.« Und zu meiner Mutter gewandt sagt er: »Die werde ich ohnehin nicht mehr los, will doch keiner mehr tragen, das olle Zeug.«

Scheine wechseln den Besitzer, und beinahe wehmütig schaue ich zu, wie mein lachsfarbener Traum in raschelndem Seidenpapier verschwindet. Am liebsten hätte ich es sofort angezogen.

Schweigend gehen wir nun die paar Straßen entlang, bis wir den kleinen Friseursalon erreichen. Müde sieht sie aus, meine Mutter. Deswegen führe ich den Kampf mit der betagten Friseurmeisterin selbst. Nein, ich will diese Dauerwelle mit den kleinen Wicklern nicht. Ich will eine richtige, eine schöne Wasserwelle. Es scheint während der letzten acht Jahre üblich geworden zu sein, die Schultern resignierend hochzuziehen, eine Geste, die auch diese Dame vollführt, als sei das ein neumodisches Ritual. Aber ich bekomme meine Wasserwelle, und was die Leute über mich denken, ist mir sowieso egal.

Auf dem Weg nach Hause lasse ich mir noch eine Tüte Salmiakpastillen kaufen, die ich auf meinem Handrücken zu einem wunderschönen Stern drapiere. Genüsslich daran leckend, trotte ich neben meiner Mutter her, die ohne Umwege mit undurchschaubarem Gesichtsausdruck die Hein-Hoyer-Straße ansteuert.

Gefühle

Ich müsste glücklich sein. Glaube ich jedenfalls. Ich bin zu Hause, ich habe überlebt. Ich sehe wieder, meine Beine nehmen allmählich die alte Form an. Meine Familie liest mir die Wünsche von den Augen ab. Vor kurzem ist Helmut gekommen, mein Verlobter.

Oder ich müsste wenigstens zufrieden sein.

Aber so aufmerksam ich auch in mein Inneres lausche, so angestrengt ich auch suche nach irgendeinem Gefühl, ich finde keines. Eine Rastlosigkeit kann ich spüren, es gibt so viel, was ich tun wollte, was ich mir vorgenommen habe in den langen Nächten auf irgendwelchen Pritschen. Ich weiß, dass ich irgendetwas versäumt habe, und es drängt mich, es nachzuholen. Aber ich weiß nicht einmal genau, was es ist. Dann steigt gelegentlich Wut in mir auf. Alle um mich herum sind so selbstverständlich glücklich, traurig, übermütig, gelangweilt. Es scheint mir, als lauerten sie voller Erwartung darauf, bei mir die gleichen Zustände zu entdecken. Genauso wie sie wollen, dass ich das Essen lobe. Aber so wenig ich schmecken kann, so unfähig bin ich, Gefühle hervorzubringen. Manchmal macht mich das wütend. So wütend, dass ich am liebsten etwas oder sogar alles kaputtschlagen möchte. Aber wenn die Wut vorbei ist, herrscht wieder die wattige Leere. Und ich lande bei der ewigen Frage: Warum bin ich so schlecht?

Gestern war ich allein einkaufen. Noch immer gehe ich nicht gern allein nach draußen. Ständig muss man dort etwas entscheiden. Wende ich mich hierhin oder dorthin? Kaufe ich dies oder das?

Ich habe auch den Eindruck, alle wollen mich betrügen. Das neue Geld ist mir fremd. Ich kann seinen Wert immer noch nicht begreifen.

Gerade hatte ich endlich etwas ausgesucht und bezahlt, und das Wechselgeld schien auch zu stimmen. Dann war direkt vor der Tür dieses Quietschen zu hören, ein riesiger Krach und danach Stille.

Der Ladenbesitzer war ganz blass geworden und hastete nach draußen. Ich schlenderte hinterher ohne besondere Erwartung. Eine Frau taumelte gegen einen Baum und erbrach sich. Es drang ein Schluchzen aus der Stille. Dann erst sah ich die Ursache für die ganze Aufregung. Auf der Straße lag ein Motorradfahrer. Er war ganz offensichtlich tot. Dort, wo sein Kopf hätte sein müssen, war nur eine undefinierbare Masse aus Knochen und Haar. Es versickerte dort etwas im Kopfsteinpflaster, was ich für sein Gehirn hielt. Ich starrte und starrte darauf, und eine wunderbare Hochstimmung ergriff mich. Ich wollte alles ganz genau sehen. Nicht dass mich dieser Motorradfahrer interessiert hätte. Er war mir völlig gleichgültig. Ich sah die, die ich hasste. Ja, vielleicht würdet ihr so aussehen, wenn ich mit euch fertig wäre, ging es mir durch den Kopf.

Eine Allee, gesäumt von jungen, biegsamen Birken. Dienstbare Geister packen meine Peiniger, andere biegen die Bäume zusammen. Alle bewegen sich im Takt wie bei einem großen Konzert. Auf mein Zeichen werden die Graubetuchten – Gesichter haben sie nicht – mit Armen und Beinen an die Stämme gebunden. Ein Augenblick der Stille, dann gebe ich ein weiteres Zeichen. Die Bäumchen werden losgelassen, sie finden den Weg zurück in ihre gerade, aufrechte Form und zerreißen die Graubetuchten in Stücke. Es ist ein herrlicher Anblick.

Leider packte mich jemand an der Schulter und zerrte mich

weg. Irgendwo im Rücken spürte ich Empörung. Einer fragte: »Was ist denn mit der los?« Mein Triumphgefühl erlosch, und ein Gespür von Gefahr trieb mich nach Hause.

Für diesen einen kurzen Moment war ich glücklich. Mit seinem Verschwinden hinterlässt dies Gefühl eine tote Einöde in mir. Es ist schlimmer als vorher.

Mein Verstand funktioniert, und ich weiß, dass etwas mit mir nicht stimmt. Ich weiß, ich müsste Schuld spüren, wegen der Vision mit den Birkenstämmen. Ich müsste diesem Mann gegenüber, der mein Verlobter ist, irgendetwas fühlen. Ich erinnere mich gut an die Liebesgeschichten, die ich im Lager erzählt habe. Das war alles reine Erfindung. Trotzdem habe ich dabei mehr gespürt als jetzt, wenn ich Helmut anschaue.

Aber ich kann nicht. Manchmal, wenn er überraschend auftaucht, halte ich ihn für einen Fremden. Ich muss mich anstrengen, um ihn als meinen Verlobten zu erkennen. Manchmal wird er zudringlich. Seine Hände und seine Küsse sind mir lästig. Auch bei solchen Berührungen sollte ich wahrscheinlich etwas empfinden.

Zum Glück habe ich meinen Kopf. Dort finde ich Orientierung.

Ich darf nicht als alte Jungfer sterben, heißt eine Devise.

Sex findet nur in der Ehe statt, eine andere.

Nur einer, der auch im Lager war, wird mich nehmen. Keiner von den »Normalen« kann mich jemals verstehen, lautet ein dritter Orientierungspunkt.

Ich nehme Helmuts Aufdringlichkeit innerhalb gewisser Grenzen hin. Es scheint mir vernünftig.

Sie haben uns eine Kur bewilligt, und Helmut und ich fahren gemeinsam nach Glücksburg.

Männer wollen immer nur das eine. Wenn sie bekommen haben, was sie wollen, bist du für sie uninteressant. Lass sie nicht zu lange zappeln, andere Mütter haben schließlich auch hübsche Töchter. Wie viele tausend Ratschläge über den Umgang mit Männern habe ich wohl in den acht Jahren gehört. Trotzdem weiß ich nicht, was ich jetzt machen soll. Er wird immer drängender. Die Stunden des Tages verrinnen, und heute Abend werde ich wieder mit ihm allein sein. Irgendwann durchfährt mich die Lösung wie ein Blitz. Herr Gott, ich heirate ihn! Ich bin endlich diese verhasste Jungfräulichkeit los. Er bekommt, was er so dringend will, und ich habe meine Ruhe. Dass ich darauf nicht schon eher gekommen bin.

Ja, aber was ist mit Liebe? Müsste das nicht irgendwie romantischer sein? Wie ich den kleinen zweifelnden Stimmen den Garaus machen kann, damit habe ich Erfahrung.

Liebe, Romantik, alles Quatsch. Eine, die nackt vor grölenden Soldaten in einer Schüssel gesessen hat, die aus all diesem Schmutz kommt, die selbst schmutzig ist, verkrüppelt innen drin, die muss nehmen, was sie kriegt.

»Dann aber gleich, ich kann nicht mehr länger warten.« So lautet Helmuts Einverständnis.

Wir werden noch während der Kur getraut. Mutti musste kommen und meine Geburtsurkunde bringen, aber sie ist gleich wieder weggefahren. Hätte ich sie einladen sollen zu bleiben? Ich glaube, ich habe wieder etwas falsch gemacht. Sie hat mich so merkwürdig angeschaut.

Zurück in der Hein-Hoyer-Straße, bekommen Helmut und ich das Wohnzimmer nachts für uns allein. Wir schlafen in den Klappbetten, und so gesehen hat Verheiratetsein doch etwas Gutes.

Mit meinem Körper stimmt schon wieder irgendetwas nicht. Mir ist morgens übel, und ich musste mich schon zweimal übergeben.

»Du bist schwanger, Kind.« Meine Mutter schaut mich nicht an bei dieser Mitteilung. Sie schweigt und schweigt, als erwarte sie irgendeine Reaktion von mir. Aber welche?

Ich bin schwanger – das soll wahrscheinlich heißen, ich bekomme ein Kind. Aber was das bedeutet, kann ich nicht wirklich begreifen. Es kann gar nicht sein. In mir kann nichts wachsen.

Aber der Arzt gibt meiner Mutter Recht. Ich hasse mittlerweile diese bedenklichen Gesichter, die mir auch auf eine Weise selbstgefällig vorkommen. Sowohl der Arzt als auch meine Mutter schauen mich an wie ein seltenes Insekt. »In ihrem Zustand hätte sie nicht schwanger werden sollen«, sagt der Arzt. »Das wird nicht gut gehen.«

»Können Sie nicht …?«, fragt meine Mutter. Nein, er schüttelt den Kopf. Er kann nicht, was auch immer meine Mutter von ihm will. Ich hätte große Lust, einfach nach Hause zu gehen. Sollen sie doch ohne mich weiter Köpfe schütteln. Das geht mich doch alles eigentlich gar nichts an.

Es gibt Momente, in denen ich mich wirklich wohl fühle. Das sind die Treffen mit den anderen Ehemaligen. Spätheimkehrertreffen wird das genannt, und dort sind Leute wie ich. Natürlich bin ich auch hier wieder die Jüngste, aber das kenne ich ja schon aus dem Lager.

Erst wenn ich dort anfange zu reden, merke ich, dass ich mich »draußen« immer verstelle. Draußen will doch niemand wirklich etwas vom Lager hören. Nicht mal meine Mutter. Dabei erzähle ich ohnehin nur Geschichten, die lustig sind oder harmlos. Mutti und meine Schwester und all die anderen, die keine Ahnung haben, denken, ich lüge. Immer ist da dieser ungläubige Gesichtsausdruck. Und sie ekeln sich vor mir. Das sehe ich genau. Dabei habe ich die wirklich peinlichen Erlebnisse tief in mir begraben, die werde ich nie, nie jemandem anvertrauen.

Deswegen geht es mir gut unter diesen Menschen, mit denen ich reden kann. Außerdem bekommt man bei den Treffen gute Tipps. Wir haben nämlich Rechte, zum Beispiel auf Entschädigungszahlungen und Hilfe bei der Wohnungssuche und ähnliche Dinge, und das trifft sich gut, denn seitdem wir beim Arzt waren, liegt meine Mutter mir in den Ohren: »Jetzt, wo du schwanger bist, brauchen wir wirklich eine größere Wohnung.«

Ich habe es mir endgültig verbeten, dass sie mir ständig die Schwangerschaft unter die Nase reibt. Ich will davon nichts hören.

Aber ich bin zur Fürsorgestelle gegangen, wegen einer Wohnung. »Die müssen dir helfen. Darauf hast du einen Anspruch.«

Das hätten die Schlaumeier unter unseren Ehemaligen mal diesem Grimmel sagen sollen, der übrigens prima als Aufseher ins Lager gepasst hätte. »So, finanzielle Unterstützung hätten Sie gern, Fräulein Grabe. Ja, wer möchte das nicht? Wie wäre es denn mal mit Arbeit. In der Gefangenschaft haben Sie doch auch arbeiten müssen, oder nicht?« Meine Mutter hat ihm dann das Attest auf den Tisch gelegt, in dem von Schwangerschaft und Spätschäden die Rede ist. Ein Stück Toilettenpapier hätte er wahrscheinlich genauso interessiert betrachtet.

In meinem Bauch braut sich bereits etwas zusammen. Ganz ruhig bleiben, Erika, sage ich mir. »Ich habe ein Recht auf Unterstützung, also was soll das Gerede?«

Unsere Blicke treffen sich, und mein Herz klopft bis zum Hals. Ich habe so oft klein beigegeben, vor all diesen grinsenden, pickeligen Uniformträgern. Dieser hier trägt keine Uniform, und ich bin ihm nicht ausgeliefert. Ich senke meinen Blick nicht. Er rettet sich in meine Akte, blättert darin herum und schaut schließlich triumphierend wieder auf. »So, politisch wollen Sie gewesen sein. Wenn sie Geld wollen, waren sie plötzlich alle politisch. Aber unsereiner erkennt einen Kriminellen, wenn er vor ihm sitzt. Nehmen Sie mal lieber ganz schnell Ihren Antrag und Ihre Atteste und gehen Sie arbeiten, wie es die ehrlichen Menschen auch tun müssen.«

Muttis bremsende Hand kommt zu spät. Das Tintenfass fliegt über den Schreibtisch, ergießt sich über Anzug und

Akte. Ehe noch irgendjemand etwas sagen oder tun kann, bin ich schon in dem langen Flur und dann draußen an der frischen Luft. Ich hätte ihn umbringen können, schießt es mir durch den Kopf, und es hätte mir gut getan.

Später gibt es einen Prozess. Ein Anwalt für Spätheimkehrer vertritt mich. Der Beamte wird verurteilt. Ich bekomme Recht. Der Richter fragt mich zum Schluss, ob mir eine Entschuldigung von Herrn Grimmel ausreicht. Ich horche kurz in mich hinein. Es ist mir völlig egal, ob sie ihn bestrafen. Darauf kommt es nicht an.

Ich habe Recht bekommen. Ich bin ein freier Mensch mit einem gewissen Schutz vor Willkür und Demütigung. Ich bin nicht mehr im Lager. Das ist es, was für mich zählt.

Dann, am 27. Januar 1955, tritt etwas anderes in mein Leben, das fortan sogar das Wichtigste sein wird. Aus mir kommt ein Kind hervor, Matthias wird geboren.

Ich hatte keine Erwartungen an diesen Augenblick, keinerlei Vorfreude, im Gegenteil. Dieses Ding in meinem Bauch existierte für mich nicht, war zuweilen lästig, und mit mir hatte das nichts zu tun. Deshalb bin ich nicht vorbereitet auf diese tiefe Freude, auf dieses Gefühl von Zärtlichkeit, das mich bei seinem Anblick überwältigt. Wie ein mächtiger Strom ergießt sich die Liebe zu diesem kleinen Wesen in das Vakuum in mir, füllt die Leere aus. Plötzlich verstehe ich, was das ist, Glück. Wie ein Rausch fühlt es sich an.

Der Rausch vergeht nicht. Ich stille den Kleinen, und ich bin glücklich. Er ist krank, und ich bin besorgt. Wenn er beim Arzt so jämmerlich schreit, kann ich weinen. Ich kann sogar wieder so etwas wie Liebe meiner Mutter gegenüber empfinden. So wird sie sich um mich gesorgt, so muss es sie geschmerzt haben, als ich verschwunden war. Ein Gefühl der Fürsorge für sie und auch für meine Geschwister nistet sich in mir ein. Selbst in meinem Albtraum fliehe ich nun nicht mehr allein vor den Uniformierten. Oft halte ich Matthias im Arm und meine kleinen Brüder an der Hand. Wir laufen und laufen. Ich muss sie retten. Aber nach wie vor gibt es kein Entkommen. Stets weiß ich beim Erwachen: Ich habe es nicht geschafft. Ich kann es gar nicht schaffen. Sie haben uns wieder gekriegt.

Der größte Teil der Menschen ist mir allerdings immer noch ziemlich gleichgültig, nur diese grenzenlose Leere ist verschwunden. Ganz allmählich spüre ich selbst, dass ich wieder ein menschliches Wesen werde. Im Rückblick komme ich mir wie ein Monster vor.

Überleben

Sollte ich jemals geglaubt haben, Hunger und Überlebens-
kampf wären nach meiner Entlassung aus Hoheneck vorbei,
so stellt sich das jedenfalls schnell als ein Irrtum heraus. Weder meine Ehe mit Helmut oder später mit einem meiner anderen Männer, noch meine Mutter nehmen mir diese Last
ab. Im Gegenteil, mit Matthias und meinen Geschwistern
kommen Menschen hinzu, für die es zu sorgen gilt.
Den ersten Versuch, die Haushaltskasse aufzufüllen, mache
ich bereits 1954 zu Beginn meiner Schwangerschaft. Ich
träume ja immer noch davon, Künstlerin zu werden, auf der
Bühne zu stehen, und die Glitzerwelt von St. Pauli scheint
mir eine einzige große Bühne zu sein. Außen an den Varietés
hängen hinter Glas Bilder von halb verschleierten Tänzerinnen, von Nixen und Königinnen der Nacht. Ich sehe exoti-
sche Kostüme, angestrahlte bildschöne Frauen, und in mir
brennt der Wunsch, auch im Scheinwerferlicht zu stehen,
Theaterluft zu schnuppern und bewundert zu werden.
Ich kann gar nicht verstehen, dass meine Mutter bei diesen
Träumereien immer so rigoros wird. »Das ist nichts für dich.
Das ist keine Kunst, das ist doch alles Gewerbe. Ich werde
nicht zulassen, dass du, naiv, wie du bist, da hineingerätst.«
»Aber ich habe im Lager mit einer Artistin trainiert. Ich
könnte Geld nach Hause bringen, und ich habe Lust dazu.
Und Inge arbeitet schließlich auch als Tänzerin.« Meine
Schwester tritt jeden Abend in der »Tabu Bar« auf, und ich
darf noch nicht einmal dorthin, um ihr zuzusehen.
Aber dann wendet sich das Blatt zu meinen Gunsten.

»Du willst doch immer arbeiten. Da wäre jetzt etwas für dich.«

In meiner Begeisterung achte ich gar nicht auf Inges verlegenen Blick. »Was soll ich machen, darf ich auch tanzen?« Ich sehe bereits mein Gesicht geschminkt, meinen Körper in aufregenden, engen Kleidern, glitzernden Pailletten und wehenden Schleiern.

»Nein, direkt tanzen wirst du natürlich nicht. Komm einfach heute Abend mit, dann wirst du schon sehen.«

Den ganzen Tag bin ich in heller Aufregung, und meine Fantasie schlägt Purzelbäume. Als ich dann mein Bühnenkostüm sehe, endet die Vorfreude. Da liegen ein beinahe knöchellanger schwarzer Rock und eine hochgeschlossene weiße Bluse. In dieser Kluft würde ich mich in jeder Kirche gut angezogen fühlen. Nicht einmal Lippenstift wird mir erlaubt, das unerbittliche Gesicht meiner Mutter erstickt meinen Protest im Keim. Ich will auf jeden Fall arbeiten, und wenn ich mich dafür anziehen muss wie eine Novizin.

Die enge Bühnengarderobe der »Tabu Bar« ist bei objektiver Betrachtung nichts weiter als ein schäbiges Kabuff mit Spiegel. Aber ich wittere Theaterluft, spüre die leichte Anspannung, die hinter den Kulissen vor jedem Auftritt herrscht, höre das hektische Hin und Her vieler Schritte, und ein Glücksgefühl durchströmt mich.

Inge drückt mir einen Zettel in die Hand. »Das ist dein Text. Lies ihn durch, und ich hole dich, wenn es losgeht. Du bist nur Moderatorin. Sonst brauchst du nichts zu machen!« Sie verschwindet, und mein Schwager taucht auf. Verlegen murmelt er, er wolle mir Gesellschaft leisten. Ich habe also mal wieder einen Bewacher.

Ich wende mich dem Text zu und lese stirnrunzelnd Sätze wie: »Da kommt unsere schöne Nelly. Sie zeigt sich gern und trägt deshalb das Modell Königin. Es verhüllt beinahe nichts und lässt Träume erwachen. Sie würden sicher gern die Qualität der Spitze eigenhändig prüfen, meine Herren ...«

So geht es immer weiter. Es scheint mir an Schwachsinn zu grenzen, aber ich werde auf der Bühne stehen, Scheinwerferlicht wird mich blenden, und nur darauf kommt es mir heute schließlich an.

Endlich bin ich an der Reihe. Das erste Modell erscheint auf dem kleinen Laufsteg, und ich vergesse beinahe meinen Einsatz. Solche Schönheit hätte ich mir in meinen verwegensten Fantasien nicht vorstellen können. Lange blonde Locken, ein fließendes schwarzes Gewand, hier und da glitzert es. Was habe ich alles verpasst. Die Welt ist so wundervoll, dass ich nicht einmal den Traum davon im Schmutz und Elend des Lagers ertragen hätte.

Alles klappt wie am Schnürchen. Ich kommentiere mit diesen sonderbaren Worten den Auftritt der Modelle, die Gäste spenden auch mir zum Schluss wohlwollenden Applaus, selbst wenn sie mich ein wenig irritiert anstarren.

Das wiederholt sich nun Abend für Abend. Meine Schwester und mein Schwager betätigen sich dabei als gestrenge Bewacher. Ich darf mit niemandem reden, und auch mein Wunsch nach einem etwas schickeren Kostüm oder wenigstens schwarzen Strümpfen wird rigoros abgelehnt.

Aber ich verdiene Geld. Ob es viel oder wenig ist, was ich spätnachts in die kleine Geldkassette in der Küche lege, hat für mich keine Bedeutung. Es ist einfach ein gutes Gefühl.

Was kümmert es mich, dass mein Mann die Kassette nur zu kennen scheint, wenn er Geld braucht. Noch fällt die Sorge um das tägliche Brot nicht mir zu. Meine Mutter ist dafür zuständig. Sie wird es schon richten.

Später, nach Matthias' Geburt, ist plötzlich alles anders. Mit einem Mal nehme ich die hungrigen Augen meiner Geschwister wahr, sehe den sorgenvollen Blick meiner Mutter angesichts der wenigen Scheine. Erst jetzt fällt mir auf, dass nie alle satt werden, dass wir einfach nicht genug zu essen haben. Dabei wollte ich doch nie wieder hungern.

»Aber wo ist denn die Haftentschädigung geblieben? Das waren doch mehrere tausend Mark.«

Meine Mutter weicht meinem Blick aus, aber darauf will ich jetzt eine Antwort haben. Als sie merkt, dass ich nicht lockerlasse, rückt sie endlich mit der Sprache heraus. »Man mischt sich da ja nicht ein, aber wenn du es unbedingt wissen willst: Das Geld hat dein lieber Mann mit seinen Mädchen durchgebracht. Was glaubst du denn, wovon er seine Eskapaden bezahlt?«

Helmut zu heiraten war eine falsche Entscheidung. Diese Einsicht dümpelt schon seit geraumer Zeit in meinem Kopf, aber sie war stets von einer trägen Gleichgültigkeit begleitet. Jetzt steht mir das Ausmaß meines Fehlers deutlich vor Augen, und mir wird klar, dass ich eine Konsequenz ziehen muss.

Wie lächerlich nun der kleine Brillantring wirkt, den er mir vor kurzem mit großspurigen Worten präsentiert hat. Ein Erbstück sollte es werden für Matthias. Dabei haben wir nicht einmal genug Geld für das tägliche Brot.

Die Genugtuung, ihn hinauszuwerfen, ist mir leider nicht vergönnt. Als habe er den Braten gerochen, bleibt Helmut fort. Wenig später höre ich, dass er sich verlobt hat. Es gibt allerdings doch etwas, was mein Mann mir hinterlässt. Er hat nicht nur in unsere kleine Geldkassette gegriffen, sondern seinen Arbeitgeber zudem um fünfzigtausend Mark erleichtert, und diese Schulden sind sein wirkliches Erbstück für mich. Der Anwalt zuckt nur mit den Schultern. »Tja, Frau D., Sie sind doch seine Frau. In guten wie in schlechten Zeiten.«

Ich reiche die Scheidung ein.

Ich habe Schulden. Die Summe bleibt unwirklich. Was ist das für eine Zahl! Ich kann mir nicht vorstellen, so viel Geld zu besitzen, und genauso wenig kann ich mir diese Summe als Schuld begreiflich machen. Es ist eine unerreichbare Zahl. Weder mit Fleiß noch mit Zähigkeit kann ich ihr beikommen.

Nachts lebt wieder der Traum auf. Wieder renne und renne ich. Die Luft geht mir aus, die Verfolger kommen immer näher. Ich schaffe es nicht. Plötzlich die Mauer. Auch nach dem Aufwachen bleibt sie präsent. Ich bin wieder gescheitert. Es gibt einfach kein Entrinnen. Ich bleibe gefangen für immer. Leben und Traum verschmelzen zu einer einzigen drückenden Last. Warum bin ich nur im Lager nicht gestorben?

Aber am Morgen stehe ich auf. Ich werde mir Arbeit suchen. Ich werde meine Familie ernähren. Ich werde abzahlen, was ich kann. Für Schwäche ist im Licht des Tages keine Zeit. »Erika, immer heiter, Gott hilft weiter.« Man muss es nur oft genug wiederholen, dann wird es vielleicht wahr.

Ich finde gleich zwei Jobs.

Tagsüber arbeite ich als Verkäuferin in einem ruhigen Konfitürengeschäft in Hamburg-Rissen. Die Besitzerin hat mich bereits beim Vorstellungsgespräch in ihr Herz geschlossen, und die Arbeit dort wird bald beinahe so etwas wie eine Erholung für mich. Hier ist alles gepflegt und ein wenig dörflich einschließlich der Kunden. In Rissen lebe ich meine Tagseite.

Meine Nachtseite brauche ich für den anderen Job. In den Nächten verwandle ich mich in die Barfrau des »Rauchfangs«, nur wenige Schritte von unserer Wohnung am Schulterblatt entfernt. Das Publikum ist so gemischt wie das Niveau der Unterhaltung in diesem Lokal. Viele der Annäherungsversuche sind plump, aber ich lerne schnell, auch darauf mit freundlicher Ablehnung zu reagieren. Ich erarbeite mir eine Hand voll hilfreicher Regeln. Ich trinke keinen Tropfen Alkohol während der Arbeit. Wenn Gäste mir einen Drink spendieren, fülle ich mir Wasser statt Wein ins Glas. Ich gebe jedem das Gefühl, im Mittelpunkt meines Interesses zu stehen, aber ich lasse niemanden an mich heran. Dank dieser Tricks stimmt das Trinkgeld am Ende meiner Schicht, und ich kann meinem Sohn neue Schuhe kaufen.

Mein Leben unterliegt einer straffen Organisation. Nach der Nachtschicht schlafe ich zwei, drei Stunden, bis meine Mutter mich aus dem Tiefschlaf reißt. Ein kurzes Frühstück, dann muss ich auch schon zur Bahn. Kaum hat sich der Zug in Bewegung gesetzt, schlafe ich meistens wieder ein. Dass ich meine Station nie verpasse, habe ich den Mitreisenden zu verdanken, die mich stets freundlich und mit einem mitleidigen Lächeln rechtzeitig wachrütteln. Im Laden bin ich froh, wenn ich viel zu tun habe, denn wenn ich mich auch nur einen Moment lang hinsetze, ergreift mich eine bleischwere Müdigkeit.

Als luxuriös erlebe ich die Tage, an denen ich es schaffe, nachmittags mit Matthias spazieren zu gehen. Er ist zwar bei meiner Mutter gut aufgehoben, aber manchmal habe ich Angst, eine Fremde für ihn zu werden.

Eine Weile läuft mein Leben so vor sich hin. Die ersten Raten sind abbezahlt, und ich gestatte es mir nicht, mir die Lächerlichkeit meiner Anstrengung vor Augen zu führen. Wahrscheinlich müsste ich hundert Jahre so weitermachen, um irgendwann schuldenfrei zu sein.

Wäre da nicht immer wieder der Traum, der nichts von seinem Schrecken verliert, so oft ich ihn auch träume, könnte ich die Vergangenheit vielleicht völlig vergessen. Aber die Mauer aus dem Traum ist wirklich. Sie überschattet mein Leben auch, wenn ich wach bin. Das Gefühl von Vergeblichkeit, von der Unmöglichkeit, diese Barriere jemals zu überwinden, ist mein treuer Begleiter.

Liebe

Es sind Gespräche an der Bar mit wohlmeinenden Gäste, die mir den Floh ins Ohr setzen. Ich muss etwas lernen. Wenn ich auch nur die kleinste Zukunftsaussicht haben will, dann brauche ich mehr Ausbildung. Ewig wird mein einziges Kapital, eine gute Figur und ein hübsches Gesicht, mich und die meinen nicht ernähren.

Ich finde eine andere Stelle als Barfrau in der »Galerie 2/4« am Mittelweg. Tagsüber verkaufe ich nicht mehr Marmelade, sondern drücke die Schulbank. Ich brauche ein Abschlusszeugnis, und weiterhin gilt es täglich die Müdigkeit zu bekämpfen.

Das fällt mir nachts hinter der Bar leichter als während der Schulstunden. Die »Galerie 2/4« liegt im feinen Hamburg-Pöseldorf. Auch hier fließt natürlich der Alkohol, auch hier gibt es Annäherungsversuche, aber alles spielt sich auf einem etwas höheren Niveau ab. Viele Künstler verkehren an diesem Ort, und das bunte Völkchen repräsentiert eine lockende neue Welt. Und selbstverständlich bewegen sich auch die Trinkgelder in anderen Dimensionen, und das ist für mich ein wichtiger Aspekt, muss ich doch von diesem einen Job vier Personen ernähren und die Raten abzahlen.

Die Plaudereien über den Tresen hinweg strengen mich nicht an, sie machen mir sogar oft Spaß. Ich spreche über Dinge, von denen ich nichts verstehe, ich wechsle mehrmals am Abend mit dem Gesprächspartner das Thema und bin stets die Person, die mein Gegenüber sich wünscht. Verständnisvoll, bewundernd, kühl, witzig. Ich bin das reinste Chamäleon. Manch einer erklärt bewundernd: »Sie sind eine wunderbare Frau.« Das höre ich zwar gern, aber es versetzt mir auch jedes Mal einen Stich. Was weiß der schon? Und wer alles sein kann, so wie ich, der ist doch letztlich nichts.

Der Mann allerdings, der heute schon den ganzen Abend mit mir flirtet, bringt mich aus dem Konzept. Ich kann ihn nicht einordnen. Ich habe plötzlich keine Lust mehr, eine Rolle zu spielen. Sein charmantes Geplauder verleitet mich dazu, den Drink, den er mir ausgibt, tatsächlich zu trinken. Wenn ich wüsste, wer ich bin, vielleicht würde ich es ihm zeigen wollen. Ich trinke auch den nächsten Drink, und die Wirkung lässt nicht auf sich warten. Eine Leichtigkeit erfasst mich, ein unbekanntes Gefühl von Freude und Lust am Leben. Schließlich ist Feierabend, und er sitzt immer noch da. Ich bin so aufgedreht, dass ich beim Abkassieren nicht einmal auf mein Trinkgeld achte.

Ich kann nur voller Schrecken daran denken, dass er jetzt gleich verschwinden wird. Aber es kommt anders.

»Ich kenne eine nette Bar, die noch geöffnet ist. Wollen Sie nicht noch einen kleinen Schlummertrunk mit mir nehmen?« Wir landen in der »Palette«, einer kleinen Bar in der Innenstadt. Franz, so heißt mein Verehrer, trifft dort Bekannte, und ich beobachte, wie er sich Geld leiht. Später werde ich seine notorische Geldnot kennen und hassen lernen. Aber an diesem Abend registriere ich das alles nur flüchtig.

Ich werde von einer Wolke aus Leichtigkeit und Übermut getragen. Wir spazieren an der zugefrorenen Alster entlang Richtung Reeperbahn. Wir tollen herum wie die Kinder. Um meine Gelenkigkeit zu demonstrieren, schlage ich ein Rad, und der ersehnte Beifall bleibt nicht aus. Franz wärmt mir die erstarrten Finger in seinen warmen Händen. Wir betrachten zusammen die aufgehende Sonne, und als mein Verehrer mit mir an der Hand zielsicher auf eines der Stundenhotels zustrebt, scheint mir dies die natürlichste Sache der Welt zu sein.

Die Sonne taucht die Hafenkräne bereits in eine rötliches Abendlicht, als wir wieder auf der Straße stehen. Der Augenblick der Trennung ist gekommen.

Als ich die Wohnungstür aufgeschlossen habe, steht dort schon meine Mutter. Ehe ich noch irgendeine Erklärung vorbringen kann, brennt eine Ohrfeige in meinem Gesicht, die mich Sterne sehen lässt. Benommen lasse ich den Zorn meiner Mutter über mich ergehen. »Wo warst du? Warum kommst du erst jetzt nach Hause?«

Die Ohrfeige befördert mich in Sekundenschnelle aus dem siebten Himmel auf den Boden zurück.

Wo war ich? Diese Frage stelle ich mir vor allem selbst. Welcher Teufel hat mich denn geritten, mich auf so etwas einzulassen? Nur weil er null Komma nichts von mir weiß, wird Franz diese Nacht mit mir verbracht haben. Bis vor wenigen Minuten erschien mir die Nacht noch als ein Wunder an Zartheit und Schönheit, aber nun muss ich mir eingestehen, dass alles nur auf Selbstbetrug aufgebaut war. Darauf, dass ich den Schmutz meiner Vergangenheit versteckt habe. So etwas darf sich nicht wiederholen, das ist klar, und so kann ich meiner Mutter auch reuevoll Besserung geloben.

Mein Kopf hat sich zwar entschieden, aber er kann nichts dagegen tun, dass mein Blick während der nächsten Schicht immer wieder zur Tür wandert. Die ersten Männer, die Franz auch nur entfernt ähneln, bringen mein Herz noch aus dem Rhythmus. Doch die Nacht schreitet voran, und außer dass sie mir etwas länger und etwas grauer als üblich erscheint, geschieht nichts, was aus dem Rahmen fiele. Das bestätigt mir die Lächerlichkeit meiner Sehnsucht, und nach zehn weiteren ereignislosen Nächten hat sie sich in einen verborgenen Winkel meines Bewusstseins verkrochen. Ich schaue nicht mehr zur Tür, und deshalb bemerke ich Franz auch erst, als er direkt vor mir steht.

Noch nie zuvor in den neunundzwanzig Jahren meines Lebens habe ich ein solches Gefühl erlebt. Wie von mächtigen

Magneten gezogen, scheint mir nichts und niemand erstrebenswerter als dieser Mann. Ihn zu sehen löst ein Glücksgefühl aus, das ein wenig an Schmerz erinnert. Mein Verstand gerät zu einem hilflosen Anhängsel, und all seine Warnungen und Vorsätze bleiben unbeachtet.

Es entspinnt sich ein zartes Netz zwischen Franz und mir, in dem wir beide uns immer fester verfangen. Etwas wie die Nacht in dem Stundenhotel wiederholt sich nicht, stattdessen gibt es Spaziergänge, bei denen wir uns an der Hand halten, und in langen Gesprächen lerne ich den Mann an meiner Seite langsam kennen. Was ich dabei erfahre, ruft dann allerdings doch meinen Verstand wieder auf den Plan.

Es passt nicht! Ich kann es drehen und wenden, wie ich will, an der Lächerlichkeit meiner Hoffnungen und Wünsche ändert das nichts. Franz ist einziger Sohn einer alteingesessenen hanseatischen Kaufmannsfamilie. Er studiert Jura und soll einmal das Auktionshaus seines Vaters übernehmen. Die Familie hat Geld, Stil und Kultur. Selbst ohne meine Vergangenheit, selbst wenn ich nur eine ganz normale kleine Barfrau wäre, wir hätten keine Chance. Und mit ihr ist es erst recht nicht.

All die Schrecklichkeiten habe ich zwar tief in mir verborgen, aber neben Franz werden sie zu einem gefährlich explosiven Geheimnis. Niemals darf er etwas davon erfahren. Die Zärtlichkeit in seinen Augen müsste sich unweigerlich in Verachtung verwandeln, wüsste er, wie beschmutzt, erniedrigt, entwertet ich bin. Und seine Verachtung könnte ich nicht ertragen.

Aber meine zaghaften Versuche, die Verbindung zu beenden, scheitern kläglich. Franz lässt sich nicht abschrecken, nicht wegschicken. Er wischt meine Einwände einfach vom Tisch. Stattdessen befreit er mich von meiner Schuldenlast. Einige Schriftsätze von ihm reichen aus, und dieser Abgrund schließt sich. Meine finanzielle Situation verwandelt sich damit schlagartig. Aus einem Katastrophengebiet wird eine beinahe alltägliche Mangellage.

Nachträglich hasse ich meinen Scheidungsanwalt, dem mein Schicksal offenbar völlig gleichgültig gewesen ist.

Nach einem halben Jahr gibt es immer häufiger Augenblicke, in denen ich beginne, an das Glück zu glauben. Vielleicht ist es doch möglich. Vielleicht kann ich einfach alle Abgründe fest in meinem Herzen verschließen, bis die Zeit sie verblassen lässt, und eines Tages ist der ganze Spuk verschwunden.

Ich weiß nach wie vor nicht, was Franz in mir sieht. Manchmal spricht er beinahe bewundernd von der Kraft, über die ich in seinen Augen verfüge. Davon, dass ich scheinbar unzerstörbar bin, dass es ein Wunder ist, wie ich mit den Schulden, dem Kind und meinen vielen Jobs durchhalte.

Alle Hoffnung und aller Glaube enden jäh an dem Tag, an dem ich Elisabeth H. vorgestellt werde. Franz' Mutter ist freundlich, ihr Ton mir gegenüber geradezu liebenswürdig. Etwa so, wie man ihn von Staatsoberhäuptern in Waisenhäusern hört. Aber jede Geste, jedes Kräuseln ihrer Lippen macht mir klar, dass ein dahergelaufenes Barmädchen nichts in ihrer Welt zu suchen hat. Ein kurzer Exkurs über die Vorzüge der Gotik gegenüber anderen Stilepochen führen mir meine unendliche Unwissenheit vor Augen, auch wenn Elisabeth H. an diesem Tag von mir noch keine Stellungnahme erwartet.

Ich verstehe die Botschaft. Ich hatte ja selbst Zweifel.

»Das kann nichts werden mit uns, Franz. Lass uns doch jetzt auseinander gehen, ehe es noch mehr wehtut.«

Auch wenn ich mich verliebt habe, bin ich doch realistisch genug zu wissen, dass mein Franz ein Muttersöhnchen ist. Letztlich wird er tun, was seine Mutter verlangt. Und wenn ich Schluss mache, dann fällt es uns beiden leichter.

All das habe ich mir eingeredet und mich dann wie ein verwundetes Tier in meine Höhle zurückgezogen. Augen zu und durch, Erika. Lieber ein Ende mit Schrecken … – all diese abgegriffenen Weisheiten bete ich mir vor, während ich darauf warte, dass der Schmerz nachlässt. Es ist ja nur eine Frage der Zeit.

Doch dann geschieht etwas, womit ich selbst in meinen kühnsten Träumen nicht gerechnet habe. Franz widersetzt sich dem Willen seiner Mutter. Er klingelt an meiner Tür, er ruft vor meinem Fenster.

Die Versuchung ist groß, aber ich reagiere nicht darauf. Auch das wird aufhören.

Aber es hört nicht auf. Ich bin hin- und hergerissen. Im einem Moment denke ich: »Wollte er doch endlich verschwinden!« Im nächsten Augenblick fürchte ich mich davor.

Ein Geräusch an meinem Fenster schreckt mich auf. Sekunden später erscheint sein Kopf hinter der Scheibe. Ich muss an die bedrohlich aufragenden Eisenspitzen des Zauns denken, die sich direkt unter ihm befinden. Ich lasse ihn herein. Es ist eine Kapitulation auf ganzer Linie. Ich habe keine Kraft mehr, Widerstand zu leisten. Gegen meine eigenen Sehnsüchte hätte ich noch ankämpfen können, aber gegen die seinen noch dazu, das schaffe ich nicht. Wir ziehen zusammen.

Franz' Mutter stellt daraufhin ihre Zuwendungen ein. Wir rechnen nächtelang unsere knappen Finanzen durch. In dem Metier bin ich schließlich Meisterin.

Franz und Matthias sind ein Herz und eine Seele. Jedes Mal, wenn ich die beiden zusammen sehe, durchströmt mich eine große Wärme. Auch mit meiner Mutter versteht Franz sich gut, er ist eben einfach charmant. Trotzdem nimmt sie mich eines Tages beiseite. »Mädchen, du machst ja ohnehin, was du willst, aber noch hast du alle Möglichkeiten. Dein Franz ist wirklich ein wunderbarer Gesellschafter. Aber ein Ehemann wird er dir nie sein.«

Wenn es helfen würde, hielte ich mir die Ohren vor solchen Mahnungen zu. Aber in meinem Inneren sagt eine leise Stimme das Gleiche. Hätte ich einen Blick in die Zukunft werfen können, zum Beispiel auf unsere Hochzeitsfeier, vielleicht hätte ich auf die Warnungen gehört.

Wir heiraten im August 1960. Die Feier findet in einem Restaurant statt. Meine Schwiegermutter hat nur einen kleinen

Kreis geladen. Ein gesellschaftliches Ereignis will sie aus dieser Mesalliance offenbar nicht machen. Wie stets fühle ich mich auch an diesem Tag unbehaglich unter ihrem lauernden Blick. »Was wird der Trampel nun gleich wieder falsch machen?«, scheint ihr Blick zu sagen. Ich mustere gerade die vielen Silberbestecke, die sich um meinen Teller tummeln, und versuche mich an ihre Bestimmung zu erinnern, als sich die Tür öffnet.

Meine Schwester Inge wird hereingeführt. Ich bin außer mir vor Freude. Sie arbeitet als Tänzerin in Brüssel und war sehr skeptisch, ob sie es zwischen zwei Vorstellungen schaffen würde zu kommen.

Meine Schwiegermutter sieht meiner Schwester mit dem gewohnt herablassenden Gesichtsausdruck entgegen. »Ich glaube, Tänzerinnen sind nicht die Art Gesellschaft, die zu unserem Haus passt.«

In dem Schweigen, das sich über den Raum legt, scheinen diese Worte ein Echo hervorzubringen. Sie hallen von einer Wand zur anderen, kein anderer Laut ist zu hören. Alle sitzen wie gelähmt auf ihren Plätzen, bis mein Trauzeuge Dieter aufsteht. »Ich werde dich begleiten, Inge. Ich passe wohl auch nicht so recht hierher.« Ich bin erleichtert, dass überhaupt etwas die Stille durchbricht. Aber mein Verstand weigert sich, die Vorgänge zu erfassen. Ich sehe, dass auch meine Mutter sich erhebt. Gemeinsam mit Dieter und Inge verlässt sie nach einem kurzen traurigen Blick auf mich den Raum.

Ich bin immer noch gelähmt. Ein Rauschen in meinen Ohren und ein Gefühl der Verlassenheit sind das Einzige, was ich wahrnehmen kann.

Inge habe ich nie wiedergesehen. Sie starb ein halbes Jahr später in Brüssel.

Ehe

Selbstverständlich musste ich meinen lukrativen Job in der »Galerie 2/4« aufgeben nach der Hochzeit. Franz duldet es nicht, dass seine Frau arbeitet. Meine Schwiegermutter unterstützt uns nun mit einem monatlichen Betrag. Allerdings ist der sehr knapp bemessen, und das bekommen wir umso mehr zu spüren, als Franz nach einer Weile seine nächtlichen Streifzüge wieder aufnimmt.

Wahrscheinlich ist es meine Schuld. Als Ehefrau habe ich ja gewisse Pflichten, aber ich kann das nicht. Ich habe es versucht. Ein zu fester Griff reicht, und ich höre ein Grölen in der Ferne, manchmal habe ich den Geruch von verschwitztem Uniformtuch in der Nase. Ich kann selbst spüren, wie ich mich verkrampfe, vor ihm verschließe. Franz wird dann ungeduldig, beinahe zornig. Das muss man wohl verstehen, aber in dem Augenblick macht es mich auch wütend. Deshalb haben wir häufig Streit, und danach verschwindet er und kommt erst am Morgen betrunken nach Hause. Inzwischen geht er meistens gleich weg und versucht es gar nicht erst. Würde er nicht so viel trinken, wäre es mir vielleicht sogar recht so.

Ich bin auch wieder schwanger. Diesmal freue ich mich sehr auf unser Kind.

Ich hole alles nach, was ich bei Matthias verpasst habe. Ich lauere auf die kleinen Bewegungen in meinem Bauch, und sie machen mich glücklich.

Tagsüber habe ich viel zu tun. Ich laufe durch die halbe Stadt, denn ich muss günstig einkaufen. Ich achte sehr darauf, dass es Franz an nichts fehlt. Er ist es schließlich nicht gewohnt, kein Geld zu haben, schlecht zu essen oder zu verzichten. Deshalb war ich auch sehr froh, als ich vor kurzem eine weitere Haftentschädigung erhielt. Wir haben davon ein Auto für Franz gekauft.

Ich habe eine Tochter. Sie wird im Mai 1961 geboren. Draußen ist herrliches Wetter, und die Erde hat sich geschmückt, um meine Kleine zu begrüßen.

Vielleicht habe ich gedacht, jetzt wird alles gut zwischen Franz und mir. Er liebt doch Kinder, muss sie lieben. Warum sonst hätte er den Sohn eines anderen, Matthias, so sehr in sein Herz schließen sollen.

Aber stattdessen wird es noch schlimmer. Er verschwindet nun bald jeden Abend, und wir haben wenig Geld. Das Auto können wir uns kaum leisten. Steuern, Versicherung und das Benzin, ich weiß gar nicht, wovon ich das alles bezahlen soll.

Ich fange an, Gelegenheitsjobs anzunehmen. Natürlich unter strengster Geheimhaltung, denn Franz wäre sehr ärgerlich, wenn er davon wüsste. Das geht nur, weil ich inzwischen viel Unterstützung habe. Ich habe mich mit einigen meiner Nachbarinnen angefreundet, und meine Mutter ist ja auch noch da. Es ist ein wenig wie im Lager. Wir Frauen halten zusammen und überleben dadurch.

Wenn irgendwo eine Kellnerin gesucht wird, weil jemand ausgefallen ist, oder jemand Hilfe beim Putzen braucht, über Flüsterpropaganda informieren wir uns. Meine Nachbarin oder meine Mutter nimmt die Kinder, ich arbeite ein paar Stunden und komme am Abend mit etwas Geld in der Tasche nach Hause. Franz merkt nie etwas. Er freut sich höchstens über das Festmahl, dass ich an solchen Tagen auftischen kann.

Aber bei all der Arbeit schaffe ich es nicht, die Bücher zu lesen, mit denen meine Schwiegermutter mich so reichlich versorgt hat. Es sind dicke Bände über die Kirchen der Gotik oder die Schlösser des Barock. Sie stehen an Orten, in denen ich niemals war und in die ich, wie es aussieht, auch niemals kommen werde. Ich kann mir diese Dinge einfach nicht merken. Wenn ich bei Elisabeth zu Besuch bin, findet jedes Mal eine Art kleines Examen statt, und meine Schwiegermutter hält mit ihrer Unzufriedenheit über meine Dummheit nicht hinter dem Berg.

Der Traum kommt jetzt immer häufiger. Da bin ich manchmal sogar froh, dass Franz auf Tour ist. Wer weiß, was ich sonst vielleicht in solch schwachem Augenblick ausplaudern würde. Ich habe ihm natürlich von meiner Gefangenschaft erzählt, aber alle Details weggelassen, alles ein wenig lustiger gemacht, sodass er sich das vielleicht wie eine Art strenges Jugendlager vorstellt. Niemals darf er etwas von den Erniedrigungen erfahren. Doch die Gefahr ist gering. Weder er noch irgendjemand sonst will das wirklich wissen. Solange ich mich nicht verplappere, bleibt das mein Geheimnis. Und wenn ich es endlich vergessen kann, dann ist es vielleicht nie passiert.

Aber weil ich jetzt abends oft Angst vor dem Traum habe, wage ich es nicht, einzuschlafen. Deswegen bin ich so müde. Ich weiß nicht mehr, wie ich das alles schaffen soll. Mein Leben ist ein Berg, und meine Füße sind aus Blei.

Erwachen

Ich kann meine Hände nicht bewegen. Ich bin sehr müde, aber irgendwo in meinem Körper schrillt ein Alarmsignal. Die Panik reißt mich aus meinem Dämmerzustand. Augen auf, Erika, sie haben dich wieder eingesperrt. Sie haben dich zurückgeholt.

Eine graugrüne Decke, Neonröhren, weiße Uniformen, nein, das sind Schwesternkittel. Meine Hände und Füße sind an einem Bett festgebunden. Ich habe ein merkwürdiges Hemd an. Die Gedanken in meinem Kopf rasen. Ich muss mich erinnern. Wie bin ich hierher gekommen?

Fetzen tauchen auf. Ja, ich war so müde. Die Schlaftabletten. Ein leeres Röhrchen auf dem Boden. Ich habe sie alle eingenommen. Sie haben schlecht geschmeckt, allerdings nicht so schlecht wie der Gedanke, weitermachen zu müssen.

Aber ich bin nicht tot. Es hat wieder nicht geklappt.

Bei dieser Erkenntnis muss ich für einige Sekunden die Augen wieder schließen. Die ganze Last, leben zu müssen, setzt sich auf meine Brust und nimmt mir den Atem. Aber die Angst verjagt dieses Gewicht, und dazu gesellt sich die Wut. Warum haben die mich festgebunden? Was haben die mit mir vor? Ich muss hier raus!

So sehr ich auch an meinen Fesseln zerre, allein habe ich keine Chance, mich zu befreien. Den nächsten Weißkittel halte ich an. Die Schwester schüttelt bedauernd den Kopf. Nein, sie kann mich nicht losbinden, nein, auch für Entlassungen ist sie nicht zuständig. Aber ich erfahre zumindest, dass ich im Krankenhaus Barmbek bin und auf dem Flur liege, weil es zur Zeit überbelegt ist. Bald darauf kommt dann ein Arzt, wenig später ein anderer. Meine Bitte, entlassen zu werden, überfordert sie alle. Schließlich kommt einer, der entscheiden darf. Man bindet mich los. Ich muss das offene Hemdchen hinten zuhalten, damit ich nicht mit bloßem Hintern auf diesem Flur stehe. Ein Zettel wird mir vorgelegt, ich unterschreibe, und dann bin ich frei.

Sogar ein Taxi wird bestellt, und auch wenn der Fahrer irritiert ist, er fährt mich nach Hause. Meine Nachbarin bezahlt ihn, ohne viel zu fragen.

Der Versuch zu sterben hat mich noch immer vom Regen in die Traufe gebracht. Das sollte ich mir ein für alle Mal merken.

»Wo sind die Kinder?«

Meine Nachbarin wagt es nicht, mir ins Gesicht zu sehen.

»Matthias ist bei deiner Mutter.«

Eine dumpfe Übelkeit kriecht aus meinem Bauch in jeden Winkel meines Körpers. »Und wo ist Claudia?«

Es dauert eine Weile, bis ich das gesamte Ausmaß der Katastrophe zusammengetragen habe. Elisabeth H. hat sich meine Schwäche offenbar sofort zunutze gemacht.

»Glaubst du ernsthaft, mein Sohn vertraut seine Tochter einer Verrückten an? Wer weiß, was eine schizophrene Person wie du als Nächstes tut.« Ehe ich noch etwas erwidern kann, knallt die Tür, hinter der meine Tochter ist, zu.

Franz kommt zwar am Abend nach Hause, aber ohne Claudia. Seine Blicke sprechen eine deutliche Sprache. So haben wir im Lager die verrückte Ella angesehen. Mit einer gewissen Vorsicht, ein wenig Verachtung und vor allem Unverständnis.

Ich will mein Kind, aber die Familie H. ist eng zusammengerückt. Mutter und Sohn bilden eine Mauer, an der alle meine Bitten abprallen. Ich darf Claudia nicht einmal sehen.

Ich soll zum Psychiater, nur unter dieser Bedingung bekomme ich Claudia zurück. Meine Schwiegermutter hat auch schon jemanden ausgesucht, und sie will ihn sogar bezahlen. Wie einen unangenehmen Geruch wittere ich Gefahr. Was haben sie vor?

Aber wenn ich mein Kind wiederhaben will, bleibt mir keine Wahl.

Die ersten Gespräche mit Dr. G. finden im Beisein meiner Schwiegermutter statt. Sie hat ihn engagiert, und sie sitzt da und kommentiert mein Schweigen. Denn ich habe beschlossen, so wenig wie möglich preiszugeben.

Und allmählich wird mir auch klar, was sie vorhat. Sie fordert ganz unverhohlen meine Einweisung in eine Anstalt, vor dem Arzt natürlich zu meinem Besten, aber ich und sie, wir wissen, dass sie einen Weg gefunden zu haben glaubt, mich aus Franz' Leben verschwinden zu lassen. Am liebsten würde ich fortlaufen, aber ich habe Angst, dass sie mir meine Tochter wieder wegnimmt.

In dieser Zeit träume ich beinahe jede Nacht den Traum. Die Mauer wächst ins Unendliche, droht mich von allen Seiten einzuschließen.

Dann geschieht eine überraschende Wendung. Der Arzt besteht darauf, mit mir allein zu sprechen. Ohne Elisabeth H. scheint auch er entspannter, und überraschenderweise sehe ich mich plötzlich einem freundlichen Mann gegenüber. Irgendwann beschließe ich, alles auf eine Karte zu setzen. Ich erzähle von meinem Traum, ich schildere ihm meine Odyssee durch die Gefängnisse und Lager. Zunächst beschränke ich mich auf Daten und äußere Fakten. Ich habe Übung im Entschärfen meiner Vergangenheit. Aber dieser Mann fragt nach. Er scheint tatsächlich an Details interessiert zu sein. Er will wirklich wissen.

Die verhassten Sitzungen werden mir zum Rettungsanker. Ich erzähle und erzähle, und als habe sich ein Ventil geöffnet, entweicht ganz allmählich etwas von dem inneren Druck. Zum ersten Mal begegne ich mit meinen Schilderungen nicht dieser Mauer aus Ablehnung und Unglauben.

Zum ersten Mal will jemand nicht weniger, sondern mehr hören. Dieser Mann rät mir schließlich auch, wieder zu den Ehemaligentreffen zu gehen. Alle anderen haben stets skeptisch darauf reagiert. Wie häufig habe ich den Spruch gehört: Man muss die Vergangenheit auch einmal ruhen lassen. Schau nach vorn und nicht zurück, Erika.

Dr. G. möchte mit Franz sprechen. Ich nehme ihm heilige Versprechen ab, keine Details weiterzugeben. Franz darf so vieles niemals wissen. Aber auch wenn es mich ängstigt, stimme ich schließlich zu.

»Ihre Frau ist keineswegs verrückt. Im Gegenteil, sie besitzt eine bewundernswerte psychische Stabilität. Denn sie ist durch das Erlebte schwer traumatisiert. Und sie hat das alles im Wesentlichen mit sich allein abgemacht. Sie hat geschwiegen, wo es für sie heilsamer gewesen wäre zu sprechen. Sie hat insbesondere Sie, junger Mann, entlastet, ja geschont und selbst den Preis dafür bezahlt.«

Als der Arzt meinem Mann erklärt, was mit mir los ist, verstehe ich es selbst zum ersten Mal. Bleischwere Gewichte scheinen von meinen Schultern zu fallen.

Als er mir dann auch noch in Franz' Beisein geradezu verordnet, meine Besuche bei den Ehemaligentreffen wieder aufzunehmen, hätte ich ihn am liebsten geküsst. Auf den ausdrücklichen Wunsch meiner Schwiegermutter hin hatte ich den Kontakt dorthin schweren Herzens abgebrochen.

Zu Hause angekommen, setze ich Dr G.s Verordnung gleich um. Ich plane meine Reise zum nächsten Treffen der Ehemaligen von Hoheneck.

Sie muss es von Franz erfahren haben, denn tags darauf erscheint hoher Besuch. Meine Schwiegermutter zieht alle Register. Für eine Frau H. gehöre es sich nicht, sich mit Ex-Gefängnisinsassen zu treffen. Dabei sei es doch völlig gleichgültig, warum diese Leute inhaftiert gewesen seien. »Das ist einfach kein Umgang für jemanden aus unserer Familie.«

Zum ersten Mal wage ich ihr die Stirn zu bieten. »Liebe Elisabeth, ich bin auch so eine.«

Die Situation eskaliert. Elisabeth H. ist Widerworte nicht gewohnt, und von mir schon gar nicht. »Wenn das die Wirkung der Sitzungen bei Dr. G. ist, dann werde ich den Mann nicht mehr bezahlen. Das sieht doch jeder Laie, dass du krank bist.«

Erstaunt höre ich mich antworten: »Wenn hier jemand krank ist, dann bist du es.« Ich habe nicht einmal Angst, als ich das sage. Ich weiß, zumindest in diesem Augenblick, dass es stimmt und dass ich nicht verrückt bin. Sie fühlt sich gut an, diese innere Gewissheit.

Das Drama lässt nicht auf sich warten. Der Krieg wird über Franz erklärt. Ich soll diese Bemerkung zurücknehmen, mich förmlich entschuldigen. Sonst sei ich für die Konsequenzen selbst verantwortlich.

Aber ich denke nicht daran, ihr diesen Gefallen zu tun.

Als Erstes wird der Geldhahn zugedreht. Mein Mann ist hilflos zwischen die Fronten geraten. Er ist nun nur noch unterwegs, verbringt seine Nächte in Bars. Er ist ein leidenschaftlicher Kartenspieler.

Zwei Frauen, die nicht nachgeben – ihm wird schließlich klar, dass er sich entscheiden muss. Und er entscheidet sich. Eines Tages packt er seine Sachen. »Ich gehe.«

Wenig später wird die Scheidung eingereicht.

Ich träume lange Zeit nicht von der Mauer. Stattdessen knirsche ich nachts manchmal mit den Zähnen.

Ich habe meine Kinder, ich bekomme ein wenig Unterhalt. Es ist natürlich zum Sterben zu viel und zum Leben zu wenig, aber ich kann ja nun ohne die umständliche Geheimniskrämerei hier und da etwas dazuverdienen. Niemand, schon gar nicht die Familie H., wird mich dazu bringen, in Selbstmitleid zu ersaufen. Immer heiter, Gott hilft weiter, und der Rest geht keinen etwas an.

Einerseits bin ich froh, dass Franz uns ab und zu besucht.

Matthias' Augen leuchten jedes Mal auf, wenn sein Stiefvater in der Tür steht. Leider klopft auch mein Herz dann immer etwas schneller, allen inneren Ermahnungen zum Trotz. Deswegen machen mir diese Besuche auch Sorgen. Ich halte mit Mühe und Not eine Art Gleichgewicht aufrecht. Ich bin mir nicht sicher, ob meine Kraft ausreichen würde, die Dinge neu auszubalancieren.

Und Franz kommt immer häufiger.

»Lieber Gott, lass es diesmal klappen«, so heißt die Hoffnung. »Erika, wie kann man nur so dämlich sein?«, nagen die Zweifel.

Franz ist wieder bei uns. Beinahe hatten wir das Trennungsjahr geschafft, aber eben nur beinahe. Der Scheidungsantrag ist zurückgezogen.

Ich bin wieder schwanger. Vielleicht wird doch noch alles gut.

Am 19. Juli 1966 wird unser Sohn Frank geboren.

Was übrig bleibt

Mein Mann hat eine Geliebte. Erst waren es nur Affären, und damit bin ich einigermaßen zurechtgekommen. Schließlich kann ich ihm einfach nicht geben, was Männer eben brauchen. Es macht mir keinen Spaß. Ich muss immer gegen die Bilder von Demütigung und meinen Ekel ankämpfen. Deswegen war ich beinahe froh über unser Arrangement. Die ständig wechselnden kleinen Abenteuer schienen mir nicht bedrohlich. Im Gegenteil, sie trugen dazu bei, unsere Ehe zu stabilisieren. Aber diese Geliebte ist nun schon zu lange im Spiel. Sie wird zur ständigen Dritten im Bunde. Ich habe versucht, nicht daran zu denken. Einfach die Augen davor zu verschließen und durchzuhalten, bis sie wieder verschwindet. Aber sie verschwindet einfach nicht.
Wieder beantragen wir die Scheidung, und diesmal zieht Franz nicht zu seiner Mutter, sondern zu seiner Geliebten.
Diesmal hält er durch. Die Scheidung wird ausgesprochen. Ich bekomme das Sorgerecht für die Kinder und regelmäßigen Unterhalt.
Trotzdem fällt es mir immer schwerer, den Deckel auf all die brodelnden Hässlichkeiten in meinem Innern zu halten. Könnte ich seine neue Frau doch wenigstens ungehindert hassen. Franz hat sie nämlich, kaum waren wir geschieden, geheiratet.
Aber nicht einmal das ist mir vergönnt. Sie hat seit kurzem nicht nur meinen Mann, sondern auch noch meinen Sohn unter ihren Fittichen.
Es fing damit an, dass Frank mir furchtbare Probleme

machte. Erst trat dieses unerklärliche Fieber auf, dann ließ er sich nicht mehr von mir füttern. Sobald er dagegen bei seinem Vater und natürlich auch bei dieser Frau war, verwandelte er sich in ein strahlendes, kerngesundes Kind.

Was nützte mir da das auf dem Papier festgeschriebene Sorgerecht? Ich kann doch mein Kind nicht vor die Hunde gehen lassen.

Ich muss das Gegenteil von dem tun, was mich im Lager gerettet hat. Dort kam es darauf an, nie, unter gar keinen Umständen das Ziel aus den Augen zu verlieren. Besaß man etwas, musste man es verbissen verteidigen, wollte man etwas bekommen, musste man ohne Rücksicht darum kämpfen. Man brauchte einen Traum, um zu überleben.

Ich habe immer von einer Familie geträumt. Jetzt habe ich eine, aber sie wirkt wie ein Zerrbild meines Traums. Sie scheint mir meine eigene Behinderung widerzuspiegeln. Äußerlich sehe ich normal aus, aber innen drin bin ich ein Krüppel. Nicht mal mein eigenes Fleisch und Blut, mein eigener Sohn hält es mit mir aus. Meine Unfähigkeiten treiben ihn davon, und meine Fähigkeiten nützen mir dabei überhaupt nichts.

Ich muss ihn gehen lassen, zu dieser Frau, von der ich nun auch noch hoffen muss, dass sie nicht so schlecht ist, wie ich sie mir gewünscht habe.

Ich sitze am Küchentisch und rechne. Einnahmen, Ausgaben, die Barschaft lauter kleine Kolonnen aus Zahlen. Wenn ich jetzt mein Leben in solchen Posten auflisten würde, was käme wohl da unter dem Strich heraus?

Zwei davongelaufene Ehemänner, eine verkrüppelte Sexualität. Keinen ordentlichen Beruf, noch nicht einmal Bildung im weitesten Sinne. Einen unerträglichen Albtraum als ständigen Begleiter und die Erfahrung, dass meine Selbstmordversuche mich vom Regen in die Traufe bringen. Das dürfte die Sollseite sein.

Und was steht auf der Habenseite?

Zwei meiner drei Kinder leben bei mir. Ich bin zäh, ich kann hart mit mir sein, ich vermag zu schuften wie ein Pferd.

Also, Erika, du hast eine Aufgabe, und du wirst durchhalten. Du wirst es allen zeigen, dass man dich nicht kleinkriegt! Die acht Jahre haben dein Leben verpfuscht, aber wie es innen aussieht, geht keinen etwas an. Es gibt dir ohnehin keiner etwas dafür.

Ich werde meinen Kindern beibringen, dass das Leben kein Zuckerschlecken ist, damit sie gewappnet sind und nicht so blauäugig wie ich. Ich werde dafür sorgen, dass es ihnen an nichts fehlt und sie es nicht bereuen, bei mir zu leben und nicht bei ihrem noblen Vater.

Aufbruch

Ich habe es doch noch geschafft, eine Ausbildung zu bekommen. Wieder waren es die Ehemaligen und ihr Netz, die mir den Weg geebnet haben. Und wieder ist es natürlich nur eine Schmalspurausbildung, ein Abschluss zweiter Klasse. Ich bin Gymnastiklehrerin, keine, die an Schulen unterrichten darf, aber ich kann mein Geld mit etwas anderem als Putzen und Kellnern verdienen. So haben die Russen doch etwas bewirkt, als sie mich in Hoheneck dazu verdonnert haben, die Lagergymnastik zu leiten.

Die Ausbildung fand in Köln statt, und wenn ich nicht meine Mutter gehabt hätte, die die Kinder wie selbstverständlich versorgt hat, wäre auch daraus nichts geworden. Auf Helgoland habe ich mit Sommergästen Strandgymnastik gemacht, und ein Kursus von Mercedes für seine Angestellten in Großenbrode ist in Aussicht.

Manchmal habe ich das Gefühl, meine Kinder sind ganz froh, wenn ich unterwegs bin. Sie nennen mich neuerdings Etna. Dass soll wohl an den Vulkan Ätna erinnern, und ich muss zugeben, dass ich mich ab und zu auch so fühle.

Ich ertrage es schlecht, nicht verstanden zu werden.

Zum Beispiel gibt es bei mir jedes Jahr am 18. Januar nur Wasser und Brot. Der 18. Januar ist der Tag meiner Entlassung aus dem Lager. Ist es denn falsch, wenn meine Kinder lernen, dass es nicht selbstverständlich ist, sich satt zu essen? Dass es im Leben ihrer Mutter und vieler anderer nicht immer einen reich gedeckten Tisch gegeben hat? Ich möchte, dass sie etwas verstehen.

Vor kurzem habe ich Claudia bei einer Lüge ertappt. Eigentlich war es eher eine kleine Ausrede. Aber ich erinnere mich noch sehr gut an meine Flunkerei in Hoheneck. Auch ich habe mir ja nichts dabei gedacht, mir diese Geschichte auszudenken, aber sie hätte mich beinahe das Leben gekostet.

Ist es nicht meine Pflicht, meine Kinder vor solchen Fehlern zu bewahren?

»Du machst aus allem und jedem eine Todsünde, ein Drama!«, lautete Claudias Kommentar.

Für einen kurzen Augenblick war ich in Versuchung, ihr mehr zu erzählen, von meiner Todesangst zu sprechen im Angesicht der aufgebrachten Frauen. Davon, dass noch heute auf den Ehemaligentreffen einige murmeln: »Da kommt die Lügnerin.« Aber sollen auch noch die Seelen meiner Kinder in den Schmutz und Unrat dieser Jahre gezogen werden?

Da ist sie wieder, die Mauer. Spreche ich, werden mich die Menschen verachten. Spreche ich nicht, versteht mich niemand. Was ich auch tue, ich kann sie nicht überwinden.

Auf dem letzten Heimkehrertreffen habe ich jemanden kennen gelernt.

Einen Mann. Werner Wedekind hat dort einen Preis erhalten und eine wunderschöne Dankesrede gehalten. Manchmal ist es eben doch von Vorteil, immer die Jüngste zu sein. Und meine Sportkurse sorgen auch dafür, dass ich in Form bleibe. Ich gefiel ihm ganz offensichtlich. Mir war nicht bewusst, wie sehr mir ein wenig Bewunderung und Anerkennung gefehlt haben. Es war wie ein warmer Regen nach langer Dürre.

Es gibt ja viel zu viele Dinge, die mir nicht liegen. Aber auf Menschen zugehen, plaudern und ihnen das Gefühl von Großartigkeit geben, das habe ich in den Jahren hinter der Bar gelernt.

Werner wohnt in Karlsruhe, und wir haben uns bereits mehrmals gegenseitig besucht. Er ist ganz anders als Franz.

In materiellen Dingen zeigt er sich großzügig. Der funkelnde Ring an meinem Finger ist für mich mehr als ein Schmuckstück. Ich sehe ihn an und fühle mich weiblich, schön, bewundert. Irgendwie symbolisiert dieser Ring, dass ich etwas wert bin.

Dasselbe Gefühl vermittelt Werner mir aber vor allem durch seine Behutsamkeit und Zärtlichkeit. Es ist wie ein Wunder. Zum ersten Mal vermag ich mich zu öffnen und beginne zu ahnen, warum die Menschen so viel Aufhebens von der körperlichen Seite der Liebe machen.

Ich glaube, meine Kinder mögen ihn vor allem, weil meine Ausbrüche viel seltener geworden sind. Der Vulkan schläft zur Zeit.

Die gegenseitigen Besuche werden häufiger, und Werner entwirft Zukunftspläne. Einerseits genieße ich diese Gedankenspiele, aber mein Misstrauen mahnt mich zur Vorsicht. Was hast du übersehen, Erika? Irgendwo muss der Haken versteckt sein.

Der wird mir eines Tages von Werner selbst präsentiert. Er hat einen Sohn mit einer Schauspielschülerin. Bisher lebt das Kind bei der Mutter, denn Werner kann sich ja nicht darum kümmern. Gemeinsam mit mir, sagt er, würden sich ganz neue Chancen ergeben. Wir würden einfach alle Kinder, meine und seines, gemeinsam großziehen.

Er ist ganz begeistert von seiner Vision und bemerkt nicht die schweren Sturmwolken, die am Himmel über ihm aufziehen. Noch nehme ich mich zusammen, aber ich spüre schon ein explosives Gemisch in mir brodeln.

»Ja, aber was ist mit der Mutter deines Sohnes?«

Ich bemühe mich um einen arglosen Klang meiner Stimme, und der Mann tappt blindlings in die Falle. Mit jedem Wort, das nun folgt, zerschlägt er alles, was zwischen uns war.

»Sie kann dem Kind als allein stehende Frau doch keine Perspektive bieten. Bei uns hätte er es doch viel besser.«

Er ist doch genauso wie Franz. Habe ich diese Argumente

nicht schon einmal gehört? Da ging es allerdings um meinen Sohn Frank. Ich hätte es wissen müssen. Sie sind alle gleich. Sie nehmen sich, was sie kriegen können, und sind grausam und denken nur an sich selbst.

»Kinder gehören zur Mutter! Und deinen feinen Plan kannst du vergessen. Und mich und alles, was dazugehört, ebenfalls. Geh mir aus den Augen und lass dich nie wieder blicken.«

Für den Bruchteil einer Sekunde tut er mir beinahe Leid. Er scheint völlig fassungslos und kann nur zusehen, wie meine Wut alles, was zwischen uns zart und schön war, hinwegfegt.

Wie soll er das auch verstehen? Ich habe ihm ja nicht erzählt, dass ich Frank schon seit Wochen nicht mehr gesehen habe. Jedes Mal, wenn ich ihn besuchen will, wimmelt mich die neue Frau H. ab. Mein eigener Sohn könne meine Besuche nicht verkraften. Manchmal versuche ich, ihn aus der Ferne zu erspähen, aber es gelingt mir nicht. Dabei schäme ich mich, fühle mich als Versagerin, wenn ich nach dem Blondschopf meines eigenen Kindes Ausschau halte.

Und nun kommt dieser Mann und hat genauso eine Schweinerei vor und will mich zu seiner Komplizin machen.

Alltag

Ich stürze mich in die Arbeit. Ich vertrete Sportlehrer an Schulen, und es macht mir Spaß. Aber jedes Mal, wenn ich vorsichtig hoffe, einen Platz gefunden zu haben, erscheint ein »richtiger Lehrer«, und ich muss gehen. Mit meiner Schmalspurausbildung habe ich keine Chance auf eine feste Stelle. »Jemanden wie Sie können wir beim besten Willen nicht zur Beamtin machen.« Nach solchen Erlebnissen habe ich wochenlang mit der Bitterkeit zu kämpfen. Ich muss noch härter werden, gelobe ich mir dann jedes Mal.

Ich nehme nach wie vor alle Gelegenheitsjobs an. Schließlich muss ich Claudia und Matthias etwas bieten. Matthias vermisst Franz sehr, das weiß ich, und Claudia schielt manchmal ein wenig eifersüchtig auf die Verhältnisse, in denen ihr Bruder Frank aufwächst.

Sie wird ohnehin mit jedem Jahr rebellischer. Vielleicht bin ich zu streng, aber ich versuche doch nur meine Kinder auf das Leben vorzubereiten. Und das Leben ist viel grausamer als meine Regeln.

Manchmal schlichtet meine Mutter den Streit zwischen mir und den Kindern. Dann ermuntert sie mich meistens, auszugehen. »Du musst doch mal unter Leute, Kind, und dich amüsieren. Du wirst noch ganz verbiestert.«

Gelegentlich tue ich ihr den Gefallen, und ich muss nachher immer feststellen, dass sie Recht hat. Für ein paar Tage sehe ich das Leben etwas rosiger und habe ein wenig von meinem Humor zurückgewonnen.

Meine Wirkung auf Männer hat nicht nachgelassen. Selten

vergeht ein solcher Abend, ohne dass mir jemand Avancen macht. Aber ich weiß ja, was dabei herauskommt, was sich unter dem Schafspelz verbirgt. Ich habe nicht die Absicht, einen von ihnen wirklich an mich heranzulassen. Nur das Spiel mit ihnen reizt mich. Ich flirte und gebe mich zugänglich, ich lache, und manchmal schüre ich ihre Hoffnungen auf mehr. Und mit Vergnügen versetze ich ihnen am Ende des Abends den Dolchstoß und lasse sie fallen.

Ehemaligentreffen sind für mich mit Entspannung und einem grundsätzlichen Verstandenwerden verknüpft. Das Treffen, zu dem meine Mutter mich mitnehmen will, ist zwar anderer Natur, aber trotzdem sage ich spontan zu. Die ehemaligen Mühlhäuser veranstalten ein Fest. Es kann natürlich nicht direkt in Mühlhausen stattfinden. Das liegt ja in der DDR. Aber man hat ein kleines Fleckchen in Grenznähe ausgesucht.
Bereits auf der Fahrt dorthin bin ich ein wenig aufgeregt. Die meisten dieser Menschen habe ich seit meiner Verhaftung nicht wiedergesehen. Während der Gefangenschaft, vor allem in der Zeit, als ich noch an einen Irrtum glaubte, da habe ich gern mit den Erinnerungen an die Mühlhäuser meine einsame Zelle bevölkert. Was machen meine Freundinnen wohl gerade, sitzen sie in der Schule, feiern sie Abschlussball? Fragen, die es mir erlaubten, mir Normalität vorzustellen, mich einfach hineinzudenken in ein anderes Leben. Irgendwann habe ich diese Gedankenspiele aufgegeben. Die anderen blieben Kinder, während ich mir wie eine alte Frau vorkam. Der Graben war selbst in Gedanken zu tief, um ihn zu überspringen.
Jetzt versuche ich mich zu erinnern, aber immer wieder muss ich meine Mutter fragen nach Namen, nach Orten, nach Begebenheiten.
Anfangs treten nach den Begrüßungen immer wieder verlegene Pausen auf. Die übliche Frage würde ja lauten: Was

hast du denn gemacht, nachdem du fortgegangen bist? Aber alle wissen, was mir geschehen ist, und allen scheint diese Frage unpassend. Ein kleines Vakuum des Verschweigens droht auch hier wieder, aber im Umgang damit bin ich routiniert. Ich fülle die kurze Leere mit witzigen Sprüchen wie: Ich musste ja für einige Jahre aussetzen, kleine Zwangspause. Ein Lachen, und schon ist die Gefahr gebannt. Ich weiß doch inzwischen, dass niemand etwas darüber wissen will, wie es wirklich war. Ich werde sie nicht mit meinem Elend belästigen. Schuld oder Unschuld interessiert ebenso keine Menschenseele. Der Schmutz klebt einfach an dir, sobald er sichtbar wird. Wie du da hineingeraten oder wieder herausgekommen bist, wer will das schon hören?

Heute will ich mich amüsieren, und deswegen muss ich so tun, als wäre ich wie all die anderen hier.

Ich tanze unter dem Kirmesbaum. Ich entdecke alte Klassenkameraden neu, begrüße angeheiratete Ehefrauen, höre Geschichten von Scheidungen und kann auch meinen Teil dazu beitragen. Trotz allen Scheiterns bin ich ja nicht als verbitterte alte Jungfer hier erschienen. Ich habe drei Kinder, auch ich besitze Fotos, die ich zeigen kann, und so aus dem Leim gegangen wie einige meiner ehemaligen Freundinnen bin ich auch nicht.

»Schau mal, dort ist Eberhard Riemann.«

»Wer soll das denn sein? Kenne ich den?«

Schließlich entdecke ich ihn und erkenne ihn als den Sohn des Delikatessenhändlers, mit dem ich schon im Sandkasten gespielt habe.

»Hallo, Eberhard, weißt du noch, wer ich bin?«

Ein strahlendes Lächeln, eine schüchterne Umarmung, dann nimmt er mich an der Hand. »Komm, lass uns ein bisschen erzählen.« Aus dem bisschen wird eine halbe Lebensgeschichte. Zwischendurch tanzen wir, und ich fühle mich zum ersten Mal seit langer Zeit ganz ruhig. So als sei ich wirklich nach Hause gekommen.

Auch Eberhard erzähle ich natürlich nichts von dem Elend der acht Jahre, aber wenigstens habe ich bei ihm nicht das Gefühl, Lachen verbreiten zu müssen. Irgendwann steht meine Mutter vor unserer Bank.

»Es ist schon spät, Erika. Wir wollen nach Hause.«

Aber irgendjemand zieht sie fort. »Lass die beiden doch. Deine Tochter ist eine erwachsene Frau.« Anscheinend müssen wir beide immer wieder daran erinnert werden, denn auch ich fühle mich stets wie siebzehn, wenn meine Mutter mich so anschaut.

Es dämmert bereits, als Eberhard mich vor meiner Haustür abliefert. Wie lange ist es her, dass ich eine solche laue, wunderbare Nacht erlebt habe? Erinnerungen an Spaziergänge um die Alster mit einem anderen Mann zu einer anderen Zeit werden wach. Schnell schiebe ich sie ganz weit weg. Dies hier ist etwas anderes, und Eberhard ist ganz zurückhaltender Kavalier. Das beruhigt mich. Angst und Wachsamkeit scheinen hier nicht nötig.

Wieder werde ich an den Wochenenden zur Nomadin. Anfangs allein, später mit den Kindern reise ich Freitagabend nach Wuppertal, wenn Eberhard nicht nach Hamburg kommt. Die äußeren Umstände sind kompliziert. Da gibt es meine drei Kinder – ich hoffe ja immer noch, Frank einmal zu sehen. Da sind die drei Kinder Eberhards, die zwar bei der Mutter leben, aber es müssen Besuche eingeplant werden. Manchmal wünschte ich mir etwas Unkomplizierteres, aber für die Leichtigkeit des Seins bin ich wohl nicht gemacht.

Eberhard tut mir gut. Auf dem kritischen Gebiet der Sexualität kennt er kein Ungestüm und kein Drängeln. Geduldig und behutsam vertreibt er allmählich meine beinahe reflexartige Assoziation von Schmutz und Demütigung mit männlicher Berührung.

1972 habe ich das Herumziehen satt. Ich packe meine Habseligkeiten und löse den Hamburger Haushalt auf. Matthias bleibt in Hamburg zurück. Er ist nun schon siebzehn Jahre alt und hat eigene Pläne. Claudia hat keine Wahl, aber sie macht uns oft genug deutlich, dass sie sich verschleppt fühlt. Wuppertal ist für sie ein Provinzkaff. Ähnlich sieht sie ihren neuen Stiefvater. Im Vergleich mit ihrem unerreichbaren Vater schneidet er schlecht ab.

Eberhard würde mich am liebsten heiraten, aber ich scheue diesmal davor zurück. »Die Ehe hat mir kein Glück gebracht«, lautet meine Antwort jedes Mal, wenn er das Gespräch darauf bringt. Natürlich denke ich auch an Franz' Unterhalt, der dann wegfallen würde. Es wäre nicht nur schade um das Geld. Die Zahlungen besänftigen auch den Zorn, der in meinem Herzen noch brodelt. Es scheint mir mehr als gerecht, dass er bezahlt.

Ich will arbeiten, und Eberhard hat damit zum Glück kein Problem. Deswegen brauche ich nun nicht nach Aushilfsjobs Ausschau zu halten. Ich träume von einer festen Stelle, einer anspruchsvollen Arbeit, in der ich mich beweisen kann und endlich auch einmal ein Ansehen habe. Ich mache einen Stenografiekurs, übe eifrig Maschineschreiben und studiere die Stellenanzeigen. Ich verschicke Bewerbungen, erhalte Absagen, und trotz Eberhards tröstenden Worten, das sei ganz normal, stürze ich jedes Mal in alte Selbstzweifel. Kein Wunder, dass mich niemand haben will. Was kann ich schon? Aber ich gebe nicht auf. Einmal muss es doch auch mir gelingen, die Vergangenheit abzuschütteln.

Deswegen bin ich beinahe euphorisch, als ich die Einladung der Firma Enka Glanzstoff zum Bewerbungsgespäch in den Händen halte.

Man könnte meinen, ich würde mich um den Posten des Geschäftsführers bewerben und nicht um eine Stelle als einfache Bürokraft. Aber genau so kommt es mir auch vor. Wenn mir das gelingt, wenn sie mir diese Arbeit geben, dann habe ich es geschafft. Dann bin ich aus dem ewigen Schatten herausgetreten.

Hoffnung und Nervosität bündeln sich zu einem Auftreten, das den Mann mir gegenüber zu überzeugen vermag. Er bemerkt zwar die Lücken in meinem Lebenslauf, aber sie beeindrucken ihn offenbar weniger, als ich gefürchtet habe. »Sie scheinen ja trotz einiger Nackenschläge ein echtes Energiebündel zu sein. Sie werden mit kleinen Schwierigkeiten schon fertig werden.«

Er zeigt mir meinen zukünftigen Arbeitsplatz, die große Tafel mit Namen, und wahrscheinlich habe ich rote Ohren vor Eifer. Ich werde Termine und Pläne für die Außendienstmitarbeiter der Firma verwalten. Ich werde einen kleinen Schreibtisch haben, der meiner ist, ich werde Kollegen haben, ein geregeltes Einkommen. Wie alle anderen Menschen werde ich morgens zur Arbeit eilen und abends zu Hause bei der Familie sein. Ich habe es geschafft.

»Wir sehen uns dann in vier Wochen. Ich freue mich auf Sie.« Der Personalchef drückt mir die Hand zum Abschied.

Die betriebsärztliche Untersuchung ist reine Routine. Ich habe ja auch nichts zu befürchten. Schließlich bin ich gesund. Frau Dr. Petersen macht einen warmherzigen Eindruck »Mein Gott, was haben Sie denn da für eine furchtbare Narbe?«

Ohne weiter nachzudenken, erzähle ich ihr von der Notoperation, davon, dass mich die Blinddarmentzündung beinahe das Leben gekostet hätte. »Und dann gab es kein Narkosemittel, da haben sie mich ohne Betäubung aufgeschnitten.«

»Das müssen ja schreckliche Jahre für Sie gewesen sein.« Mitgefühl und Verständnis verleiten mich noch immer zu Geschwätzigkeit.

»Ja, hart war diese Zeit. Wir haben ja gearbeitet bis zum Umfallen und gehungert dabei. Ich hatte Beine wie ein Elefant, noch Monate nachdem ich zu Hause war, vom Hungern.« Dass ich zwischendurch blind war, dass ich eine Tuberkulose hatte, all das vertraue ich dieser Person an. Ihre Freundlichkeit tut mir gut. So selten kommt es vor, dass mir jemand aufmerksam zuhört.

»Na, alles Gute für Sie dann«, wünscht sie mir zum Abschied, und ich eile beschwingt nach Hause. Die sind wirklich alle sehr nett in meiner neuen Firma.

Wenige Tage später liegt ein Brief von Enka Glanzstoff im Briefkasten.

Fehlen vielleicht noch Unterlagen?

Ich reiße den Umschlag auf und kann es kaum glauben, was ich da lese.

»… Leider müssen wir von einer Einstellung absehen. Wir haben uns für einen anderen Bewerber entschieden. Wir wünschen Ihnen alles Gute für Ihre Zukunft …«

Ich lese die Worte einmal, zweimal, beim dritten Mal verschwimmen die Buchstaben zu einem undeutlichen Gekleckse.

Ein Schmerz bricht von unten auf und strömt in klagenden Lauten aus mir heraus. Das ist unangemessen, schießt es mir durch den Kopf. Zu groß der Schmerz, zu heftig das Schluchzen, zu reichlich die Tränenflut. Es war doch nur ein Job, lautet der klägliche Versuch meines Verstandes, dem Elend Einhalt zu gebieten. Es war viel mehr, sagt eine andere Stimme. Es war die Hoffnung, den Sprung zu schaffen. Die Illusion, die Vergangenheit überwunden zu haben. Die Sehnsucht nach Heilung.

In der Nacht hat mich mein Traum wieder eingeholt. Lange Zeit war er ferngeblieben. Auch ihn glaubte ich schon beinahe besiegt, aber er ist wirklich wie in den schlimmsten Nächten. Auch die Angst ist wirklich, und ich liege wach bis zum Morgen.

Irgendwann mit dem Morgengrauen kommt die Wut. Auch sie scheint mir falsch dimensioniert. Ein brodelnder Ball in meinem Bauch, der nach einem Ziel sucht.

Das Ziel werde ich liefern. Wild entschlossen mache ich mich auf den Weg zu Enka Glanzstoff.

»Sie können da jetzt nicht hinein.« Die Sekretärin unternimmt einen lächerlichen Versuch, mich aufzuhalten.

Auch der Personalchef rettet sich zunächst in Phrasen. »Kommen Sie mir nicht mit Albernheiten. Ich will den wahren Grund wissen. Warum werde ich nicht eingestellt?« Sein Gesicht ist beinahe so rot wie die Backsteinfassade des gegenüber liegenden Gebäudes, als er dann mit der Sprache herausrückt. »Unsere Betriebsärztin hat uns abgeraten. Wegen der Schwere Ihrer Haft hat sie Spätfolgen vorausgesagt. Wir hätten mit Krankheit und Ausfall rechnen müssen. Das können wir uns nicht leisten. Das verstehen Sie doch.« Er zappelt wie ein Aal im Netz, seine Augen flehen um meine Einsicht.

Aber ich bin nicht in der Stimmung für Gnadenakte. »Sie sind das Allerletzte, und ich habe überhaupt kein Verständnis für Menschen wie Sie!«

Mehr kann ich ihm nicht antun. Leider!

Zu Hause verfliegt dann auch die Wut, und ich bin so müde, und jedes meiner Glieder fühlt sich schwer wie Blei an. Kann es denn nie vorbei sein?

Buße

Ich habe die rote Ampel nicht gesehen. Ich habe auch das Auto nicht gesehen. Wenn ich ehrlich bin, weiß ich nicht, wo ich war mit meinen Gedanken. Es ist auch gar nichts passiert außer einem riesigen Schrecken, als aus dem Nichts dieser fremde Wagen auftaucht und quietschende Reifen mich in die Gegenwart katapultieren.

Der Polizist sieht das anders. Unbeeindruckt von meiner Argumentation schreibt er meine Autonummer auf. Mit der Anzeige käme ich immer noch glimpflich davon. Was alles hätte passieren können, Menschen hätten zu Tode kommen können, bloß wegen meiner Unaufmerksamkeit.

Der Mann hat ja Recht, und als ich wenig später zu einer Geldbuße und mehreren Arbeitseinsätzen in der Landesfrauenklinik verurteilt werde, betrachte ich das im Grunde als angemessene Strafe. Aber muss es gerade ein Krankenhaus sein?

Schon bei dem Gedanken finde ich mich in das Lazarett von Torgau zurückversetzt. Ich werde diesen Geruch nie vergessen, werde nie diese ausgemergelten Körper, die hoffnungslosen Blicke dieser Männer aus meinen Kopf tilgen können. Als ich durch das Portal der Klinik schreite, glaube ich auch einen Moment lang, umkehren zu müssen. »Los, Erika, du hast Mist gebaut, und das hier ist die Buße.« Und wenn ich mir all die anderen Fehler anschaue, die ich in meinem Leben gemacht habe, dann müsste ich sicherlich noch viel mehr büßen.

Die ersten Tage sind schwer. Du wolltest nie wieder Tod und

Verwesung riechen. Lass dich in einen Kindergarten schicken und leiste dort die Stunden ab, sagt eine innere Stimme. Aber irgendwie scheint es mir, als verringere sich meine Schuldenlast mit jeder kleinen Geste, mit jedem freundlichen Wort an einen der Kranken.

Nach einigen Einsätzen beginne ich mich morgens schon auf die Arbeit zu freuen. Ich rieche ja ohnehin nichts, aber wenn ich es könnte, dann würde ich feststellen, dass es der Geruch von Desinfektionsmitteln ist und nicht der des Todes, den man hier wahrnimmt. Wir – ja, ich ertappe mich bei einem ersten »wir« – heilen die Menschen.

Die verordnete Buße ist viel zu schnell abgearbeitet. Ich verrichte zwar nur Hilfsarbeiten, aber ich habe trotzden das Gefühl, am richtigen Platz zu sein. Meine Kolleginnen ermutigen mich. »Mach doch die Ausbildung, ein Jahr, das schaffst du.«

Eine Artistin bin ich nicht, und auch im Rampenlicht stehe ich nicht. Aber ich halte die Urkunde zur Schwesternhelferin in der Hand und bin stolz. Endlich habe ich einmal etwas abgeschlossen. Ich bin etwas, das man benennen und beurkunden kann und das man vor allem braucht.

Ich gehe gern zur Arbeit. Manchmal scheint es mir, der liebe Gott selbst habe mich an diesen Platz gestellt. Ich kann die Patienten so gut verstehen, fühlte ich mich doch lange Zeit meines Lebens auch auf diffuse Weise krank, nicht funktionstüchtig. Und meine ewige Frage »Warum bin ich so schlecht?« erfährt hier auch Milderung. Hier kann ich ein wenig wieder gutmachen, etwas abtragen von all meinem Versagen.

Einige Zeit fließt alles endlich in geordneten Bahnen. Ein Tag reiht sich an den nächsten, und ich genieße diese Alltäglichkeit.

Ich gehe wie alle anderen zur Vorsorgeuntersuchung. Wir haben es ja nicht weit und brauchen nur kurz unsere Arbeit zu unterbrechen, um den Betriebsarzt aufzusuchen. Eine Woche später werde ich wieder einbestellt, und sofort beschleicht mich ein seltsames Gefühl. Es ging mir vielleicht zu gut. Folgt jetzt die Strafe auf dem Fuß?

Die Diagnose lautet Gebärmutterkrebs.

Könnte ich es aus größerer Distanz betrachten, würde ich vielleicht lachen. Da wollte ich mich mehrmals in meinem Leben umbringen, und jedes Mal hat man mir einen Strich durch die Rechnung gemacht. Jedes Mal musste ich wieder erwachen und weiterkämpfen. Und jetzt, zu einem Zeitpunkt, an dem ich Geschmack am Leben gefunden habe, soll Schluss sein? Das hat etwas Boshaftes.

Eine Weile habe ich Lust aufzugeben. Ich bin des Kämpfens müde. Vielleicht ist Sterben die einfachste Lösung.

Aber da ist Eberhard, der mich braucht und der mir immer wieder Mut macht. Und wenn ich an meine Kinder denke, zieht es mich wie ein großer Magnet zurück ins Reich der Lebenden. Ich möchte meinen Sohn Frank sehen. Vielleicht kommt er ja doch eines Tages wieder zu mir. Ich habe noch so wenig von ihm gehabt. Meine Tochter Claudia ist mitten in der Pubertät. Wir haben viele Schwierigkeiten miteinander, die es erst noch zu lösen gilt. Ich kann mich doch jetzt nicht einfach davonmachen.

Es ist ein Martyrium, Operation, Chemotherapie mit Haarausfall und Übelkeit, und es gibt Tage, da bereue ich es, mich auf diesen Kampf eingelassen zu haben. Aber schließlich kommt der Tag, an dem mein Arzt den erlösenden Satz spricht: »Sie sind geheilt, Frau H.«

Mit gemischten Gefühlen nehme ich diesen Satz mit nach Hause. Dass leben zu müssen nicht nur Lust, sondern viel häufiger auch Last ist, weiß ich zur Genüge. Aber ich habe ja noch Dinge vor, da hängen so viele offene Enden herum in diesem sonderbaren Leben, das meines ist. Eines der offenen Enden ist mein Sohn Frank. Ich will ihn sehen, und zwar jetzt! Als Eberhard die wilde Entschlossenheit spürt, schüttelt er bedenklich den Kopf. Wie so oft versucht er mich zu beschwichtigen, aber auch diesmal gelingt es ihm nicht.

Ich kündige in Hamburg telefonisch meinen Besuch an. Eberhard begleitet mich. Während der Fahrt bin ich schweigsam und angespannt. Wieder war am Telefon diese Frau, die ich nur mit äußerster Anstrengung ertragen kann. Sie spielt sich auf, als sei sie Franks Mutter. Erika, faktisch ist sie das, versuche ich mir zu sagen. Also kannst du nur darum beten, dass sie es gut macht, dass sie nicht so schlecht ist, wie du sie dir manchmal wünschst. So fechte ich im Stillen einen inneren Kampf mit mir aus.

Ich dachte, ich hätte mir mehr Fassung erkämpft, aber als sie mir die Tür öffnet, bröckelt die dünne Schicht Vernunft wie von einem Schlag getroffen von mir ab. Auch die Worte, mit denen ich empfangen werde, sind nicht geeignet, meinen Verstand wiederzubeleben. »Sie können Frank nicht besuchen. Das Kind ist krank, seit es weiß, dass Sie kommen wollen. Es geht wirklich nicht.«

Am liebsten würde ich diesen Drachen mit Gewalt zur Seite schubsen und mein Kind aus der Höhle befreien. Lediglich Eberhards eiserner Griff an meinem Arm hindert mich daran. Auf dem Weg zum Auto explodiert die Wut dann in meinem Bauch. »Wer glaubt diese Person eigentlich zu sein? Hat sie unter Schmerzen dieses Kind auf die Welt gebracht? Ich werde mir das nicht gefallen lassen. Schließlich habe auch ich Rechte. Hier habe ich es schwarz auf weiß.« Ich habe das Scheidungsurteil, das mir ein Besuchsrecht einräumt, vorsorglich mitgenommen und wedle dem armen Eberhard jetzt mit der Urkunde vor der Nase herum.

»Was hast du denn vor? Beruhige dich doch erst einmal.«

Aber ich kann und will mich nicht beruhigen. Ich habe das Gefühl, mein Atem verbrennt mir die Kehle, und wenn ich den Mund öffne, müsste er Rauch und Feuer speien.

Zielstrebig steuere ich die nächste Polizeiwache an. Die Beamten sind zunächst zögerlich, wenn nicht gar ablehnend, und wie Eberhard versuchen sie mich erst einmal zu besänftigen. Aber je mehr sie auf mich einreden, desto wütender werde ich. Hat sich denn die ganze Welt gegen mich verschworen? Ich will doch nur das Kind besuchen, das ich auf die Welt gebracht habe. Diese lächerliche Person kann doch nicht alle auf ihrer Seite haben.

Und ich schaffe es. Als ich die Wache nach Ewigkeiten wieder verlasse, habe ich die Zusage der Beamten, mir zur Not mit Hilfe der Staatsgewalt zu meinem Recht zu verhelfen. Aber erst am nächsten Tag.

Während der Nacht kommt es noch zu weiteren Vulkanausbrüchen, während Eberhard immer wieder versucht, mich von meinem Vorhaben abzubringen. »Erika, stell dir doch bloß vor, wie das auf Frank wirken muss. Da kommen uniformierte Männer und schleppen ihn weg. So kannst du doch die Liebe deines Kindes nicht gewinnen. Du bist doch seine Mutter. Das kannst du deinem Kind nicht antun.«

Ein wunderschöner Sommermorgen bricht an. Ich sehe die Morgenröte heraufziehen, höre das freudige Lied der Vögel. Eberhard hüllt sich in Schweigen, er hat gesagt, was er zu sagen hatte. Ich habe auch ihn beschimpft, habe ihn sogar verdächtigt, mit den anderen gemeinsame Sache zu machen. Meine Wut ist verraucht, ich bin einfach nur müde, und ganz tief in meinem Innern wächst zaghaft der Gedanke, dass Eberhard Recht hat. Ich kann es nicht tun. Wenn ich an diese Person denke, will ich es immer noch, aber wenn ich mir das erschrockene Gesicht meines kleinen Sohnes vorstelle, sehe ich die Unmöglichkeit meines Vorhabens ein.

Wenn sie es nur gleich gestern getan hätten, die Polizisten, als ich noch wütend war ...

Schicksalsergeben folgt Eberhard mir, als wir nach einem schweigsamen Frühstück das Hotel verlassen. In diesem Augenblick fühle ich eine große Liebe zu ihm. Auch wenn er das, was ich vorhabe, vollständig verurteilt, weicht er doch nicht von meiner Seite. Ganz so schlecht kann ich doch nicht sein, wenn es jemanden gibt, der so standhaft zu mir hält.

»Ich mache es nicht. Du hast Recht, es wäre schrecklich für Frank. Bitte fahr mich zu seiner Schule. Ich will ihn wenigstens von weitem sehen.«

Der Schulhof liegt verlassen. Es ist noch ein Weilchen hin bis zur großen Pause. Irgendwo dort hinter diesen Mauern sitzt mein Kleiner, und ich kann ihn nicht erreichen. Ich kann ihn nicht in meine Arme schließen, ich werde nicht miterleben, wie er groß wird. Seine aufgeschlagenen Knie wird jemand anderes versorgen, und ich bemühe mich krampfhaft, nicht an die Person zu denken.

Endlich läutet es zur Pause. Die große Tür scheint plötzlich klein, so viele Kinder drängeln gleichzeitig ins Freie. Aber sie sind alle viel zu groß. Doch unter den Kleinsten entdecke ich Frank nicht, deswegen mustere ich auch die Gesichter der Jungen, die mir zu groß erscheinen. »Da, Eberhard, das ist er.«

Ich habe ihn entdeckt, und am liebsten würde ich durch das Gitter schlüpfen. Stattdessen presse ich meinen Kopf fest dagegen, als könnte ich so meinem Kind näher sein. Er spielt mit den anderen, ahnungslos, wer dort wenige Meter entfernt jede seiner Bewegungen beobachtet.

Viel zu schnell klingelt es, und die Kinder verschwinden, wie sie erschienen sind. Erst als der letzte Bummelant den Hof längst verlassen hat, lasse ich mich von Eberhard fortziehen.

Das kann doch nicht richtig sein, dass eine Mutter ihr Kind nur durch die Gitterstäbe eines Zaunes beobachten kann. Aber ich weiß keinen Ausweg.

Auch in der Erziehung meiner Tochter fühle ich mich immer häufiger als Versagerin. Sie ist mittlerweile in der Pubertät. Sie trifft Verabredungen, will zum Tanzen gehen, und vor kurzem habe ich einen Lippenstift bei ihr entdeckt. Manchmal weiß ich selbst nicht, woher die furchtbare Wut rührt. Am liebsten würde ich ihr diese Flausen mit einem eisernen Besen austreiben. Lass die Finger von den Männern, möchte ich ihr sagen. Nur Schmutz und Demütigung erwarten dich. Wieder ist es Eberhard, der eingreift und Schlimmeres verhindert. »Dafür ist die Pubertät da, sich spielerisch auszuprobieren mit dem anderen Geschlecht. Daran ist nichts Verwerfliches, nichts Schmutziges. Deine Erlebnisse haben damit gar nichts zu tun.«

Er erklärt es mir, und ich sage es mir immer wieder auf, aber wenn meine Tochter zum Tanzen gehen will, kann ich es kaum ertragen. Und wenn sie mit strahlenden Augen nach Hause kommt, ergeht es mir nicht besser. Das haben sie mir alles vermasselt. Statt zum Tanzen zu gehen habe ich Wanzen gejagt. Für mich waren schon Fußlappen und saubere Schlüpfer ein Luxus. Erika, du kannst doch nicht neidisch auf deine eigene Tochter sein, versuche ich mir zu sagen. Aber gegen diese Wut hilft das nicht.

Umkehr

1974 erleidet Eberhard einen Schlaganfall.

Zunächst sieht es so aus, als würde ich ihn verlieren. »Eberhard, du darfst mich nicht verlassen.« Stunden sitze ich an seinem Bett und verspreche Gott jedes erdenkliche Opfer, vor allem aber gelobe ich ihm Besserung. Ich werde nicht mehr so aufbrausend sein, so unleidlich. Ich werde auf Eberhard hören. All das verspreche ich, wenn Gott mir nur Eberhard lässt. Und Er ist gnädig. »Mit etwas Glück wird er sich vollständig erholen«, erklären die Ärzte.

Dann kommt der Tag, an dem Eberhard, wenn auch noch in etwas verwaschener Sprache, die Frage stellt: »Willst du mich heiraten?«

Meine Antwort kommt prompt. »Eberhard, dann geht mir doch der Unterhalt verloren.«

Als ich am nächsten Tag zu Besuch komme, liegt Eberhard apathisch im Bett. Er sieht viel kleiner aus als noch am Vortag. Er spricht nicht, und sein Blick ist resigniert.

Einer der Ärzte nimmt mich beiseite. »Ist irgendetwas vorgefallen? Sein Zustand hat sich von Stunde zu Stunde verschlechtert. Es ist ein schwerer Rückfall.«

Eine Ahnung beschleicht mich, aber ich weigere mich lange, einen Zusammenhang herzustellen. Das geht doch niemanden etwas an, warum ich nicht heiraten will.

Wenige Tage später holt mich der Arzt erneut in sein Zimmer. »Es muss einen Grund geben, warum Ihr Mann sich aufgegeben hat. Er kämpft nicht mehr, und wir verlieren ihn, wenn nichts geschieht.«

In der nächsten Nacht kämpfe ich einen langen innerlichen Kampf. Jede Faser meines Körpers sträubt sich dagegen, das Geld einfach wegzuwerfen. Ich habe so gehungert, ich habe geschuftet wie ein Pferd. Geld bedeutet Sicherheit und Nahrung.

Aber als ich am nächsten Tag an Eberhards Bett stehe, weiß ich, dass ich keine Wahl habe. »Du musst gesund werden, Eberhard. Ich heirate dich nicht in diesem Zustand. Meine Bedingung ist, dass du wieder gehen und sprechen kannst.« Er schafft es. Wenige Monate später steht Eberhard neben mir im Standesamt, und sein »Ja, ich will« ist laut und deutlich.

Uns werden vier glückliche Jahre geschenkt. Doch dann folgt eine Katastrophe nach der anderen. Sechs Schlaganfälle, vier Herzinfarkte, zwei Operationen am Herzen. Es ist eine Zeit zwischen Hoffnung, Verzweiflung und Resignation.

Anfangs habe ich noch im Krankenhaus gearbeitet, und die Stunden außer Haus waren auch Erleichterung. Aber nun sitzt mein Mann im Rollstuhl. Er ist halbseitig gelähmt. Ich muss ihn waschen und zur Toilette bringen. Er kann nicht sprechen, nicht schreiben. Er ist ans Haus gefesselt und ich mit ihm.

Claudia ist ausgezogen und zurück nach Hamburg gegangen.

Es wird immer stiller um mich herum. An manchen Tagen sind meine Kommandos bei Eberhards Pflege und die Stimme aus dem Fernseher die einzigen Laute, die ich höre. Es finden Ehemaligentreffen statt, aber wie soll ich dorthin gelangen? Auch Freunde besuchen uns immer seltener. Wahrscheinlich haben sie von meinem Gejammer die Nase voll.

Auch in mir wird es immer stiller. Anfangs habe ich noch Wutanfälle gehabt. Aber wohin soll ich denn mit meiner Wut? Wenn ich diesen traurigen Mann in seinem Rollstuhl angeschnauzt habe, folgen stundenlange Selbstvorwürfe und Schuldgefühle. Schließlich scheint sich die Stille in Blei zu verwandeln. Wie ein schwerer Mantel legt sie sich um mich.

Es klingelt. Der schrille Ton stört den Frieden. Sofort lodert die Wut wieder auf. Wenn man jemanden braucht, ist niemand da. Jetzt sollen sie mir den Buckel herunterrutschen. Ich rühre mich nicht, auch als es erneut klingelt. Die werden schon wieder gehen. Wer kann das überhaupt sein?

Nach einer Weile geht das Klingeln in Klopfen über. Eine Frauenstimme ruft meinen Namen. »Frau Riemann, sind Sie da?«

Das ist diese Studentin, die mich interviewen will. Mit der habe ich mich vor Tagen für heute verabredet, und dann habe ich sie einfach vergessen.

»Frau Riemann, ich weiß, dass Sie da sind. Ich werde nicht weggehen.«

Ein hartnäckiges Mädchen. Die Entschlossenheit dieser Stimme verrät, dass sie nicht aufgeben wird.

Schließlich öffne ich ihr die Tür. Sie dringt wie eine Verkörperung des Lebens in mein stilles Reich ein und geht ohne Zögern ins Wohnzimmer. Wir trinken Wein, und dann bringe ich erst einmal Eberhard ins Bett.

Der Morgen graut bereits, als das Mädchen die Wohnung verlässt. Ich weiß gar nicht mehr, was ich alles erzählt habe. Aber ich habe die ganze Nacht geredet, und da ist das Gefühl, ich bräuchte eigentlich noch weitere hundert solcher Nächte, bis ich mir die Bitterkeit und die Selbstvorwürfe, den Zorn und den Schmerz und die ewige Schuld von der Seele geredet hätte.

Aber der tiefste Punkt ist durchschritten. Geblieben ist der Hunger nach Verstehen. Ich möchte mich selbst verstehen – Wer bin ich? –, und immer wieder quält mich die Frage: Wer hätte ich sein können ohne diese acht Jahre?

Mein Leben scheint mir eine Geschichte des Scheiterns, der unvollendeten Versuche. Nichts habe ich zu Ende gebracht, nichts habe ich richtig machen können. Ich bin keine Artistin geworden, stehe auf keiner Bühne dieser Welt. Ich bin nicht einmal Sportlehrerin, keine richtige Krankenschwester. Zwei Ehen sind zerbrochen, als Mutter bin ich eine sehr fragwürdige Erscheinung.

Doch da gibt es auch noch eine andere Seite des Verstehens. Ich habe lange geschwiegen über die Haft, über die Misshandlungen, Demütigungen, über die Dinge, die mich immer noch nachts aus dem Schlaf schrecken. Ich dachte, ich könnte es vergessen, es mir und der Welt ersparen, dieses Elend jemals wieder anzuschauen.

Seltsamerweise sind es auch die sich häufenden Berichte in den Medien über den Holocaust, die mir das Vergessen unmöglich machen. Ich fühle mit den Juden, beinahe bis zur Unerträglichkeit berühren mich die Bilder, und es verschafft mir einen Moment lang Genugtuung, wenn das Unrecht beim Namen genannt wird. Jedes Mal denke ich, als Nächstes werden sie auch über uns berichten. Doch nichts geschieht. Zunehmend spüre ich beim Anblick von Baracken und Lagern, ausgemergelten Menschen Bitterkeit. Genau dort haben wir auch gesessen, wir waren ebensolche Klappergestelle, warum verliert darüber niemand ein Wort?

Es kommt mir immer unerträglicher vor zu schweigen. Ich ertrage die Ignoranz der Welt diesem Unrecht gegenüber nicht mehr.

Der Tiefpunkt ist durchschritten. Aus der Erinnerung an das stundenlange Gespräch mit der Studentin wächst eine neue Kraft. Sie beunruhigt mich manchmal, weiß ich doch noch nicht, wohin ich sie fließen lassen kann.

Zunächst einmal wird der Umzug nach Hamburg beschlossen. Dort wohnen die Kinder, und wenn ich irgendwo in der Welt Wurzeln habe, dann sind sie dort.

Ich verabschiede mich von meinem Ehrgeiz, Eberhards Pflege ganz allein zu bewältigen. Ich organisiere mir Unterstützung. Ich weiß, dass es so vernünftig ist, aber meine Schuldgefühle sind allgegenwärtig. Ich engagiere mich ehrenamtlich in einem Altenheim. Helfen ist immer noch ein bewährtes Mittel, um meine Schuld abzuarbeiten.

Nach wie vor fahre ich zu den Ehemaligentreffen. Es gibt bundesweite Versammlungen aller ehemaligen Gefangenen, aber mir ist der Kreis der Frauen von Hoheneck am nächsten. Die Stimmung in der Öffentlichkeit hat sich seit der Maueröffnung gewandelt. Wir können nun die Stätten unserer Gefangenschaft bereisen. Es entstehen kleine Ausstellungen, in denen neben den Schrecken des Holocaust auch die Verbrechen nach 1945 dokumentiert werden. Es gibt Einweihungen mit Festreden, und ich bin jedes Mal zur Stelle. Es erscheinen erste Bücher zu dem Thema, kleine Heftchen, oft im Selbstverlag gedruckt.

Wir waren wieder einmal in Hoheneck und sitzen nach dem Treffen dort in kleiner Runde in einem Restaurant in Stollberg, dem kleinen Ort, in dem das Gefängnis liegt. Meine Erinnerungen sind so wach, und ich spüre den Vulkan in meinem Innern erste Gesteinsbrocken ausspucken. Als die Bedienung an unseren Tisch kommt, frage ich sie, ob denn die Frau Müller noch hier wohne. Frau Müller ist die Wärterin, die wir wegen ihrer Größe Einsfünfzig-mit-Hut nannten und die von allen die Schlimmste war. Ihre Gnadenlosigkeit und ihre Quälereien gingen über das übliche Maß weit hinaus. Ich habe sie besonders gehasst, denn sie war es, die es mir nicht einmal erlaubte, meine Mutter zu begrüßen, als sie bei ihrem ersten Besuch in Ohnmacht fiel.

Stollberg ist ein winziger Ort, in dem jeder jeden kennt, und die Kellnerin schaut sich erst einmal um, ob auch niemand zugehört hat. Aber schließlich kommt sie mit einem Zettelchen wieder, auf dem eine Adresse steht. »Die haben sie aber nicht von mir.«

Sie ruft mir auch noch ein Taxi, und kurz darauf nenne ich dem Fahrer die Adresse. Kaum ist der Wagen losgefahren, fängt mein Herz an zu rasen. Kleine Schweißperlen bilden sich auf meiner Stirn, und ich würde am liebsten wieder um-kehren. Was willst du da eigentlich?, frage ich mich. Aber der Vulkan in mir fordert Taten. »Die sitzt hier und kassiert ihre Beamtenrente, während wir immer noch auf eine ange-messene Entschädigung warten. Zumindest schämen soll sie sich«, sagt die Wut. Vor Angst zittern mir inzwischen die Knie. Die kann dir doch jetzt gar nichts mehr tun, versuche ich mich zu beruhigen.

»Können Sie mich bis an die Tür begleiten?«, bitte ich den Taxifahrer.

Der Mann weiß ganz genau, zu welchem Personenkreis ich gehöre, und er kennt ebenfalls die Vergangenheit von Eins-fünfzig-mit-Hut. »Ich finde es mutig, was Sie vorhaben, aber ich muss hier leben und mein Geld verdienen. Ich hoffe, Sie verstehen das. Ich warte lieber hier unten auf Sie.«

Wohl oder übel steige ich allein die enge Stiege hinauf. Wenn doch nur mein Herz nicht so wild klopfen würde und meine Hand etwas ruhiger wäre. Ich treffe kaum den Klingelknopf. Hinter der Tür trappeln Füße, und ein Kind öffnet. Der Junge wird ungefähr zehn Jahre alt sein, ein Enkelkind, vermute ich.

»Ist denn die Oma auch da?«

Da steht sie dann auch schon vor mir, meine Widersacherin aus anderen Tagen.

Hätte die Frau nicht diese charakteristische Körperhaltung und wäre sie nicht so klein, ich hätte Einsfünfzig-mit-Hut wahrscheinlich nicht erkannt. Sie ist es zweifellos, und bei ihrem Anblick wird meine Wut nun auch mindestens ge-nauso groß wie meine Angst. Oh, und ihre Stimme erkenne ich auch wieder. Es ist der alte Kommandoton, als sie jetzt fragt: »Wer sind Sie? Was wollen Sie?«

»Ich bin Erika Grabe. Sie erinnern sich doch an mich. Ich bin die, deren Mutter extra aus dem Westen angereist kam.«

Oh, sie erinnert sich gut, und sie versucht die Tür vor meiner Nase zuzuknallen. Aber mein Fuß steht dazwischen. Als ihr klar wird, das sie mich nicht los wird, ruft sie mit schriller Stimme nach ihrem Mann. Schlurfende Schritte, kurzes Gemurmel hinter der Tür. Jetzt wird mir doch wieder mulmig. Warum bin ich bloß allein hierher gefahren?

Dann wird die Tür auch schon aufgerissen und ein Mann in griesegrauem Unterhemd mustert mich wie ein lästiges Insekt. Sein dicker Bauch kommt immer näher, dazu beginnt er zu brüllen: »Was wollen Sie hier? Hauen Sie ab! Verschwinden Sie!«

Es ist nur sein Bauch, der mich immer näher an die Stiege schubst. Schon suche ich nach einem Halt, sehe mich rückwärts die Treppe hinunterfallen, da hält der Koloss inne. Sein Blick fixiert etwas hinter mir, und am Fuße der Treppe entdecke ich den Taxifahrer.

»Kommen Sie«, ruft der Mann von unten, und der Dicke steht da immer noch. Drohend ragt sein Bauch in meine Richtung. Ich nehme die ersten Stufen rückwärts, dann drehe ich mich um und stolpere in wilder Hast die restlichen Treppen hinunter. Im Taxi zittert mein ganzer Körper nun wie Espenlaub, und mir ist schlecht.

Später erstatte ich Anzeige gegen Einsfünfzig-mit-Hut, aber es soll nie etwas danach geschehen, und mir fehlt einfach die Kraft, darauf zu beharren. Wieder etwas, das ich nicht zum Abschluss gebracht habe. Es ist nun vierzig Jahre her, seit ich entlassen worden bin, aber die Mauern umgeben mich immer noch. Sie sind nicht mehr außen, dort könnte man vielleicht entkommen. Meine Mauer ist in mir. Ich träume nachts von ihr, und ich erkenne sie tagsüber an der Spur der unvollendeten Dinge, gescheiterten Versuche, an meinem immer wieder neuen Versagen.

Ich fange an zu schreiben. Ich schreibe über das Weihnachtsfest in Bautzen, und mit jedem Wort, das ich in das kleine Schulheft schreibe, wird die Erinnerung lebendiger. Als ich beginne, die eisige Kälte in meinen Knochen zu spüren, höre ich auf. Das hat doch keinen Sinn. Es interessiert sich ja doch niemand dafür, also wozu soll ich mich quälen. Bald füllen unzählige Zettelchen mit gekritzelten Anfängen meinen Sekretär.

Auf einem Ehemaligentreffen spricht mich eine Journalistin an. Ich gebe ihr meine Adresse, und sie meldet sich tatsächlich wenige Wochen später am Telefon. Wir verabreden uns, aber als sie mit Tonbandgerät und professioneller Miene anrückt, möchte ich sie am liebsten wieder fortschicken. Schließlich lasse ich mich dann doch darauf ein. Was habe ich schon zu verlieren?

Es entsteht ein mehrstündiges Tonbandinterview, das mir nach weiteren Wochen abgetippt zugeschickt wird.

Ich bin entsetzt. Niemals werde ich dieses Gestammel autorisieren. So soll ich sprechen? Es liest sich, als sei ich völlig beschränkt. Als mir dann auch noch eine Rechnung über Schreibarbeit von beinahe achthundert Mark ins Haus flattert, schwöre ich mir, in Zukunft die Finger von solchen Unternehmungen zu lassen.

Aber die Erinnerungen, die nun schon so lange in mir begraben sind führen ein Eigenleben. Sie wollen heraus, und die Zettelwirtschaft wächst und wächst.

Dann lese ich eine Annonce in der Zeitung. »Autorin schreibt Ihren Text.«

Ich wähle die angegebene Nummer, ohne zu ahnen, was sich daraus entwickeln soll.

Das Buch

»Es ist nur für die Kinder. Vielleicht verstehen sie einiges besser, wenn ich die ganze Geschichte aufschreibe.«

Die junge Frau hat zugehört, Fragen gestellt, jetzt scheint sie skeptisch. Sie ist kein Profi. Das ist beruhigend, denn ich möchte nicht wieder vor einem aufgestellten Mikrofon sitzen. Sie nimmt den Stapel Papier unter den Arm und verspricht mir, sich zu melden.

Wenige Tage später kommt dann der Anruf. Frau Hoffmann möchte meine Geschichte schreiben. Sie hat das Tonbandprotokoll gründlich studiert und stellt mir eine Menge Fragen. »Sie haben wirklich nichts anderes getan, als dieses Schleifchen auf das Porträt zu malen?« – »Was sind Fußlappen?« – »Wie alt waren Sie genau, als Sie inhaftiert wurden?« Wir kommen schnell in ein Frage-Antwort-Spiel, und ein kleines Hoffnungspflänzchen keimt in mir auf.

Es beginnt ein Arbeitsprozess, der mir manchmal unendlich erscheint, der mich immer wieder bis an meine Grenze belastet. Manchmal bin ich wütend, oft weine ich, und immer wieder wünschte ich, ich hätte mich nie darauf eingelassen. Frau Hoffmann, inzwischen Claudia für mich, kommt zwei- bis dreimal im Monat und bringt jedes Mal einen Sack voller Fragen mit. Es gibt kein Tonbandgerät, sie fragt, ich erzähle, und sie macht sich Notizen. Beim nächsten Treffen sind dann aus den Notizen weitere Seiten meiner Geschichte geworden. Ich bin manchmal selbst erschrocken über die Dinge, die da schwarz auf weiß in so wohl geordneten Buchstaben stehen. Vieles hatte ich vergessen, irgendwo tief in meinem Innern begraben mit dem Wunsch, es nie wieder hervorholen zu müssen.

Aber Claudias Fragen zerren all diese Dinge ans Licht. »Wie roch der Soldat?« – »Wie fühlte sich seine Uniform an?« – »Wie viele Schritte konntest du gehen in der Zelle?« – »Gab es ein Fenster?« – »Was hast du gefühlt?« Immer wieder diese Frage. Was habe ich gefühlt? Und immer wieder muss ich bitterlich weinen, bevor ich die Frage beantworten kann. Dann wartet Claudia einfach, und wenn meine Tränen versiegen, fragt sie noch einmal.

Manchmal sage ich ihr ab. Ich kann einfach nicht schon wieder in diesen Abgrund tauchen. Und wozu das Ganze überhaupt, es wird doch niemanden interessieren. Es hat doch all die Jahre niemanden interessiert. Muss ich mich so quälen?

Oft bin ich kurz davor aufzuhören. Aber stets kommt von irgendeiner Seite Ermutigung. Einmal ist es Dr. Eberhardt von der Friedrich-Ebert-Stiftung, der die ersten Seiten unseres Manuskripts gelesen hat. »Das ist gut, Frau Riemann. Machen Sie unbedingt weiter. Sie sind eine der letzten Zeitzeuginnen.«

Dann wieder sind es die jungen Menschen, die ich in Sachsenhausen auf einer der vielen Ausstellungen treffe. Eine Konfirmandengruppe, kaum einer von ihnen über fünfzehn Jahre alt. »So alt wie ihr war ich, als ich verhaftet wurde.«

Sie stellen Fragen über Fragen, und jede ist ein kleines Stück Trost für meine Seele und neue Motivation. Vielleicht wächst ja doch eine Generation nach, die wissen will.

Dann unterbricht ein kleiner Schlaganfall unsere Arbeit. Ich liege im Krankenhaus, werde versorgt, habe endlich auch einmal Zeit und Muße.

Der Professor redet lange mit mir. »Sie müssen sich professionelle Unterstützung holen. Solchen Prozess des Erinnerns können Sie nicht allein durchstehen.« Er gibt mir Adressen von Therapeuten. Es dauert noch eine Weile, aber dann suche ich Frau Legler auf. Meine anfängliche Skepsis zerrinnt, und bald weiß ich gar nicht mehr, wie ich überhaupt ohne eine Gesprächspartnerin und Helferin wie sie ausgekommen bin.

Claudia und ich arbeiten weiter. Ganz allmählich verschiebt sich unser Ziel. Mein Postulat – es ist nur für die Kinder – tritt in den Hintergrund.

Ich werde gebeten, in einer Berliner Schule aus dem Manuskript zu lesen. Ich sage zu, aber je näher der Tag kommt, umso nervöser werde ich. Worauf habe ich mich nun bloß wieder eingelassen? Aber ich fahre hin und werde dort so freundlich empfangen, dass ich mich langsam beruhige. »Aber lesen vor all diesen Menschen, das kann ich nicht.« Ich kann. Nach einigen Seiten versagt mir dann doch die Stimme, und ein Lehrer liest weiter. Aber ich habe es geschafft. Wieder ein Sprung über die Mauer, ich bin stolz auf mich.

Ich sehe, wie ergriffen die Schüler sind, wie aufgewühlt. In einigen Augen blitzen Tränen. Ich muss weitermachen, und ich will weitermachen. Vielleicht schaffe ich es doch einmal in meinem Leben, etwas zu einem erfolgreichen Ende zu bringen.

Eberhard geht es schlecht. Den letzten Sommer haben wir noch gemeinsam im Wohnwagen verbracht. Dieses Frühjahr habe ich wochenlang geschuftet, um den Wagen noch komfortabler herzurichten. Wir haben nun sogar fließendes Wasser. Ich habe den Boden mit Teppich ausgelegt, neue Gardinen angebracht. Der Wagen wird ein richtiges kleines Schmuckstück. Eberhard genießt es so sehr, in freier Natur zu sein. Aber dieses Jahr waren wir erst einmal dort, und es sieht immer weniger danach aus, als könnten wir es noch ein weiteres Mal schaffen.

Ich werde ihn verlieren. Mein Mann sieht so hinfällig aus in seinem Rollstuhl, dass mir angst und bange wird. Ich sage alle Pläne für den Sommer ab.

Dann geht es plötzlich ganz schnell. Eberhard ist tot, hat mich verlassen. Zwölf Jahre lang habe ich ihn gepflegt, war er ein beinahe stummer Begleiter an meiner Seite. Das Loch ist tief, in das ich nun falle. Plötzlich muss ich nichts mehr tun. Ich muss nicht aufstehen, um meinen Mann zu versorgen, ich muss die

Wohnung nicht schon wieder putzen, und das Buch muss ich vielleicht auch gar nicht schreiben.

Der Zustand dauert einige Monate an. Mein Lieblingsplatz ist mein Wohnwagen. Hier gibt es eine Kinderkoje, die gerade einmal sechzig Zentimeter breit ist. Dort schlafe ich, dort fühle ich mich irgendwie geborgen. Jeder, der die Enge der Koje sieht, ist entsetzt. »Da schläfst du? Darin würde ich ja Platzangst bekommen.« In Bautzen hatten wir noch zwanzig Zentimeter weniger, erwidere ich manchmal, und zuweilen denke ich es mir nur.

Frau Legler wünscht dringend, dass ich meinen Schlafplatz wechsle. »Ihnen steht viel mehr Platz zu.« Ich habe es auch versucht, aber ich fühle mich verloren in dem großen Bett. Vielleicht werde ich es eines Tages schaffen, mir Raum zu nehmen.

Claudia hat inzwischen weitergeschrieben nach Aufzeichnungen, die ich ihr mitgegeben habe, zum Teil auch nach dem Tonbandprotokoll. Eines Tages flattern wieder einmal getippte Seiten ins Haus. Wir sind fast fertig.

Von außen wird immer häufiger der Wunsch nach Veröffentlichung an uns herangetragen. Wir könnten Gelder beantragen, aber wenn ich die Formulare nur sehe, vergeht mir die Lust. Ich schwanke wie ein Halm im Wind. Einmal wünsche ich mir nichts mehr, als meine Geschichte öffentlich zu machen. Dann wieder bekomme ich Angst vor der eigenen Courage. Was wird mein Ex-Mann sagen? Wie werden meine Kinder es aufnehmen?

Claudia füllt die Antragsformulare aus und schickt sie ab. Wir haben nun ganz offiziell eine Antrag auf Gewährung eines Druckkostenzuschusses bei der Friedrich-Ebert-Stiftung eingereicht.

Eines schönen Tages sind wir fertig. Die acht Jahre Lager sind aufs Papier gebannt. Es ist der Herbst 2000. Wir haben inzwischen beinahe zwei Jahre miteinander gearbeitet. Es ist ein seltsames Gefühl, beinahe eine Leere. Wie geht es weiter – oder ist dies schon das Ende des Projekts?

Bald haben wir das Manuskript in mehreren Ausgaben verviel-
fältigt. Claudia hat einige Verlage herausgesucht, Anschreiben
formuliert. Mir fällt die Aufgabe zu, dort anzurufen und zu
fragen, ob Interesse an der Geschichte besteht. Es gibt etliche
Ablehnungen, bereits am Telefon, aber sie halten sich mit Er-
mutigungen und Interesse ungefähr die Waage. Wir schicken
schließlich um die zehn Manuskripte auf den Weg. »Jetzt müssen wir Geduld haben«, sagt Claudia. »Das dauert.«
Geduld ist nicht gerade eine meiner Stärken. Und Untätigkeit
ertrage ich überhaupt nicht. Ich gebe das Manuskript verschiedenen Menschen zu lesen. Vor kurzem habe ich einen Schrift-
steller kennen gelernt, der erhält ein Exemplar, ebenso der
Chef der Kurklinik, in der ich mich drei Wochen lang aufhalte.
Es kommt viel Ermutigung zurück, Vorbestellungen, Sponso-
renangebote. Ich sammle Adressen und Namen, das Durcheinander auf meinem Schreibtisch wächst.
Endlich meldet sich auch der erste Verlag. Wir führen ein Vor-
gespräch, liefern gewünschtes Material nach. Claudia schreibt
ein Exposé. Der Sommer kommt, und ich ziehe mich in meinen
Wohnwagen zurück. Eigentlich wollte ich ihn verkaufen nach
Eberhards Tod. Aber ich habe begonnen, ihn zu lieben. Meine
Sechzig-Zentimeter-Kombüse, in der ich mich geborgen fühle,
das kleine perfekte Reich, in dem ich unumschränkt herrsche,
das Gefühl von Freiheit, wenn ich die Tür öffne und mir die
Sonne ins Gesicht scheint, all das ist zu einem Teil meines Lebens geworden.
In dem Fischgeschäft in der kleinen Einkaufsmeile hängt ein
Schild: Verkäuferin für die Saison gesucht.
Geld kann man immer gebrauchen, und wenn ich ohnehin den
ganzen Sommer hier bin, dann könnte ich ja auch ein wenig arbeiten, denke ich.
Ich gehe in den Laden und spreche die Frau hinter der Theke
an. Die Verhandlungen sind kurz. Der Stundenlohn ist nicht
hoch, aber in meinem Kopf wachsen sogleich kleine Zahlenko-
lonnen. Wenn ich den Sommer über ein wenig aushelfe, dann

habe ich im Herbst eine hübsche Summe dazuverdient. Meine Kinder werden sich die Haare raufen, wenn sie davon erfahren. Ihre Mutter als Fischverkäuferin. Ein Lächeln stiehlt sich bei diesem Gedanken über mein Gesicht. Ich war eben noch nie standesgemäß, weder für das Geschlecht der H. noch für meine eigenen Kinder.

»Wie alt sind Sie denn, Frau Riemann?«

»Schon über sechzig«, antworte ich wie aus der Pistole geschossen. Ich bin in diesem Jahr siebzig geworden, und das ist doch über sechzig. Ich lüge nicht, und ich will diesen Job haben.

Wir werden uns einig, und bald darauf stehe ich morgens im blauweiß gestreiften Fischerhemd hinter der Ladentheke. Es macht mir riesigen Spaß. Ein Schwätzchen hier, ein paar nette Worte dort, und wenn der Laden voll ist, arbeite ich, dass die Funken fliegen. Wir machen gute Umsätze, und meine Chefin ist hoch zufrieden mit mir. Mit schmerzenden Füßen, aber dem Gefühl, etwas vollbracht zu haben, krieche ich abends in mein kleines Kabuff und schlafe tief und traumlos.

Auch der nächste Tag beginnt viel versprechend. Es herrscht strahlendes Wetter, und die Promenade ist bereits morgens voller bummelnder Menschen.

Doch dann kommt der Chef. Er steht im Hintergrund, die Hand in die Hüfte gestützt, ein großer, fast hünenhafter Mann, der uns bei der Arbeit beobachtet.

Meine Bewegungen werden hölzern, plötzlich ist mein Kopf leer. Wie viel kostet noch mal dieses Brötchen? Die Kasse, die ich gestern noch ohne Probleme bedienen konnte, scheint mir heute verhext. Ständig tippe ich astronomische Summen ein, oder das widerspenstige Ding will nicht aufgehen. Ich werde immer nervöser. Ein fragender Blick meiner Chefin streift mich. »Was ist los?«, scheint sie zu fragen, aber ich weiß es selbst nicht. Endlich verschwindet der Mann im Hintergrund, und kaum hat er den Laden verlassen, fallen mir die Preise wieder ein, mein Herzschlag beruhigt sich, und ich finde den Rhythmus von gestern wieder.

In dieser Nacht träume ich wieder den Traum. Die Männer hinter mir hetzen mich, und ich laufe um mein Leben wie ein Tier in Todesangst. Bevor ich gegen die Mauer pralle, die dort wie eh und je unendlich in den Himmel aufragt, wache ich auf. In diesem Augenblick ist mein Kabuff sehr eng, ich muss hier raus. Ich bekomme keine Luft mehr.

Dieses Spiel wiederholt sich die folgenden Tage. Solange Frau von Soosten und ich allein im Laden arbeiten, läuft alles wie geschmiert. Aber sobald der Chef hinter uns steht, verwandle ich mich in eine Marionette. Meine Gesten werden fahrig, mein Kopf ist leer.

Immer häufiger denke ich daran aufzugeben. Ich will nur noch weg, diese Arbeit schaffe ich nicht.

Dann weiß ich es plötzlich. Er erinnert mich an die Aufseher im Lager. Sie standen genauso da. Hände in die Hüften gestützt, mächtig, breitschultrig, unüberwindlich. Ich ertrage das einfach nicht.

Meine Chefin will meine Kündigung nicht akzeptieren. »Ich habe Sie beobachtet. Alles läuft reibungslos, bis mein Mann den Laden betritt. Er tut Ihnen doch nichts.«

»Ich weiß, aber er erinnert mich an Dinge aus meiner Vergangenheit.«

Sie lässt nicht locker, und schließlich vertraue ich ihr meine Geschichte an. »Ihr Mann steht dort wie die Aufseher im Lager. Ich halte das nicht aus, und mein Verstand ist dagegen machtlos.«

Natürlich kommt in diesem Gespräch auch heraus, wann ich geboren bin. Frau von Soosten ist schließlich nicht auf den Kopf gefallen. »Frau Riemann, dann sind Sie ja schon über siebzig!«

Frau von Soosten ist eine resolute Person. »Ich will Sie nicht verlieren. Es läuft so gut mit uns beiden, und diese alte Geschichte muss doch auch mal überwunden werden. Ich spreche mit meinem Mann. Wir bekommen das schon hin.«

Herr von Soosten kommt am nächsten Tag auf mich zu. »Ich

konnte doch nicht ahnen, was ich anrichte. Ich habe nur gemerkt, dass ich Sie nervös mache. Sie wissen doch, dass ich Ihnen nicht Böses will.« Nun tut er mir beinahe Leid. Er kann schließlich nichts dafür, was in mir vorgeht.

Allein dadurch, dass ich meine Angst ausspreche, wird sie bereits etwas kleiner. Und Herr von Soosten ändert sein Verhalten. Wenn er jetzt in den Laden kommt, spricht er kurz mit mir. Er steht nicht mehr hinter mir, sondern setzt sich in irgendeine Ecke. Bald verstehe ich selbst kaum noch, wie dieser Mann bedrohlich auf mich wirken konnte.

Eines Nachts kommt der Traum wieder. Ich laufe und laufe, die Mauer taucht auf, nirgends ein Ausweg. Beinahe schon habe ich sie erreicht, da spüre ich, dass etwas an dieser Mauer anders ist. Nach wie vor ragt sie düster und hoch auf. Aber sie scheint mir weniger unumstößlich. Und dann laufe ich weiter, einfach weiter. Es sind ja nur Pappkartons, die da aufgestapelt sind. Der Aufprall ist harmlos, die Kartons stieben in alle Richtungen davon. Dahinter ist der blaue Himmel, und eine große Weite erstreckt sich vor meinen Augen.

Mit diesem Gefühl wache ich auf.

An Schlaf ist nicht mehr zu denken. Ich habe tausend Schmetterlinge im Bauch, und ein Glücksgefühl durchströmt mich. Ich bin entkommen. Ich habe die Mauer durchbrochen. Wie lange war sie wohl schon aus Pappe?

Ich beende die Saison im Fischgeschäft im besten Einvernehmen mit meinen Arbeitgebern. »Kommen Sie nächstes Jahr wieder, und auf jeden Fall wollen wir das Buch lesen.«

Ja, das Buch. In diesem Sommer meldet sich Jens Petersen vom Hoffmann und Campe Verlag bei mir. Im Herbst halte ich einen Vertrag in den Händen. Mein Buch wird gedruckt und veröffentlicht.

Ich habe die Mauer wirklich hinter mir gelassen. Nach über fünfundvierzig Jahren bin ich endlich eine freie Frau.

Wolfgang Welsch

Ich war Staatsfeind Nr. 1

Als Fluchthelfer auf der Todesliste der Stasi. Der Stich des Skorpion. 448 Seiten. Serie Piper

Vom verurteilten Republikflüchtling zum erfolgreichsten Fluchthelfer und verhaßten Staatsfeind Nr. 1: Die Lebensgeschichte von Wolfgang Welsch ist der authentische, ungemein dicht und packend geschriebene Bericht eines Mannes, der auf der Todesliste der DDR-Staatssicherheit ganz oben stand – und überlebte.

»Sein Leben hat der Schauspieler, Lyriker, Fluchthelfer und Kleinverleger Welsch jetzt so hautnah nacherzählt, daß der Leser eines der finstersten Kapitel des Kalten Krieges in Deutschland nacherleben kann.«
Stern

Helga Schneider

Kein Himmel über Berlin

Eine Kindheit. Aus dem Italienischen vom Sylvia Antz. 256 Seiten. Serie Piper

Helga Schneider, Autorin von »Laß mich gehen«, erinnert sich an ihre tragische Kindheit im zerbombten Berlin. Ihre fanatische Mutter verläßt die Familie, um als KZ-Aufseherin nach Auschwitz und Ravensbrück zu gehen – und während in der Stadt der Krieg tobt, spielt sich in Helga eine stillere, aber um so größere Tragödie ab: die eines Kindes, das um die Liebe seiner Mutter betrogen wurde.

»Helga Schneider ist ein beklemmendes Zeitdokument gelungen, verknüpft mit der überaus offenen, keineswegs distanziert-nüchternen Beschreibung ihrer eigenen Geschichte. Wenngleich es manch eine Biographie dieser Art gibt – dieses Buch ist keineswegs eine zuviel.«
Neue Westfälische